ARKANA

W0378919

Buch

Engel warten darauf, gerufen und um Hilfe gebeten zu werden. Sie repräsentieren jeweils eine bestimmte Energie, die für das menschliche Leben von Bedeutung ist.

John Randolph Price stellt 22 Engel vor. Er schildert unter anderem den Engel der liebevollen Beziehungen, den Engel der Geduld und des Annehmens oder den Engel des Sieges und Triumphes. Er beschreibt auch ihre mythischen Bezüge sowie die Möglichkeiten einer Kontaktaufnahme. Price ermutigt dazu, diese himmlischen Energien zu nutzen und mit den Engeln in Verbindung zu treten. Dieses praxisorientierte Übungsbuch ist ein Wegweiser zu den Engel-Kräften, die dem Menschen hingebungsvoll dienen, ihn in allen Lebenslagen treu begleiten und ihm bei der Verwirklichung seiner Lebensziele helfen.

Autor

John Randolph Price ist ein international renommierter Buchautor, der viele Bestseller über spirituelle Themen veröffentlicht hat. Zusammen mit seiner Frau begründete er in Texas (USA) die Quartus Foundation for Spiritual Research, eine gemeinnützige Organisation die das spirituelle Erwachen der menschlichen Gesellschaft fördert.

JOHN RANDOLPH PRICE

ENGEL-KRÄFTE

Ihr Zugang zu den
22 himmlischen Energieströmen

Aus dem Englischen übertragen
von Ingrid Holzhausen

ARKANA
GOLDMANN

Die amerikanische Originalausgabe erschien unter dem Titel
»The Angels Within Us« bei Fawcett Columbine, New York

Umwelthinweis:
Alle bedruckten Materialien
dieses Taschenbuches sind chlorfrei
und umweltschonend.

Der Goldmann Verlag
ist ein Unternehmen der Verlagsgruppe Bertelsmann

Vollständige Taschenbuchausgabe Februar 1999

Umschlaggestaltung: Design Team München
Umschlagabbildung: Design Team München
Satz: Uhl + Massopust, Aalen
Druck: Elsnerdruck, Berlin
Verlagsnummer: 21517
Lektorat: Olivia Baerend
Redaktion: Christine Schrödl
WL · Herstellung: Stefan Hansen
Made in Germany
ISBN 3-442-21517-X
www.goldmann-verlag.de

2. Auflage

Für Susan und Leslie, zwei wunderschöne Engel,
meine Töchter in diesem Leben.
Ich danke euch.

Inhalt

Danksagung

Ich danke meiner Frau Jan für ihre liebevolle Ermutigung, dieses Buch zu schreiben, für die Ausflüge in das Reich der Engel, die wir zusammen unternommen haben, und für die Stunden, in denen sie mir bei meinen Nachforschungen zur Seite stand – einschließlich der Erfahrungen mit den Engeln, die wir gemeinsam geteilt haben.

Mein Dank gilt auch Coe Savage für ihren professionellen Rat und ihr Wissen um die alten Wissenschaften der Energien, Archetypen und Symbole und dafür, daß sie immer zur Stelle war, um meine Fragen zu beantworten und ihr Verständnis von diesen Dingen mit mir zu teilen.

Dank gebührt auch den Mitgliedern der internationalen Quartus Gesellschaft, die sich so offen verhalten und gezeigt haben, daß das Arbeiten mit Engeln ein aufregendes Abenteuer im Prozeß des Wiedererwachens sein kann.

Einstimmung

Die Begegnung mit Isis

Denn er befiehlt seinen Engeln,
dich zu behüten auf all deinen Wegen
Psalmen 91,11

Der wirbelnde Nebel begann sich zu lichten, und ich konnte das Flackern eines Lichtes vor mir erkennen – ein schnell pulsierender Glanz, der einem Leuchtkäfer glich. Ich hielt einen Moment lang inne, um das Licht zu beobachten, und das winzige Flackern dehnte sich aus und erschien als ein kleiner Vollmond, der die Erde berührte. Als ich mich näher auf das Strahlen zubewegte, veränderte es sich plötzlich zu einem vertikalen Strahl, einer Säule aus transparentem Licht.

»Bist du der Engel, nach dem ich suche?« fragte ich.

Die sanfte, doch kraftvolle weibliche Stimme antwortete: »Ich bin der Engel der kreativen Weisheit.«

»Hast du einen Namen?«

»Einige haben mich Isis genannt«, sagte sie, und bei diesen Worten begann sich die Lichtsäule langsam zu materialisieren, um das Gesicht und die Gestalt einer schönen Frau zu enthüllen, die ein fließendes, weißes, golddurchwirktes Gewand trug. »Warum bist du gekommen?« fragte sie.

»Ich suche größere Weisheit. Ich glaube, daß du, der Engel der kreativen Weisheit, der Kanal, die Stimme meines Meister selbst bist. Ich weiß, daß ich mit meinem höheren Wesen die Weisheit der Zeitalter verkörpere, doch jetzt, in meinem augenblicklichen Bewußtseinszustand, bin ich manchmal verwirrt. Mein Denken ist zerstreut, wodurch bei meinen Urteilen Irrtümer entstanden. Deshalb bin ich gekommen, um dich zu bitten, die Tore der Weisheit zu öffnen und diese Energie zu erlösen, damit sie frei in meinem Herzen und in meinem Geist fließen kann.«

Sie sagte: »Du kannst die Tore nicht manipulieren. Die höhere Weisheit fließt ewig von oben in das Gefäß, das ich bin, und ich kann dir nur geben, was du bist, denn ich muß dem Klang deines Tons folgen und mich mit deiner Energie in Übereinstimmung bringen, selbst wenn der Ton beschränkend wirkt.«

»Ich verstehe nicht«, sagte ich.

Sie gab mir eine Flöte. »Spiel eine Note«, befahl sie mir. Ich führte das Instrument an meine Lippen, und ein Ton erklang. Augenblicklich spürte ich die gleiche Schwingung von der Präsenz des Engels ausströmen, der Klang schien den gesamten Raum zu erfüllen.

Sie sagte: »Göttliche Weisheit hat ihren eigenen Ton, wahrscheinlich ein Gleichklang mit ihrer eigenen Frequenz, und als dieser Zyklus des Lebens begann, wurde mein Wesen auf diese Schwingung eingestimmt, die auch die perfekte Verteilung der Weisheitsenergie in deinem egolosen Bewußtsein bewirkte, ein Bewußtsein, das sich in perfekter harmonischer Übereinstimmung zu meinem befindet. Aber mit der Zeit hast du den Ton verändert, und da ich dir untertan bin, hatte ich keine andere Wahl, als deiner Tonlage zu folgen, die zunehmend mißtönend wurde. Aus kosmischer Warte betrachtet, hast du Ehebruch mit mir begangen; durch deine Energieprojektion hast du mich geschmälert und verunreinigt.«

Ich war durch diese Offenbarung sprachlos, und ich brauchte einen Augenblick, um mein Gleichgewicht wiederzufinden. »Was kann ich tun? Wie kann ich diese Situation wieder rückgängig machen?«

»Spiel die richtige Note«, sagte sie mit einem Anflug von Ungeduld in ihrer Stimme. »Deine gegenwärtigen Klangfarben sind das Ergebnis deines Versagens, die Kräfte der Liebe mit den Energien des Willens und des Verstehens zu vereinigen, und du wendest das, was du weißt, auf die Welt der Phänomene und Wirkungen an anstatt auf die innere Welt der Ursachen. Du bist in hohem Maße mental veranlagt, und solche Individuen sind von außen gesteuert, sie fällen ihre Entscheidungen auf der Basis von Begründungen und rationalem Denken. Das Ziel ist jedoch immer, die Illusion zu zerstören – aber das Gegenteil von Illusion ist Intuition.«

Sie berührte meinen Scheitel, und plötzlich befand ich mich in einem Strudel von Farben und Klängen, im freien Fall durch rotierende Gesichter, Symbole und Zahlen. Ich konnte ihre Stimme von weitem hören: »*Unabhängig davon, was dir dein Kopf sagt, was sagt dir deine Intuition?*«

Meine Stationen in der körperlichen Welt zogen an mir vorüber, manchmal an gewissen Punkten innehaltend, um mir bestimmte Szenen zu zeigen, wobei zwei verschiedene Wege das Bild überlagerten. Wieder wurde ich gefragt: »Unabhängig davon, was dein Kopf dir sagt, was sagt dir deine Intuition?«

Und dann hörte ich zwei Stimmen, die eine hart und gehetzt, die andere weich und sanft – wie eine falsche Telefonschaltung, bei der zwei Parteien gleichzeitig sprechen –, und auf dem Bildschirm folgte ich dem Weg, den ich im Leben gewählt hatte, und sah das Ergebnis dieser Entscheidung. Dann veränderte sich die Szene mit einemmal, und es wurde mir gezeigt, was passiert wäre, wenn ich auf die andere Stimme gehört und den anderen Weg gewählt hätte. Der Film mit den zwei Versionen lief weiter, vom Geschäftsleben zum Familienleben übergehend, dann zu gesellschaftlichen Begegnungen bis hin zur Befriedigung persönlicher Wünsche.

»Öffne deine Augen«, sagte sie.

Sie stand wieder vor mir, in all ihrer strahlenden Herrlichkeit. »Verstehst du«, fragte sie, »daß du in vielen der Szenen eine äußere Situation mißverstanden hast, daß du etwas, das nicht existierte, mit falschen Augen wahrgenommen hast? Durch die Schwingungen deines Bewußtseins hast du mir Signale der Feindseligkeit gegenüber deiner Arbeit, Antipathie im Hinblick auf bestimmte Aspekte deines Familienlebens und Aversionen gegenüber vielen Leuten und sogar eine subtile Ablehnung gegen deine Welt ganz allgemein gesendet. Du hast mir diese unangenehmen Tonlagen aufgezwungen, die das Gegenteil von Liebe darstellten, die einen der Klänge meines harmonischen Akkords verschwinden ließen und Disharmonie bewirkten.«

Ich öffnete meinen Mund, um etwas zu sagen, aber sie hob ihre Hand und fuhr fort: »Du hast auch einen anderen herrlichen Ton verfälscht, als du zugelassen hast, daß die Stärken von Zweck und Bestimmung durch Unentschlossenheit und Schwanken ersetzt wurden. Du verfügst über den freien Gebrauch des göttlichen Willens, eine Tatsache, die du offenbar vergessen hast. Und der dritte Ton meines Akkords, das Licht des Verstehens, wurde durch Unsensibilität, falsche Zurückhaltung und Unverantwortlichkeit überlagert, und ich hatte keine andere Wahl, als diese Mängel auf dem Bildschirm deiner Welt wiederzugeben.«

»Du sagst, daß deine Klangfarbe einen Akkord aus drei Tönen darstellt – Liebe, Wille und Verständnis – und daß, wenn diese Töne vermischt werden, der Klang der Weisheit zu hören ist?«

»Ja. Weisheit ist die Form der plötzlichen Einsichten, ein geschärfter intuitiver Sinn, die Führung, spezielle Probleme zu lösen, und die Vermittlung spiritueller Wahrheiten, um das Bewußtsein zu entfalten.«

Ich fragte: »Was wäre der schnellste Weg für mich, um den Akkord der göttlichen Weisheit wiederzugewinnen und dich zu befreien, um die Arbeit zu tun, für die du geschaffen wurdest?«

»Lerne deine wahre Natur kennen, und halte deinen Geist auf diesem höchsten Aspekt deines Seins konzentriert, bis dieser realisiert ist. Je mehr die Energie deines göttlichen Geistes in dich einfließt, desto besser gelingt die Wiederherstellung des Akkords der Weisheit. Ich würde auch vorschlagen, daß du mit den Kräften der Liebe, der Willenskraft und des Verstehens – den speziellen Energien, die durch diese Engel repräsentiert werden – arbeitest, um dein Bewußtsein mit der Wirklichkeit meiner Energie zu harmonisieren. Erinnere dich daran, daß Weisheit einen der Grundsteine der Meisterschaft in deiner Welt darstellt.«

Ich fühlte, daß unsere Begegnung sich ihrem Ende näherte, und ich wollte ihr gerade für die Informationen danken, die sie mir gegeben hatte, als sich plötzlich in ihren Händen ein Buch zu materialisieren begann. Ich fragte: »Was ist das?«

»Es ist dein Buch. Du kannst es nicht mit dir in die Welt der Erscheinungen nehmen, aber du könntest es hier für einige Augenblicke studieren.«

Sie gab mir das Buch, und ich öffnete es auf der ersten Seite. Da stand in fetten Buchstaben mein Name und das aktuelle Datum. Als ich eilig die Seiten überflog, wurde mir klar, daß dies das Buch meines Lebens vom jetzigen Tag an in die Zukunft reichend war, und eine Welle von Freude und Aufregung durchflutete mich, so daß ich kaum noch atmen konnte. »Das ist wunderbar«, sagte ich. »Ich hätte mir niemals etwas so Erfüllendes vorstellen können. Es ist phantastisch!«

Sie nahm mir sanft das Buch aus den Händen. »Es tut mir leid. Was du gelesen und mit den Augen deines Geistes gesehen hast, wird niemals geschehen – bevor nicht die unbewältigten Mängel deiner Persönlichkeit, die du auf mich projiziert hast, verwandelt sind und ich frei bin: frei, um dir das Reich des Himmels zu offenbaren. Geh jetzt. Du hast viel zu tun. Und vergiß nicht, spiel die richtige Note.«

Einleitung

Die Engel des Himmelreichs

Das Universum ist ein Makrokosmos kreativer Energie und Kraft, und jeder Mensch stellt eine Miniaturausgabe dieser Ganzheit des Kosmos dar. Innerhalb Ihres eigenen individualisierten Energiefeldes, des Mikrokosmos, der sich »*Ich*« nennt, existieren zweiundzwanzig kausale Kräfte oder Engel, die Ihr bewußtes Verhalten beherrschen und die Manifestationen aller Formen und Erfahrungen Ihres persönlichen Lebens regieren. Die Existenz dieser Engel wurde seit den Anfängen der Bruderschaften und philosophischen Gesellschaften, seit Tausenden von Jahren gelehrt. Im alten Ägypten wurden die zweiundzwanzig Kräfte in Form von Hieroglyphen dargestellt, die die Gesetze der Erscheinungswelt repräsentierten, und eines der Werke, die vor dem Brand der Bibliothek in Alexandria gerettet werden konnten, enthielt eine genaue Beschreibung dieser Engel.

Das universale Wissen wurde symbolisch als die zweiundzwanzig großen Trümpfe oder Arkana des Tarot veranschaulicht, einem Deck aus achtundsiebzig mystischen Karten, die in Arabien von den Rittern des Templerordens entdeckt wurden, einem Geheimorden von kriegerischen Mönchen, der eine wesentliche Rolle bei den Kreuzzügen spielte.

Nach Manly P. Hall, dem Begründer der Philosophischen Forschungsgesellschaft, nahmen die Templer das Tarot mit nach Europa, und um Mißbrauch zu verhindern, verbargen sie die geheime Bedeutung der Symbole, indem sie die magischen Bilder zu harmlosen Spielkarten erklärten.

Diese Engel waren auch auf der Tafel der Isis zu finden, die den Altar bildete, vor dem Platon in der Großen Pyramide von Ägypten in die Großen Mysterien eingeweiht wurde. Auf der Tafel waren Figuren eingraviert, die man »Götter der Sphären« nannte.

Wir finden sie auch in der esoterischen Astrologie, hier dargestellt von den zwölf Zeichen des Zodiaks sowie der Sonne, des Mondes und der acht Planeten (Erde nicht eingeschlossen), die zusammen zweiundzwanzig ergeben. Es sind dies die lebendigen Herrscher des Lebens, die jeweils ein Tor kontrollieren oder öffnen, das zur Welt der Erscheinungen führt, indem sie alle äußeren Ausdrucksformen bedingen und bestimmen.

Man kann die göttlichen Diener auch beim Studium der Kabbala wiederentdecken. Hier sind sie als die zweiundzwanzig Töne, die von Gott hervorgebracht werden, bekannt. Die Töne sind seine ausführenden Engel und dazu bestimmt, alle äußeren Formen zu regieren. Und es gibt darüber hinaus die Engel, die die »Schnitter der Ernte« genannt werden (Matthäus 13,39) und die »mächtigen Engel« Christi im zweiten Brief an die Thessalonicher (1,7).

In den Weisheitslehren finden wir für diese kausalen Kräfte viele Namen, so zum Beispiel: Wirkkräfte, Engel, bewußte Gedankenformen, kreative Energien, Devas, Väter, Quellen, Pforten, Regierende, Hände Gottes, die Herren, die Strahlenden, und heute werden sie im Rahmen der Analytischen Psychologie C. G. Jungs auch als Archetypen bezeichnet. Ich ziehe den Ausdruck Engel vor. Es sind diejenigen Kräfte, die unseren Geist und Körper führen und schützen und in sich die Zukunft des ganzen Menschen tragen.

Nach H. K. Challoner, einem englischen Künstler und esoterischen Philosophen, haben die Christen immer an verkörperte Wesen wie Engel, die hinduistischen Yogis und Mystiker an Devas geglaubt. Er beschreibt sie als Zentren der Kraft und der Intelligenz, die unter der Führung noch höherer Intelligenzen tätig werden: Sie sind jederzeit bereit, dem einzelnen zu helfen, in dem Maße, wie es seine Empfänglichkeit zuläßt. Challoner sieht sie in einem Reich ekstatischer Schönheit, Liebe und Klänge verschmelzen. Für ihn sind sie Schwingungen, die sich in einem fortwährenden Wirbel der Atome verwandeln und damit der kreativen Energie Ausdruck geben.

Edwin C. Steinbrecher, ein Astrologe, Metaphysiker und Autor, sagt, daß es sich hier um lebendige Energien, die Ideen und Informationen speichern und die besondere Muster instinktiven Verhaltens und Denkens beinhalten, handelt. »Sie sind die Energien, die sich ohne unser bewußtes Gewahrwerden an alles, was wir in der Welt als wirklich bezeichnen, anheften. (Sie) sind die Lebensenergien, die Tag und Nacht ohne Ende aus uns herausströmen... jeden in unserem Leben beeinflussend und uns dazu bringend, daß auch wir im Gegenzug beeinflußt werden.«

Sie wundern sich vielleicht an dieser Stelle, warum ich diese Kräfte Engel nenne, da sie doch in der Lage sind, sich selbst als positiv oder negativ in Erscheinung treten zu lassen. Betrachten Sie es auf diese Weise: Die kausalen Kräfte sind Verlängerungen des göttlichen Geistes innerhalb jedes Individuums. Es sind göttliche Gedankenformen, die unter dem Gesetz des freien Willens arbeiten, was bedeutet, daß sie der Energie, die wir bewußt oder unbewußt ausstrahlen, unterworfen sind. Durch Furcht, Schuldgefühl, Wut, Zorn und andere Eigenschaften des Ego, die verfälschend wirken, können wir ihre Natur buchstäblich verändern. Wir können ihre göttlichen Absichten umkehren und ihre Ausdrucksmöglichkeiten begrenzen und paralysieren.

Es gehört zu den kosmischen Pflichten eines jeden Engels, als Energiewirbel zu arbeiten, durch den er die wahre Natur seines Wesens ausstrahlt: Fülle, liebevolle Beziehungen, Erfolg, Harmonie oder was immer seine besondere Bestimmung sein mag. Es ist seine Aufgabe, Ihnen zu dienen, was bedeutet, daß Sie seine primäre Natur übergehen und sich Ihre eigene Wirklichkeit schaffen können, der er dann nachfolgen muß.

Erinnern Sie sich, daß die Natur der Engel alles, was gut, wahr und schön ist, repräsentiert, und soweit die Engelenergien nicht durch Ihr Ego verunreinigt werden, werden Sie diese optimalen Qualitäten in Ihrem Leben erfahren. Wenn Ihr Bewußtsein auf die höheren Schwingungen der Engel eingestimmt ist, werden Sie geliebt, und Sie sind kreativ, fruchtbar, energiegeladen, entscheidungsfreudig, weise, intuitiv, verständnisvoll, freudvoll, siegreich, harmonisch, scharfsichtig, vertrauensvoll, stark, geduldig, beschützt, mutig, einfallsreich, erleuchtet, ganz, erfolgreich, verankert in der Wahrheit und wunderbar frei – so wie Sie geschaffen wurden.

Wenn also Ihre Wirklichkeit Probleme, Widerstände, Beschränkungen und charakterliche Schwächen aufweist, bedeutet dies ganz einfach, daß Sie falsche Bilder auf diese lebendigen Energien projizieren. Diese wiederum spiegeln diese Fehlwahrnehmungen auf dem äußeren Bildschirm der Welt der Erscheinungen wider, und sie werden so lange ein negatives Erscheinungsbild projizieren, bis die Energie der Manifestation an *dem Punkt des Ausdrucks* innerhalb Ihres Bewußtseins verwandelt wurde.

Bevor Sie jedem der Engel begegnen, um ihn um Zusammenarbeit zu bitten, müssen vier vorbereitende Schritte, die von entscheidender Bedeutsamkeit sind, beachtet werden. Falls Sie Verwandlungen in irgendeinem der Engel durch Projektionen von Angst, Verurteilungen, Verdammungen oder Schuld hervorgerufen haben, könnte jetzt ein direkter Kontakt durchaus zu intensiven inneren Konflikten führen. Die Heilung des Bewußtseins muß oberste Priorität haben, eine Reinigung des Geistes und des Herzens, damit alle schädlichen Projektionen zurückgenommen und alle Energieblockaden aufgelöst werden können.

Challoner warnt darüber hinaus davor, die Engel vorsätzlich zu eigensüchtigen oder destruktiven Zwecken benutzen zu wollen, um Macht auszuüben.

Mit den Engeln zu arbeiten kann jedoch ein wunderbares Abenteuer der Mitschöpfung sein. Lassen Sie uns also nun den Heilungsprozeß beginnen, indem Sie sich selbst als erstes für alle Fehler bei dem, was Sie in Ihrem Leben kreiert haben, verzeihen. Tatsächlich waren es nicht wirklich Sie selbst, der Falsches hervorgebracht hat, es war ein falscher Glaube oder eine Gedankenform, die *Ego* genannt wird, was nicht anderes als ein Teil Ihrer großen Illusion in Ihrem Leben ist. Dennoch können Taten des Ego konkrete emotionale Wunden hinterlassen, die geheilt werden müssen. Indem Sie sich verzeihen, rufen Sie ganz einfach die Energien der Wiedergutmachung an, das Gesetz der Berichtigung, um die alten irrtümlichen Muster zu verwandeln und die Geister der Vergangenheit auszulöschen.

Prüfen Sie Ihr Bewußtsein, und falls etwas aus Ihrer Vergangenheit aufsteigt, das ein Gefühl der Scham oder Selbstverurteilung nach sich zieht, dann rücken Sie das ganze Szenario ins Blickfeld, und übergeben Sie die Erinnerung ihrer inneren Gottesliebe. Versuchen Sie nicht, das Erlebte noch weiter aus Ihrem Denken zu verdrängen. Das ist Unterdrückung. Übergeben Sie es dem Geistigen, und lassen Sie es ausbrennen. Ziehen Sie all die alten Wurzeln von Sünden, Furcht oder Schuld heraus und werfen Sie sie in Ihr heiliges Feuer. Tun Sie es so lange, bis Sie sich wieder rein und klar fühlen. Erkennen Sie, daß es unmöglich ist, irgendein Gefühl oder einen Gedanken dem Geistigen zur Verwandlung zu überlassen, ohne daß damit nicht auch eine göttliche Handlung vollzogen wird.

Der zweite Schritt zur Wiederherstellung der Verbindung zwischen den Engeln und Ihnen besteht darin, die Probleme Ihrer Persönlichkeit, mit denen Sie sich vielleicht plagen, zu betrachten; Furcht, Täuschung, Unehrlichkeit, Wut, Arroganz, Verwirrung, Sturheit, Gefühle der Nichtigkeit, der Eifersucht, der Ungeduld, der Ablehnung, des geringen Selbstwertgefühls und so weiter. Schauen Sie sich auch die negativen Begleitumstände in Ihrem Leben an: finanzieller Mangel; familiäre Zwistigkeiten; sexuelle Probleme; die Unfähigkeit, dauerhafte Beziehungen zu haben; Krankheiten und schlechte Gesundheit; Konflikte mit dem Gesetz und geschäftliches Versagen sowie Erfolglosigkeit in bezug auf die berufliche Karriere. Diese Prüfung wird Ihnen helfen, festzustellen, welcher der Engel am meisten verfälscht wurde. (Siehe auch die Informationen zu »Negative Merkmale durch Ego-Projektionen« und »Energieblockaden« im Anhang)

Sobald Sie einmal Ihre Problempunkte dingfest gemacht haben, sind Sie für den dritten Schritt bereit: Ihr Denken,

Ihre Gefühle, Ihren Körper und Ihre persönliche Welt *vollkommen* dem Spirituellen in Ihnen zu unterwerfen, dabei nichts zurückzuhalten und alles für Gott aufzugeben und hinzugeben. Durchtrennen Sie alles, was Sie an Ihre negativen Charakterzüge fesselt, die Sie in der obigen Analyse erkannt haben, und entleeren Sie sich von allem, das der dreidimensionalen menschlichen Natur auch nur gleicht. Erinnern Sie sich daran, während Sie dies tun, daß das Gesetz der Berichtigung, das korrigierende Prinzip der göttlichen Natur eines Menschen, eine reinigende Energie, die vom spirituellen Selbst ausstrahlt, sofort in Aktion tritt. Alles, was Sie wahrhaftig und demütig hingeben, wird auf den inneren Ebenen des Bewußtseins korrigiert, und die Ego-Projektionen werden von den Engeln zurückgezogen.

Sobald Sie eine spirituellere Schwingung in Ihrem Bewußtsein verspüren, sind Sie für den letzten Schritt bereit. Dann geht es darum, mit den Engeln in Kontakt zu treten. Der letzte Schritt bedeutet, zu meditieren und sich die Anwesenheit des innewohnenden göttlichen Geistes ins Bewußtsein zu holen. Dies muß geschehen, bevor Sie versuchen, mit dem Himmelreich im Innern in Kontakt zu treten. Versenken Sie sich in die schützende Kraft Ihres heiligen Selbst, und fühlen Sie, wie seine starken, unvergänglichen Arme Sie umfangen. Bitten Sie dann den Geist, Sie auf eine tiefere Bewußtseinsstufe zu führen, das heißt, Sie ganz persönlich zu begleiten, um einen speziellen Engel Ihrer Wahl zu treffen. Fühlen Sie die Präsenz der spirituellen Liebe, Weisheit und Kraft, die Sie für die Reise nach innen öffnet, und sehen und fühlen Sie überall um sich herum Licht, sobald Sie durch eine Art gewundenen Korridor wandern.

An einem bestimmten Punkt werden Sie über Ihnen ein Licht wahrnehmen, und Sie werden wissen, daß Sie sich nun auf einen Engel zubewegen. Wenn Sie näher kommen, erkennen Sie, daß sein Licht beginnt, die Form und Gestalt eines physischen Wesens – entweder männlicher oder weiblicher Schwingung – anzunehmen. Blicken Sie in seine Augen, und drücken Sie aus tiefstem Herzen Ihre Liebe und Dankbarkeit aus, und fühlen Sie, wie er Liebe erwidert. Jetzt können Sie jede Frage stellen, die Ihnen in den Sinn kommt, doch ich empfehle Ihnen zu fragen: »Was kann ich tun, um dich in deiner Arbeit zu unterstützen, Vollkommenheit in mein Leben zu bringen?« Die Antwort könnte Sie überraschen, doch wie immer sie auch lauten mag, sollten Sie sie auf alle Fälle in Ihr spirituelles Tagebuch schreiben. Der Engel wird ebenso Sie fragen, was er für Sie tun kann. Seien Sie also darauf vorbereitet, liebevoll und aufrichtig zu antworten.

Erkennen Sie, daß es sich dabei nicht um eine geistige Vorstellungsübung handelt, obwohl der Kontakt zu den Engeln in Ihrer Vorstellung beginnt. »Vorstellung« meint die Kraft, sich etwas gedanklich auszumalen, so daß Sie kreative Gedanken dazu benutzen, sich auf innere Ebenen zu schwingen, wo Ihre visionäre Gabe Ihnen diese Vertreter der kosmischen Ordnung zu enthüllen vermag. Und sie sind real. Platon nannte sie die »kleinen Götter«, und nach Douglas Baker, einem Autor und Lehrer alten Weisheitsgutes, der in England das College of Spiritual Enlightenment and Esoteric Knowledge (Schule spiritueller Erleuchtung und esoterischen Wissens) begründet hat, »werden ihre Körper aus der Essenz des Himmelreichs gebildet, zu dem sie zugehörig sind, wobei sie leuchten und in vielen Farben strahlen und ihre Form nach eigenem Wunsch verändern.... Sie sind die aktiven Vermittler des Logos, die alle Details des Weltenplanes erfüllen.«

Jeder Engel wird in einem der folgenden zweiundzwanzig Kapitel vorgestellt. Jedem Engel wurde dabei ein Name gegeben, der sowohl der mythologischen Gottheit entspricht, die über vergleichbare Macht verfügte, als auch einem Meister der alten Weisheitsschulen, der diese Kräfte in Initiationsriten einsetzte. Allerdings kann es sein, daß manche Engel einen anderen Namen als den hier zugeordneten vorziehen. Das spielt keine Rolle, solange die Kommunikationswege klar sind. Der Engel des spirituellen Verstehens bat darum, ihn Magnus zu nennen, und der Engel der spirituellen Stärke und Willenskraft schlug den Namen Pyra vor. Seien Sie also flexibel, und arbeiten Sie mit ihnen wie mit einem Freund, der unter einem anderen Namen bekannt werden möchte.

Bei den Zusammentreffen mit den Engeln werden Sie feststellen, daß sie nicht immer die gleiche Form und Gestalt annehmen. In dem Maße, wie Ihre jeweilige Projektion sich verändert, erscheinen auch die Engel in veränderter Gestalt. Manchmal werden sie so stark vom Ego blockiert, daß Sie nur einen schwachen, nebelhaften Umriß erkennen. Ich habe auch erlebt, wie manche von ihnen sich von einem strahlenden Licht in eine menschenähnliche Gestalt, dann in ein Symbol (Würfel, Dreieck und so weiter) und wieder zu menschlichen Zügen veränderten.

Fragen Sie Ihr göttliches Bewußtsein, wenn Sie unsicher sind, welchen Engel Sie in einer bestimmten Situation ansprechen sollen, und lassen Sie sich von ihm leiten. Seien Sie in der Meditation nicht erstaunt, wenn Ihr Engel einen anderen Engel herbeiruft, um die Erfahrung zu teilen. Wenn ein solcher Fall eintreten sollte, bitten Sie den ersten Engel, Sie vorzustellen und zu erklären, warum ein Partner notwendig ist.

Reden Sie mit den Engeln. Knüpfen Sie ein Gespräch an, stellen Sie Fragen, hören Sie zu. Sie können auch ein Szenario zu sehen bekommen, einen Film, der wie auf einem Bildschirm erscheint. Schauen Sie sich den Film gründlich an, und scheuen Sie sich nicht, dem Engel Fragen zu stellen, wenn Sie sich über etwas nicht im klaren sind.

Nach Ihrem ersten bedeutungsvollen Zusammentreffen wird der Engel mit Ihnen weiterarbeiten, und zwar unterhalb Ihrer Bewußtseinsschwelle. Botschaften mögen allerdings jederzeit in Ihr Bewußtsein dringen. Horchen Sie auf diese Übermittlung, akzeptieren Sie sie, und zeigen Sie Ihre Dankbarkeit. Nach meinem Gefühl ist es wichtig, daß Sie Ihre Erfahrungen aus den Begegnungen niederschreiben und darüber meditieren. Was Ihnen übermittelt wird, könnte Ihnen zuerst nicht klar sein, aber die Botschaften haben immer einen Sinn und werden durch Nachsinnen verstanden. Ein Engel könnte Ihnen auch im Traum erscheinen. Notieren Sie die Einzelheiten nach dem Aufwachen in Ihrem Tagebuch, und besprechen Sie den Traum im Rahmen Ihres inneren Dialogs mit dem Engel. Sie können gewöhnlich dem Engel die Verantwortung für die Inhalte Ihres Traums zuschreiben.

Wenn Sie sich mit den Engeln vertraut gemacht haben, berufen Sie den Rat der Zweiundzwanzig ein, und beraten Sie mit ihnen am runden Tisch Ihr Leben. Fragen Sie, wie weit Sie schon vorangekommen sind und was Sie tun müssen, um sich stärker von den Anfechtungen des Ego zu distanzieren. Sie werden fasziniert sein, dabei zuzuhören, wie die Engel über Sie beraten, als ob Sie gar nicht anwesend wären. Höfliche Zurückhaltung ist dabei angemesssen: Benehmen Sie sich, als ob Sie sich in einem Konferenzsaal befinden würden, in dem erfahrenste Fachleute Ihren Fall unter die Lupe nehmen.

Sie werden zudem viel Freude dabei entwickeln, überall die Symbole der Engel zu entdecken: in Kinofilmen, auf Spaziergängen in der freien Natur, bei geselligen Zusammenkünften – wo immer Sie auch sind, allein oder zusammen mit anderen. Die Engel entzücken uns durch symbolische Handlungen und sogenannte Zufälle. Das Buch, das aus dem Regal fällt; der Vogelschrei, der wie ein Wort klingt; der Umriß einer Wolke; der verstopfte Abfluß; der Telefonanruf, bei dem sich am anderen Ende niemand meldet; das Wiederauffinden von Dingen, die seit Jahren verloren zu sein schienen – die Möglichkeiten sind unerschöpflich. Seien Sie aufmerksam. Irgend etwas könnte sich für Sie gerade in diesem Augenblick ereignen.

Es ist wichtig, daß Sie das Buch in der vorgegebenen Reihenfolge lesen und studieren, indem Sie mit dem ersten Kapitel beginnen und dann bis zum Buchende weiterlesen, ohne etwas zu überspringen oder herumzublättern. Die spezielle Ordnung bei der Vorstellung der Engel wird nach und nach Reaktionen in Ihrem Bewußtsein auslösen, die aufeinander aufbauen und Sie sowohl zu einer tieferen Ebene des Verständnisses als auch zu einem höheren Grad der Selbstverwirklichung führen.

Obwohl diese Unterweisung esoterischer Natur ist, hat sie auch stark praktischen Charakter, das heißt, die Prinzipien müssen in die Tat umgesetzt werden, wenn Sie davon umfassend profitieren wollen. Es handelt sich um eine Reise spiritueller Entfaltung, die den ernsthaften Suchenden reich belohnt.

Indem Sie mit mir diese sich manifestierenden Energien erforschen, werden Sie den gesamten Prozeß des Erwachens stark beschleunigen.

Erfreuen Sie sich daran.

1

Der Engel der bedingungslosen Liebe und Freiheit

In den meisten Werken über die alten Weisheitslehren wird als erster Ausdruck, als erster Ausfluß des höchsten Wesens die Liebe genannt, die zur Kraft und Energie der kreativen Macht wurde. Daher ist der erste Engel die Quelle aller Kräfte und die Ursache aller Manifestationen.

Auf der Tafel des Isiak, die einen Altar für die Initiationen einer der Mysterienschulen bildete – den alten Weisheitsschulen – wird der Archetypus, der die Energie der Liebe repräsentiert, als erste Emanation des göttlichen Geistes oder als höchstes Wesen dargestellt. Die Energie dieses Engels wird astrologisch durch den Planeten Uranus repräsentiert, dem Symbol, das direkt mit der Entfaltung des spirituellen Bewußtseins und mit der Einweihung in eine höhere Ordnung des Lebens durch die Kraft der universalen Liebe und die Macht der Freiheit verbunden ist.

Im Tarot wird dieser Engel durch die Karte mit der Zahl Null symbolisiert, während die übrigen einundzwanzig großen Arkana sich manifestierende Aspekte, Ausdrucksformen oder Emanationen eben dieser Karte mit der Zahl Null darstellen. Ihr Name lautet »Der Narr«, was paradoxerweise sehr zutreffend ist. Stellen Sie sich zum Beispiel vor, was eine Durchschnittsperson glauben würde, wenn sie jemanden wie folgt reden hörte: »Egal, wer du bist oder was du getan hast, ich liebe dich. Ich liebe dich als mein Selbst, ohne irgendwelche Fesseln, die uns binden. Du bist frei, und ich mache mir keine Sorgen um dich, denn du bist das heilige Licht Gottes, und du besitzt das Königreich. Wir haben gegenseitig keine Verpflichtung, außer Liebe zu geben und zu empfangen. Und durch diese Liebe erheben wir uns über unsere persönlichen Bedürfnisse hinaus, über unsere selbstsüchtigen Wünsche und strahlen unsere Liebe zum Wohle aller universell aus.«

Wie närrisch so etwas klingen würde! Eine ehrliche Antwort auf solch »naive« Rede würde etwa so lauten: »Wenn ich dieser Art zu denken folgte, müßte ich aufhören, Leute und Umstände zu kritisieren. Ich könnte meine Gefühle nicht mehr verbergen und müßte meine rigiden Erwartungen darüber, was andere Leute tun und sagen sollten, und wie sie zu handeln hätten, aufgeben. Ich müßte aufhören, mich in die Angelegenheiten anderer einzumischen, selbst wenn ich eine bessere Vorstellung von dem, was gut für sie wäre, hätte als sie selbst.«

Es wurde behauptet, daß das gesamte Mysterium des Tarot im Symbolismus dieser Karte Null verborgen liegt. Denn bedingungslose Liebe ist gottähnlich, und für die meisten menschlichen Wesen sind Gott und Liebe ein Rätsel.

Als die Engel vor Äonen von Jahren von Mystikern entdeckt wurden, erkannte man, daß der Meister dieser kausalen Kräfte die Liebe ist – nicht die menschliche Liebe, sondern göttliche, bedingungslose Liebe, die eine Energie, die den Kosmos erschaffen hat. Sie stellt das erste Prinzip dar, das jegliche Wirklichkeit offenbart und erhält. Mit diesem Engel ist Freiheit verbunden, um die *bedingungslosen*

Aspekte der göttlichen Liebe zu betonen und damit klar zwischen dem menschlichen Gefühl, das von der niederen menschlichen Natur Liebe genannt wird, und der unbegrenzten, ungefesselten, ungebundenen Liebe, die die Engel repräsentieren, zu unterscheiden. Die Kraft und Energie der bedingungslosen Liebe ist vollkommen und ganz frei, während die bedingte Liebe der menschlichen Natur dazu neigt, sowohl das Geliebte als auch den Liebenden selbst einzuschränken und zu begrenzen. Die menschliche Persönlichkeit in ihrem Wunsch, geliebt zu werden, versucht, diese Gefühle in anderen hervorzurufen, aber sie liebt, um geliebt zu werden – die Fesseln bestehen ewig –, was für andere eine Verpflichtung schafft, selbstsüchtigen Motiven Rechnung zu tragen. Solche Liebe ist manipulierend und bindend, wogegen bedingungslose Liebe offen und ohne Fesseln besteht.

Seit der Zeit unseres »Sturzes« in materielles Bewußtsein lag es nicht in der menschlichen Natur, bedingungslos zu lieben, doch ist dies die einzige Liebe, die unsere göttliche Seele kennt. Und diese Liebe strahlt ewig in jeden Geist und in jedes Herz als ein Engel der Seele; sie verteilt die Liebesenergie und arbeitet daran, jedes Individuum von der Herrschaft des Ego zu befreien.

Die chinesischen Mystiker nannten dies Tao. Den hinduistischen Schülern der Mysterien wurde es als Krishna bekannt. In den westlichen Schulen nannte man es Meister des Himmels.

Das Tao-Te-ching lehrt, daß jedes Individuum ein Teil des einen harmonischen Universums sei, das von einem ewigen Prinzip regiert wird, welches das Tao ist. Diese uralte Philosophie beinhaltet als zentrales Thema: »Handle nicht, und alles wird getan sein. Geh ins absolute Tao ein, und finde dort deinen Frieden.« Wenn wir in die Energie absoluter Liebe eintauchen, werden wir entdecken, daß die Wirklichkeit in jedem Augenblick durch uns offenbart wird. Wenn wir versuchen, es mit unserem Ego zu vollziehen, erschaffen wir nur Phantome.

In einem meiner früheren Bücher bezog ich mich auf diese Liebe als das endgültige und höchste Mysterium und sprach über einen alten Mann, der mir in einem Traum erschien und mir folgenden Rat gab: »Wenn du nur mehr liebtest, verschwänden alle Einschränkungen deines Lebens.« Liebe ist wahrhaftig die Energie der Transformation.

Wenn Sie sich die Zeit nehmen, darüber nachzudenken, was Liebe wirklich ist, können Sie beginnen, die ehrfurchtgebietende Macht des Engels der bedingungslosen Liebe und Freiheit – Gottes Hand der Liebe – innerhalb Ihres eigenen Energiefeldes zu verstehen. Wenn dieser Engel von Ego-Projektionen frei ist, sind Sie wirklich eine strahlende Kraft des Guten, und jeder innerhalb Ihres Ausstrahlungsbereichs wird auf die göttliche Ebene der Ganzheit und Harmonie emporgehoben. Sie werden an der völligen Abwesenheit von Furcht, Schuld und irgendwelchen Gefühlen der Unterdrükkung und Begrenzung Ihres Bewußtseins wissen, daß die universelle Liebe in Ihnen frei fließt. Wenn Sie jedoch negative Gefühle erleben, bedeutet es, daß Sie den göttlichen Fluß des Engels ausblenden, besonders durch das Verurteilen anderer Menschen und Zustände, die auf bloßen *Erscheinungen* beruhen. Lassen Sie uns einen näheren Blick darauf werfen, was dies bedeutet.

Alles, was in der physischen Welt als solide und greifbar betrachtet wird – entweder jetzt oder zu einem bestimmten Zeitpunkt in der Zukunft –, ist eine Erscheinung. Im spirituellen Sinne handelt es sich um eine Illusion, weil sie dem Wandel unterworfen ist. Sie hat einen Anfang und ein Ende und ist deshalb eine Wirkung. Und die einzige Macht, die einer Wirkung verliehen ist, ist diejenige, welche ihr vom Beobachter zugesprochen wird. Der Prozeß des Beurteilens von Erscheinungen verhindert ernsthaft das Eingreifen des Engels der Liebe und Freiheit.

Wenn wir entschlossen sind, nur die höchsten Eigenschaften in uns und anderen wahrzunehmen, kann der Engel die Ängste, die uns gebunden hatten, auflösen. Betrachten Sie nun Ihre Ängste. Alles, wovor Sie möglicherweise Furcht haben könnten, ist nichts als eine Wirkung, und das beinhaltet Menschen, Orte und Dinge. Ja, *Menschen* – Sie und jeder andere, der in physischer Gestalt auftritt, sind nur ein Schatten der Wahrheit. Vergessen Sie nicht: Eine Illusion kann real erscheinen, aber sie ist nicht *Wirklichkeit*. Der physische Körper, die Gedanken und Gefühle sind veränderbar und unbeständig, sie erscheinen nur substanzhaft. Können diese Schatten Sie in irgendeiner Weise verletzen? Nur, wenn Sie ihnen das Recht dazu geben, und diese Machtübergabe bedeutet, daß Sie sie falsch beurteilt haben. Dann wird der Engel, der neue Formen erschafft und alle Dinge belebt, wiederum unterdrückt.

Haben Sie Angst, im Alter nicht genug Geld zu besitzen, Furcht vor dem plötzlichen Ausbrechen einer bestimmten Krankheit, vor irgendeiner Unpäßlichkeit, die Sie befallen könnte, davor, daß Sie einen Ihrer Lieben verlieren könnten? Gibt es da eine Furcht vor Versagen, vor Einsamkeit, Unfällen, vor dem Tod? Finden Sie Ihre Ängste heraus, und konfrontieren Sie sich mit ihnen. Beobachten Sie genau, worauf Sie sich dabei konzentrieren, welche Erscheinungen Sie verurteilen. Wenn Sie eine Liste von hundertundeins Ängsten erstellten, würden Sie damit eine Liste von hundertundeins Bedingungen, Situationen und Dingen anfertigen, die, außer in Ihrem Kopf, nicht existieren. Der Tibeter D. K. (Djwhal

Khul), der tibetische Meister, der das Material für die Bücher von Alice A. Bailey lieferte, sagte, daß die Gedankenformen, die wir selbst aus unseren individuellen Ängsten und Phobien bilden, die Macht der Angst enorm verstärken würden, und diese Gedankenformen wachsen, je mehr Aufmerksamkeit wir ihr widmen, denn die »Energie folgt dem Gedanken.«

Warum von etwas, das nicht real ist, beherrscht werden? Vor einigen Jahren lebte Mary aufgrund eines Traumes, den sie als junge Frau gehabt hatte, mit der Vorstellung, daß sie eines gewaltsamen Todes sterben werde. Mit der Zeit wurde diese Vision immer stärker – die Gedankenform wuchs machtvoll an, weil sie ihr Aufmerksamkeit widmete –, bis beinahe jeder Aspekt ihres Lebens von dieser Furcht beherrscht war, und Liebe wurde durch Ablehnung und Feindseligkeit ersetzt. Aber durch »Zufall« entdeckte Mary ein metaphysisches Buch, das sie für einen Moment über ihre Ängste hinauswachsen ließ, um ihr den Zustand ihres Bewußtseins zu zeigen. Es bedarf keines Metaphysikers, um zu wissen, wie das Endergebnis ausgesehen hätte, wenn sie ihre Beurteilungen und Einschätzungen von Situationen und Menschen nicht zurückgenommen, sich ihre Selbstbestimmung nicht wieder zu eigen gemacht und diese Gedankenform nicht durch die Kraft der Liebe verwandelt hätte.

Wie steht es mit den beängstigenden Situationen, die Sie gerade jetzt, in diesem Augenblick, bedrücken und die Ihnen sehr real erscheinen? Unabhängig davon, wie echt und faktisch jede Situation erscheinen mag, Sie beschäftigen sich nur mit Erscheinungen – und es liegt an Ihnen, zu entscheiden, wieviel Macht Sie ihnen einräumen wollen.

Nehmen Sie zum Beispiel das Problem, nicht genügend Geld zu haben, um Ihren Verpflichtungen nachzukommen. George wuchs während der Zeit der Depression auf, und während seiner gesamten Kindheit wurde ständig über Mangel und Einschränkungen gesprochen. Die Bewußtseinsebene der Armut durchdrang sein Zuhause. Seine Mutter schenkte täglich ihrer leeren Vorratskammer größte Beachtung und beklagte, daß sie nicht genug Geld hätte, um Lebensmittel zu kaufen und die Miete zu bezahlen.

George brachte diese tiefsitzende Erinnerung mit in sein Erwachsenendasein, und da gab es niemals »genug«, egal wie hart er arbeitete, sparte und zur Seite legte. Dann nahm ihn eines Tages sein Freund zu einer Lesung über unsichtbare Ursachen und sichtbare Wirkungen mit. Es ging um die Vorstellung, daß alle Formen und Erfahrungen in der äußeren Welt Ergebnisse des Bewußtseins sind. Das veränderte sein Denken – und sein Leben.

Obwohl Geld ein machtvolles spirituelles Gut ist, ist es trotzdem nur eine Wirkung, eine zeitliche Form. Georges Furcht basierte auf dem Glauben, daß seine Bedürfnisse nicht ausreichend befriedigt werden könnten. Er konzentrierte sich auf den Mangel, und dadurch verkörperte er den Mangel in seinem Bewußtsein, ohne zu verstehen, daß ein Bewußtsein des Mangels noch mehr Mangel anzieht. Dieser Geisteszustand verursacht Angst und schließt die Meisterenergie der Liebe aus, genau jene Energie, die den vollen Maßstab für alle materiellen Formen darstellt. George führte eine Art Tretmühlen-Existenz, die schließlich überwunden wurde, als er erkannte, daß Wirkungen einfach nur die mentale und emotionale Natur einer Person widerspiegeln. Und daß ein Bewußtsein, das von Liebe erfüllt ist, dazu führt, daß alles im ausreichenden Maße vorhanden ist.

Douglas Baker schreibt, daß »die Weisheit der Zeitalter immer betont hat, daß *alles Energie und Schwingung ist.* Wenn sich Energie als Materie manifestiert, schafft sie Illusionen... Materie ist ein *sehr zeitlich bedingter Fokus* der Energie, und das gilt für alle Formen. Aber allen Formen liegt ein Energiemuster zugrunde, das auf einer höheren Ebene ununterbrochen Materie in diese Formen hineinzieht. Dies ist die wirkliche, andauernde Natur der Erscheinungen.

Betrachten Sie irgend etwas in der materiellen Welt, darin eingeschlossen Ihren Körper. Es ist alles Energie, die sich als Materie manifestiert. Wenn Sie beim Auftreten von Mängeln negativ urteilen, zum Beispiel bei Krankheit, Risiken, Bedrohungen und Gefahr, so fällen Sie das Urteil über sich selbst. Sie sperren die Kraft der Liebe und der Freiheit ein und rufen nach noch bedrohlicheren Illusionen, die in der Folge substantiell erscheinen. Das Geheimnis besteht darin, in seinem Bewußtsein zurückzugehen, weg von dem, was wahrgenommen wird, und hin zu dem zugrundeliegenden Energiemuster, dem Strudel der Schwingungen, der »ununterbrochen Materie hineinzieht.« Und wo befindet sich dieses Muster, dieser Strudel? Genau in Ihrem Bewußtsein. Innerhalb des lebenden Kraftfeldes, das Ich genannt wird, liegt das Muster für alles, was in der Welt der Erscheinungen existiert: Geld, ein Zuhause, Nahrung, ideale Beziehungen und ein perfekter Körper – unendlicher Überfluß auf der dreidimensionalen Ebene.

Diese Muster oder göttlichen Ideen sind wie Dias in einem Projektor. Während die Lichtenergie durch das Dia strahlt, wird ein perfektes Bild auf den Bildschirm der äußeren Welt projiziert, und Ihr Leben erscheint Ihnen »ausgefüllt«. Wie auch immer: Wenn Sie auf irgendeinem Gebiet einen Mangel erfahren, bedeutet es ganz einfach, daß Sie die göttlichen Dias durch diejenigen, die Sie selbst erschaffen haben, ersetzt haben. Und dies kam dadurch zustande, daß Sie sich selbst mehr mit den Auswirkungen, die begrenzend wirken, als mit der Ursache, die Ihr unbegrenztes Bewußtsein darstellt, identifiziert haben.

Die göttlichen Dias warten nur darauf, in den Projektor eingelegt zu werden. Seien Sie sich darüber im klaren, daß *Sie* der Projektor sind. Ihr Bewußtsein ist das Ding, das projiziert! Und die kreative Energie fließt kontinuierlich durch Ihr Bewußtsein, deshalb besteht Ihre Arbeit nun darin, (mit dem inneren Auge) die Wirklichkeit der Muster zu betrachten, sie mit Ihrem ganzen Herzen und Verstand zu lieben und zu fühlen, wie die Energie durch die Muster fließt und nach außen strahlt, um Materie zu sammeln und substantiell zu werden. Diese Handlung macht die Engel darauf aufmerksam, daß Sie nun richtig urteilen und daß Sie die Entscheidung getroffen haben, die perfekten Muster wieder an die Stelle der falschen Bilder, die das Ego erzeugt hat, zu ersetzen.

Jedesmal, wenn Sie einer Erscheinung in Ihrer Welt begegnen, die sich unterhalb des göttlichen Standards von Harmonie, Ganzheit und Überfluß zeigt, ziehen Sie besser Ihre Aufmerksamkeit von der äußeren Szene zurück und wechseln das innere Dia des Bildes der Angst zugunsten eines perfekten Musters der Wirklichkeit. *Wechseln Sie das Dia!* Erinnern Sie sich an diesen Satz, und sagen Sie ihn sich selbst vor, wann immer dieser Anflug von Angst eintritt. Dann denken Sie an das Muster der Wirklichkeit, sehen Sie es sicher in Ihrem Herzzentrum ruhen, Ihrer fühlenden Natur, und überschütten Sie diese echte Blaupause mit tiefem Interesse und mit Liebe.

Das Beziehungsmuster zum Beispiel ist angefüllt mit zusammenfließenden Linien, um die richtige Person zu treffen, um nur liebevolle und harmonische Menschen in Ihrem Leben anzuziehen, um alle individuellen Konflikte der Vergangenheit und der Gegenwart zu heilen, um die richtigen

Entscheidungen in bezug auf die Interaktion mit anderen zu treffen, um den richtigen Partner zu wählen.

Das Muster der körperlichen Ganzheit beinhaltet die Kraftlinien, zu heilen, wiederherzustellen, zu revitalisieren, zu stärken, zu nähren und Ihren Körper neu zu beleben und ihn in einer Verfassung der absoluten Gesundheit zu halten.

Das Muster der Fülle ist eine herrliche Sammlung von machtvollen Kreisläufen der Ausstrahlung, Manifestation, Anziehung und Ausweitung der finanziellen Ressourcen, einschließlich der Kanäle, der Wege, auf denen die Mittel Sie erreichen werden, und dem Plan für Ihre dauerhafte finanzielle Versorgung während ihrer gesamten Inkarnation.

Es gibt ein Muster für alles, was Sie möglicherweise in diesem Leben brauchen oder sich wünschen könnten. Wenn Sie also etwas »da draußen« sehen, das nur die geringste Möglichkeit besitzt, Angst einzujagen, *wechseln Sie das Dia*! Seien Sie gewiß, daß Sie jedesmal, wenn Sie das tun, nicht nur Illusion durch Wirklichkeit ersetzen, Sie befreien auch den Engel der bedingungslosen Liebe und Freiheit, damit er seine große Arbeit verrichten kann, Ihnen zu helfen, Ihre göttliche Identität zu verwirklichen.

Bevor wir dem Engel begegnen, lassen Sie uns in die Meditation eintreten.

Meditation

Innerer Geist des lebenden Gottes, mein kostbares heiliges Selbst, ich verzeihe mir vollkommen und vollständig jeden Gedanken, jedes Gefühl, jedes Wort und jede Tat der Vergangenheit. Ich übergebe alles dir – die ganze

Selbstverurteilung, alle Schuld und alle Furcht –, und ich schließe die Tür vor allem, was gestern war.

Indem ich mir selbst verzeihe, weiß ich, daß ich allen verzeihe, denn ich bin jeder, und jeder ist ich. Und durch die reinigende Tat des Verzeihens sind wir alle auf wunderbare Weise frei.

Wenn ich irgend etwas in meiner Welt entdecke, das nicht in Harmonie ist, weiß ich, daß ich ganz einfach meine wahre Natur vergessen habe. Ich habe meinem Ego die Autorität, für mich zu denken, übertragen, und seine Gedanken sind voller Furcht und Unterdrückung. Sie verleiten mich dazu, Menschen und Umstände zu verurteilen. Da ich dies tue, verurteile ich mich selbst und halte dieses Muster in meinem Leben fest. Doch das geschieht jetzt nicht mehr. Die Zeit ist gekommen, um die Ketten zu zerbrechen und frei zu sein.

Mein gesegneter Geist, ich überantworte dir rückhaltlos mein Leben. Ich gebe dir meine Gefühle, um durch sie zu fühlen; meinen Verstand, damit er von deinen Gedanken erfüllt wird; meine Augen, um deine Visionen wahrzunehmen; meinen Mund, um nur wahre Worte zu sprechen; meinen Körper, damit er der Kanal für deine Handlungen sein kann. Und sollte da irgend etwas in meinem Bewußtsein sein, das ich nicht kenne, das nicht in Übereinstimmung mit deinem heiligen Geist ist, bitte ich darum, daß es jetzt von mir genommen wird. Ich bin bereit, rein und klar zu sein und in vollkommener Harmonie mit dem, der ich wirklich bin, mit meinem göttlichen Bewußtsein.

Gehen Sie nun in die Stille, und lassen Sie die göttliche Reinigung sich vollziehen. Fahren Sie nach einigen Augenblicken fort:

Wissend, daß Liebe das erste Prinzip ist, das die gesamte Wirklichkeit offenbart und aufrechterhält, bitte ich dich, mich zum Engel der bedingungslosen Liebe und Freiheit tief im Inneren meines Bewußtseins zu führen, so daß ich diese Hand Gottes zu befreien vermag, damit sie ihre vollkommene Arbeit tun kann.

Fühlen Sie die Präsenz, die Sie durch einen langen, gewundenen Korridor führt. Gehen Sie weiter, bis Sie in der Ferne ein schwaches Licht erkennen. Gehen Sie mit Ihrem Geist, mit Ihrer Gefühlsnatur, die mit der heiligen Präsenz in Ihrem Innern verbunden ist, schnell auf das Licht zu, und bitten Sie es, eine Form anzunehmen, die einer Kommunikation angemessen ist, schauen Sie dann in seine Augen, und drücken Sie Ihre tiefen Gefühle der Liebe und Dankbarkeit aus. Sagen Sie dann:

Engel der bedingungslosen Liebe und Freiheit, ich habe darum gebeten, daß alle meine falschen Glaubensvorstellungen, meine Ängste und meine Gefühle der Schuld aufgelöst werden, und von diesem Augenblick an werde ich mein Bestes tun, Erscheinungen der äußeren Welt nicht zu verurteilen. Ich werde alle mangelhaften Bilder in meinem Geist durch perfekte Muster ersetzen, und ich werde diese Wahrheiten meines Wesens erblühen lassen, bis ihre volle und großartige Manifestation offenbart ist. Es ist meine Absicht, alles zu tun, was ich kann, dich zu befreien, damit du all das sein kannst, wofür du erschaffen wurdest – der Meister des Engelreichs, der Leuchtende, dessen Licht vor jeder Pforte erstrahlt, der jeden Engel mit dem Willen Gottes, der Liebe Christi und den Handlungen des Heiligen Geistes beauftragt. Ich bitte dich nun, mir zu sagen, was ich sonst noch in meinem täglichen Leben tun kann, um dir bei deiner Arbeit, Vollkommenheit zu manifestieren, zu helfen.

Lauschen Sie der Antwort aufmerksam, und führen Sie die Unterhaltung wie mit einem engen Freund fort. Notieren Sie später diese Unterhaltung in Ihrem spirituellen Tagebuch. Beenden Sie Ihre Meditation, indem Sie über folgenden Gedanken nachsinnen:

Alles in mir ist nun in perfekter Harmonie. Die göttlichen Muster befinden sich sicher auf ihrem Platz, und der Engel der bedingungslosen Liebe und Freiheit führt mich. Mein Leben ist gut, sehr gut.

2

Der Engel der Illusion und Wirklichkeit

In Kapitel eins haben wir gesehen, daß der Engel der bedingungslosen Liebe und Freiheit der Meister der kausalen Kräfte ist, das erste Prinzip, das die anderen einundzwanzig überschattet. Es wurde im Tarot von der Karte mit der Zahl Null repräsentiert. Daher ist, numerologisch gesehen, der Engel mit der Zahl Eins der Engel der Illusion und Wirklichkeit; er wird als der Hüter der ersten Pforte des Bewußtseins betrachtet.

Auf der Tafel der Isis wurde diese erste Projektion der bedingungslosen Liebe als Magier symbolisiert, der eine Scheibe mit einem Halbmond darüber und einem Kreuz darunter, trägt. Auch im Tarot finden wir als Karte mit der Zahl Eins den Magier. In der esoterischen Astrologie wird die Energie dieses Engels mit Merkur in Verbindung gebracht, und in den Weisheitslehren, den Lehren, die in uralten Zeiten entstanden, um die Menschen zu ihrer göttlichen Natur zu erwecken, wurde sie Hermes, Botschafter der Götter, genannt. Nun lassen Sie uns untersuchen, was es esoterisch bedeutet, ein Magier zu sein.

In den heiligen Akademien, den Schulen der spirituellen Philosophie, wurde gelehrt, daß die gesamte äußere Welt nichts als ein Traum sei. Der Magier ist der Meister des Traums, der die Energie der kreativen Intelligenz benutzt, um die negativen Bedingungen auf Erden, die sich der einzelne selbst geschaffen hat, plötzlich zum Verschwinden zu bringen und durch den Ausdruck des Geistes zu ersetzen. Das geschieht, wenn der Engel von den Einflüssen des Ego vollkommen frei ist.

Paul Foster Case, weltweit anerkannte Autorität auf dem Gebiet des Tarot, schreibt, daß der Magier als Zahl Eins vor allem Konzentration symbolisiert, die für jedes Handeln Voraussetzung ist. In der Bildsprache des Rider-Waite-Tarotdecks zeigt die Haltung des Magiers, daß er Kräfte von oben nach unten lenkt und als göttlicher Kanal dient.

Wir erkennen, daß es demnach eine der Absichten dieses Engels ist, uns zu helfen, uns zunehmend und in aller Eindeutigkeit auf die Wahrheit zu konzentrieren, auf die eine universelle Kraft, und durch diese Konzentration auf die höhere Ursache durch die Illusion hindurch auf die Wirklichkeit zu blicken.

Es ist wichtig zu erkennen, daß wir uns ununterbrochen »konzentrieren«, aber normalerweise auf untere Ebenen. Frances W. Foulks, spiritueller Lehrer und Autor, hat es wie folgt ausgedrückt:

»In dem alten Adam-Zustand des Geistes füllten wir unser Bewußtsein mit einer Menge liebloser Gedanken, die entsprechende Bedingungen in unserem Körper und bei unseren äußeren Angelegenheiten erzeugt haben. Wir haben uns *konzentriert* – ob wir es so nennen wollen oder nicht – auf Gedanken des Mangels, der Beschränkung, auf Unfälle, Krankheiten und den Tod. Wir haben uns gefürchtet, wir haben gezweifelt, wir haben unseren Geist mit Gefühlen durchgerüttelt, alles als Resultat der Konzentration, denn Konzentration ist nichts anderes, als die Aufmerksamkeit des Geistes auf ein einzelnes Ding zu fixieren... Konzentration auf eine Art von Gedanken, auf irrtümliche Gedanken, baut ein Bewußtsein des Irrtums auf, und diese irrtümlichen Gedanken wurden im Leben als Bedingungen des Irrtums reproduziert. Indem wir uns von diesen Gedanken leer machen und uns auf höhere Gedanken konzentrieren, wird unser Geist auf das Christusbewußtsein angehoben, und dies wiederum wird als Harmonie unseres Körpers und unserer äußeren Angelegenheiten reproduziert werden.

Wie Sie sicher wissen, ist das einfacher gesagt als getan; es ist schwierig, ein Bewußtsein des Irrtums durch eine andere Schwingung zu ersetzen, und daher wurde uns dieser heilige Helfer gegeben, der Engel, der mit kreativer Intelligenz arbeitet, um das Wahre vom Falschen in unserem Leben zu scheiden. Er hilft uns, unsere Konzentrationskräfte in der richtigen Art und Weise einzusetzen, so daß wir unseren Geist auf das »Christusbewußtsein anheben« können. Aber erinnern Sie sich daran, daß der Engel uns nur zu helfen vermag, wenn wir uns aus den Fangarmen der niederen Natur befreien.

Um die höhere Energie stärker ins Bewußtsein zu bringen, müssen wir weiter daran arbeiten, Illusionen zu zerstören. Unsere Aufgabe in Kapitel eins bestand darin, den Engel der bedingungslosen Liebe und Freiheit zu befreien, indem wir unsere Urteile über Menschen und Bedingungen, die auf bloßen Erscheinungen basierten, zurücknahmen, wobei wir Erscheinungen als eine zeitliche Wirkung definierten, als eine Illusion, weil sie dem Wandel unterworfen ist. Lassen Sie uns nun sehen, was wir tun können, um mentale Illusionen zu bannen, die durch falsche Wahrnehmung und Mißverständnisse entstanden sind. Dieser Schritt wird den Griff des Ego auf den zweiten Engel abwenden und es dessen kreativer Intelligenz ermöglichen, das Bewußtsein zu erleuchten.

Was ist mentale Illusion? Wir verstehen darunter Fehlinterpretationen und falsche Wahrnehmungen, die falsche Anwendung eines Prinzips, die auf mangelndem Verständnis beruht, sowie die Unfähigkeit, Ideen aufzugreifen und im Leben konstruktiv anzuwenden. Es handelt sich um einen undisziplinierten Geist, der zu einem wirren Denken führt. Und ein Mensch in einem solchen Bewußtseinzustand ist normalerweise ein schlechter Kommunikationspartner, da er sich unfähig zeigt, seine Gedanken angemessen auszudrücken.

Ein Mensch, der an mentalen Illusionen leidet, findet es zum Beispiel sehr schwierig, Gebrauchsanweisungen oder ähnliches nachzuvollziehen. Er neigt auch dazu, die Autoschlüssel im Wagen steckenzulassen und dann die Tür zuzuschlagen, Dinge im Haus zu verlegen, das Essen aus Gedankenlosigkeit anbrennen zu lassen, zu spät zu Verabredungen zu erscheinen, sich in der Stadt zu verfahren oder im Wald zu verlaufen und im täglichen Leben nicht gerade intelligente Entscheidungen zu treffen.

Ich war nie sehr geschickt beim Reparieren mechanischer Vorrichtungen, bis ich anfing, diesen Engel um Hilfe anzurufen. Jedesmal erscheint eine plötzliche Flut von praktischer Information, wie etwas zu tun ist, die mich zu einer Schritt-für- Schritt-Lösung führt. Dieser Engel hat sich auch unschätzbar erwiesen, um für das Bücherschreiben meinen Geist zu klären.

Meine Frau Jan hat einige interessante Begegnungen mit dem Engel der Illusion und Wirklichkeit gehabt. In einer Sitzung teilte ihr der Engel mit, daß er die ganze Zeit mit ihr arbeite, daß aber ihr Geist zu zerstreut sei und sie an zu viele Dinge gleichzeitig denke. Der Engel schlug ihr vor, sie solle sich jeden Tag für eine gewisse Zeit hinsetzen, um sich ganz dem kreativen Ausdruck zu widmen.

Ein anderes Mal fragte der Engel sie: »Was sind deine Prioritäten?«

Jan antwortete: »Gute Frage, sehr enthüllend. Es sind sicher nicht die, von denen ich behaupte, sie seien es.«

Und der Engel entgegnete: »Prioritäten sind diejenigen Dinge, denen du die meiste Aufmerksamkeit, Anstrengung und Zeit widmest. Du mußt nicht unbedingt das wollen, von dem du behauptest, daß du es unbedingt willst oder daß du es wolltest. Wenn du es willst, wirst du tun, was dazu notwendig ist. Wie sehr liebst du dich? Was willst du *wirklich* tun? *Verpflichte* dich. Du tust immer, was du tun willst.«

Jan: »Ich danke dir für die Wahrheit. In Wirklichkeit habe ich bereits alles. Wenn ich nicht alles benutze, was mir zur Verfügung steht, ist es meine eigene Wahl.«

Beim ersten Kontakt mit diesem Engel kann Ihnen vielleicht empfohlen werden, mit Symbolen zu arbeiten, und zwar als eine Möglichkeit, Verstand und Gehirn zu integrieren und den Fluß der kreativen Intelligenz zum Fließen zu bringen. Indem Sie sich auf ein Symbol konzentrieren, durchdringen Sie die Oberfläche seiner Erscheinung und sind in der Lage, seine subjektive Wirklichkeit zu erfassen. Solch eine Übung wird Ihnen eine Ahnung der vom Symbol zugrundeliegenden Idee vermitteln, sowie seine Bedeutung und seine Wichtigkeit, und durch die Übung werden Sie anfangen, die wahre energetische Schwingung dieses Symbols zu verstehen. Es wird Ihnen vorkommen, als ob es etwas über sich selbst aussagen wolle. Die Meditation über

Symbole wird Ihren Geist klären, Ihre unmittelbare persönliche Welt schärfer in den Blick rücken und Sie befähigen, Ihr Leben besser in den Griff zu bekommen. Die sieben am häufigsten verwendeten Symbole sind: Kreis, Dreieck, Quadrat, Halbkreis, Ellipse, Zylinder und Pyramide.

Eine andere Methode, um mentale Fehlwahrnehmungen zu korrigieren, besteht darin, den Geist fein einzustimmen, indem man sich täglich für eine halbe Stunde der Übung widmet, *vollkommen wachsam* zu sein. Schließen Sie Ihre Augen, und betrachten Sie mit Ihrem inneren Auge jeden Einrichtungsgegenstand in Ihrer Wohnung, die genaue Plazierung jedes Stückes, die Farbe des Holzes, seine Tönung. »Sehen« Sie die Bilder an der Wand, und beschreiben Sie jedes einzelne. Gehen Sie mit Ihrem inneren Auge durch jeden Raum, und registrieren Sie sogar die kleinsten Details. Öffnen Sie nun Ihre Augen, stehen Sie auf, und wiederholen Sie die oben genannten Schritte körperlich. Gehen Sie dann nach draußen, und nehmen Sie Kontakt zur Natur auf. Üben Sie, wach und aufmerksam zu sein in bezug auf das, was um Sie herum vor sich geht. Konzentrieren Sie sich bewußt auf Blumen und Bäume, lauschen Sie den Klängen der Natur, den Gerüchen in der Luft. Vergessen Sie nicht: Sie schärfen Ihre Sinne und stimmen Ihren Geist darauf ein, effektiver in Ihrem Leben zu arbeiten.

Ein Erwachter erklärte mir einmal, daß die Leute nicht lernen müßten, wie man positiv denkt. Was sie wirklich lernen müßten, sei, überhaupt zu denken.

Als ein Archetypus, der im Inneren des Energiefeldes jedes einzelnen arbeitet, besitzt der Engel der Illusion und Wirklichkeit drei grundlegende Handlungsebenen. Wenn er vollständig durch die Egoprojektionen blockiert und mit der Energie all der persönlichen Mängel vollgesogen ist, wird er zum Hauptmanipulator und arbeitet aufs engste mit dem Ego zusammen, um zu täuschen, fehlzuleiten, zu betrügen, und er wird zu einem listigen Gegner des spirituellen Bewußtseins. Alles ist graduell, deshalb stellen Sie sich nun vor, daß dieser Engel von der Energie des Ego nur insoweit beschmutzt wurde, als das Ego Kontrolle ausüben kann. Sie wissen es besser, trotzdem geben Sie dem Druck des Ego nach. Bei dieser Schwingung mögen Sie nur ein klein wenig »geschickt« und manipulativ vorgehen, nur ein bißchen unredlich sein, um voranzukommen. Andere mögen von Ihnen glauben, daß Ihre Art, zu bekommen, was Sie wollen, nicht so sehr unsittlich oder betrügerisch ist, als vielmehr »nur« ein Ärgernis oder kleineres Übel darstellt.

Nun lassen Sie uns die Skala hochwandern bis zu dem Punkt, an dem der Engel sich aus dem Griff des Ego löst. Wenn Sie beginnen, mehr in der Gegenwart zentriert zu sein und eine größere Loyalität Ihrem wahren Wesen gegenüber aufbringen, wird dieser Engel ausreichend befreit sein, um anzufangen, Ihnen Signale zu senden, die Ihre äußere Situation betreffen: »Gräme dich nicht, habe keine Angst, es gibt keinen Grund zur Sorge, das Licht wird siegen, entspanne dich, und gehe unberührt durch die Situation.« Sie sehen immer noch die äußeren Probleme, aber Sie fürchten sich nicht mehr vor ihnen. Im wesentlichen wird Ihnen der Engel der Illusion und Wirklichkeit helfen, korrekt zu interpretieren und wahrzunehmen sowie ein angemessenes Urteil hinsichtlich der dreidimensionalen Bedingungen und Erfahrungen zu entwickeln.

Indem Sie sich stärker einem spirituellen Leben widmen und dadurch mehr Schwingungen der Wirklichkeit übernehmen, wird der Engel möglicherweise frei werden, um seine herrliche Arbeit der Magie und der Wunder zu verrichten, und die äußere Szene verändert sich dramatisch: mehr Geld als Rechnungen, mehr Freude als Leid, und alle Sorgen verwandeln sich in ein Lebensgefühl der Freude.

Vergessen Sie nicht, daß der Engel der Illusion und Wirklichkeit die Energie Merkurs ist, von dem uns die zeitlose Weisheit überliefert, daß er den Mittler zwischen niederem und höherem Geist darstellt. Wenn Merkur, der göttliche Botschafter, das Prinzip der Illusion und der Ausdruck des aktiven höheren Geistes, seine Aufgabe erfüllt und die Menschheit zum Licht und in das Christusbewußtsein geführt hat, wird die Aufgabe der Menschheit vollbracht sein, so Alice A. Bailey in *Esoterische Astrologie*.

Merkur wird als Helfer der aktiven Intelligenz angesehen, als der Heilige-Geist-Aspekt Gottes, und als mentales Prinzip bezeichnet. Wenn er befreit ist, benutzt der Engel diese besondere Schwingung, um das individuelle Bewußtsein zu erleuchten und das Licht der Wirklichkeit zu verbreiten. Er versorgt uns mit der kreativen Intelligenz, um die Phantome der Welt der Erscheinungen als das erkennen zu können, was sie sind und um uns aus der Vernebelung durch Sorgen zu reißen.

Nach H. P. Blavatsky ist Merkur oder Hermes der erste der himmlischen Götter, und Sie werden sich daran erinnern, daß Hermes der Name war, der dem Engel in einigen der alten Schulen, den heiligen Akademien der uralten Zeiten, gegeben wurde. Lassen Sie uns sehen, was zu dieser Benennung führte. Anhand einer der fragmentarischen Schriften, von denen man annimmt, daß sie von Hermes stammen, und anderen esoterischen Werken, erzählt Manly P. Hall:

»Als Hermes in einem einsamen, felsigen Gebiet umherwanderte, gab er sich der Meditation und dem Gebet hin.

Indem er den geheimen Anweisungen des Tempels folgte, befreite er sein höheres Bewußtsein allmählich von den Fesseln seiner körperlichen Sinne; auf diese Weise befreit, offenbarte ihm seine göttliche Natur die Mysterien der transzendentalen Sphären. Er erblickte eine Gestalt, die furchtbar und ehrfurchterregend erschien. Es war der Große Drache mit Schwingen, die den Himmel umspannten, und einem Licht, das in alle Richtungen aus seinem Körper strahlte... Der Große Drache rief Hermes beim Namen und fragte ihn, warum er über die Weltgeheimnisse meditiert habe. Von dem Anblick zutiefst erschrocken, warf sich Hermes vor dem Drachen nieder und flehte ihn an, ihm seine Identität zu offenbaren. Die großartige Kreatur antwortete ihm, er sei Poimandres, der Geist des Universums, die kreative Intelligenz und der absolute Herrscher über alles... Dann flehte Hermes Poimandres an, ihm die Natur des Universums und die Beschaffenheit der Götter zu entschlüsseln. Der Drache willigte ein und befahl Hermes, sein Bild in seinem Geist zu bewahren.

Augenblicklich veränderte sich die Gestalt Poimandres. Wo er gestanden hatte, war nun ein leuchtender, pulsierender Strahl. Dieses Licht war die spirituelle Natur des Großen Drachen selbst. Hermes wurde mitten in diesen göttlichen Glanz hineingezogen, und das Universum der materiellen Dinge verschwand aus seinem Bewußtsein...

Als nächstes erkundigte sich Hermes über den Weg, wie die Weisen ewiges Leben erlangen, und Poimandres sagte: ›Statte den Menschen mit Geistessubstanz aus, denke nach, und lerne von ihm selbst, und trenne ihn mit der Macht seines Geistes von seinem Nicht-Selbst, und werde zum Diener der Wirklichkeit.‹«

Nachdem Hermes diese Offenbarungen empfangen hatte, begann er mit seiner Mission. Seine Lehren stehen Ihnen immer noch durch den Engel der Illusion und Wirklichkeit zur Verfügung, der Wandlungen im Bewußtsein verursacht, so daß Sie erkennen können, was wahr und was falsch ist, der Ihnen hilft, Situationen richtig zu interpretieren, der kosmische Magie vollführt, um das Gute und Schöne zu offenbaren, und der als der göttliche Botschafter agiert und die Idee des Spirituellen in Ihr Bewußtsein einfließen läßt. Wir sollten uns klarmachen, daß die Alten von der Arbeit dieses Archetypen so bezaubert waren, daß sie von ihm sagten, er sei derjenige, der die Menschheit zum Licht führen werde. Mystiker nannten ihn das erleuchtende Prinzip, das den Geist erhellt und den Menschen befähigt, sich des göttlichen Plans bewußt zu werden. Man sprach ihm so hohe Bedeutung zu, daß eine persische Mysterienschule beziehungsweise geheime Gesellschaft seiner Eigenschaften wegen gegründet wurde. Sie wurde Mithraskult genannt und entwickelte sich zu einer der hauptsächlichen Schulen der Gnostiker.

Indem Sie von den ersten zwei Engeln die Schatten Ihrer Persönlichkeit entfernen, werden Sie beginnen, bedingungslos zu lieben und in Ihrem Leben einen höheren Grad kreativer Intelligenz zu verwirklichen. Sie urteilen nicht mehr über Erscheinungen – zumindest nicht mehr in dem Maße wie zuvor –, wodurch sich Ihre Ängste reduzieren und ihre Kraft wiederhergestellt wird. Und Ihr Denken ist genauer und klarer. Aufgrund von Konzentration haben Sie Ihre Tätigkeitsbereiche definiert und aufgehört, sich über die unwichtigen und unwesentlichen Dinge im Leben Sorgen zu machen. Da es nun wenig Grund zur Sorge gibt, können Sie bei Ihren Interaktionen Ihrem Gegenüber die Wahrheit sagen und müssen sich nicht auf Täuschung und Manipulation stützen, um Ihre Angelegenheiten voranzubringen. Ein höheres Bewußtsein hat begonnen, durch Sie zu wirken, und offenbart Ihnen den Weg zur Erkenntnis. Die Schwingung der Freude wächst für Sie mit jedem Tag.

Meditation

Wenn ich in mich hineinblicke, sehe ich das Kind, das ich einmal war, das sich vor den Schatten fürchtete, weil es sie falsch interpretierte und wahrnahm und weil es meinen göttlichen Boten gefangenhielt, denjenigen, der die Illusion zerreißt, um die Wirklichkeit zu offenbaren.

Das liegt nun alles in der Vergangenheit. Ich bin nicht länger ein Kind, das in der Dunkelheit lebt. Ich wachse hinaus, richte mich auf, und in meinem Aufstieg sehe ich das Licht der Welt, das Licht meines göttlichen Bewußtseins, und ich begebe mich in das Licht meines Selbst, in das prachtvolle Strahlen des Geistes.

Von diesem Berggipfel ewigen Strahlens blicke ich nach vorn und sehe nur das funkelnde Leuchtfeuer der Wahrheit, die die Wirklichkeit, die immer schon da war, offenbart.

Wovor hatte ich Angst? Wen fürchtete ich? Es gab nichts in all den Schatten, das mich hätte verletzen können, es war nur meine Reaktion auf die Dunkelheit, die mich an die Illusion band.

Im Licht des Verstehens sehe ich das nun, und ich werde mich daran erinnern, was ich gesehen habe. Vom allerersten Anfang an wandelte mein Geist mir voran, um Harmonie, Schönheit und Frieden zu schaffen, und er wohnt für immer in mir, mich führend, damit ich den gleichen Fußstapfen im Lauf der Zeit folgen kann.

Geliebter Herr und geliebtes inneres Meisterselbst, Tag für Tag werde ich euch ähnlicher, und ich weiß, daß bald, in einem Aufblitzen des Lichts, die zwei zu einem werden, und ich werde mich selbst erkennen als Gott, der ich selbst in Ewigkeit bin.

Mein heiliges Selbst, ich bat dich, mich zu führen, um dem Engel der Illusion und Wirklichkeit zu begegnen, das Instrument des Geistes, dessen Signatur kreative Intelligenz ist. Laß uns nun voranschreiten.

Mit dem Geist Gottes im Innern als Ihrem Führer gehen Sie auf die innere Reise, um diesen Mittler zwischen niederem und höherem Geist zu treffen und einen Bund der Freundschaft und Zusammenarbeit zu begründen.

3

Der Engel der kreativen Weisheit

Der Engel der kreativen Weisheit steht an der Pforte, durch die die Energie der Weisheit, vom göttlichen Bewußtsein kommend, hindurchfließt. Wenn Sie sich durch ein tieferes Bewußtsein Ihres Meisterselbst auf seine Schwingungen einstimmen, werden die subjektiven (unbewußten) und objektiven (bewußten) Seiten des Verstandes umfassend stimuliert.

Dieser Engel war in den Mysterienschulen als Isis bekannt, ein Name, der nach Plutarch Weisheit bedeutet. Manly P. Hall schreibt:

»Isis repräsentiert das Mysterium der Mutterschaft, das die Alten als den offensichtlichsten Beweis der allumfassenden Weisheit der Natur und als Gottes überschattende Macht anerkannten. Dem modernen Sucher erscheint sie als Ausdruck des Großen Unbekannten, und nur diejenigen, die sie entschleiern, werden in der Lage sein, die Mysterien von Leben, Tod, Wachstum und Regeneration zu lösen.«

Als Jungfrau der Weisheit repräsentiert Isis einen Bewußtseinszustand, der bereits innerhalb des Energiefeldes eines jeden Individuums Wirkung zeigt. Als Erweiterung des Heiligen Geistes stellt sie eine lebendige bewußte Energie dar, deren Aufgabe es ist, für kreative Bewußtseinsströme zu sorgen, indem sie wie eine Brücke oder ein Kanal zwischen Ihrer niederen und höheren Natur agiert. Wenn Ihre Kraft durch Ego-Projektionen blockiert wird, ist der Geist schnell verwirrt, zerstreut und unruhig, was wiederum zu Fehlurteilen führt. Wenn sie befreit ist, sorgt sie für plötzliche Einsichten und das Einfließen spiritueller Wahrheiten, die dem Denken zuvor verborgen waren.

Im Tarot wird sie von der Hohenpriesterin repräsentiert, der Bewahrerin der Mysterien. Alfred Douglas schreibt in seinem Buch *Ursprung und Praxis des Tarot*, daß das Buch oder die Schriftrolle, die sie in ihrem Schoß hält, die Mysterien des verborgenen Tempels repräsentiere, dessen Hüterin sie ist. Für die, die bereit sind, zeige sie sich als Herrin des Lichts, die den verborgenen Weg weise und Schutz sowie Führung biete. Unter diesem Gesichtspunkt verkörpere sie göttliche Inspiration.

Astrologisch entspricht der Engel der kreativen Weisheit dem Mond, also verdankt er seine Macht dem Leuchten der Sonne. Dies ist esoterisch von Bedeutung, da der Mond die Sonnenstrahlen reflektiert: Er erzeugt die Qualitäten des Seelenbewußtseins und des göttlichen Verstehens im empfänglichen Geist des Individuums.

Der Engel der kreativen Weisheit kann ein machtvoller Verbündeter auf dem Weg zu höherem Bewußtsein sein, wie anhand der Erfahrung, die ich zu Beginn dieses Buches schilderte, gezeigt wurde. Seit damals habe ich in Entscheidungssituationen immer bewußt mehr auf meine Intuition als auf meine rationalen Überlegungen gesetzt. (»Unabhängig davon, was dir dein Kopf sagt, was sagt dir deine Intuition?«)

Ich bin nicht immer der inneren Führung gefolgt, aber selbst meine Schnitzer waren für mich stets eine Lernerfahrung in bezug auf das Vertrauen in die sogenannten Ahnungen.

Als wir zum Beispiel an einem See in Austin, Texas, lebten, verlangte mein Kopf mit Nachdruck, ein Boot zu kaufen, wohingegen mein intuitives Gefühl mir davon abriet. Alle unsere Nachbarn besaßen Boote und es schien das ideale Freizeitvergnügen zu sein, also unterdrückte ich die leise kleine Stimme im Innern und kaufte eines. Ich hätte auf sie hören sollen. Fünf Minuten, nachdem ich dem Mann das Geld gezahlt hatte und mit dem Boot davonfuhr, prallte ich auf ein Dock. Zum Glück verletzte ich mich nicht. Aber selbst nachdem das Boot repariert war, haben Jan und ich nie richtig Spaß daran gefunden, den See rauf und runter zu schippern und den Nachbarn zuzuwinken. Es war ganz einfach nicht unser Stil.

Es gab auch eine Zeit, in der mir meine Intuition sagte, mit unserer Quartus Foundation und deren ganzer Belegschaft zur Guadalupe River Ranch ins texanische Hügelland zu ziehen. In meinem Kopf entstand sofort ein Computerausdruck mit Dutzenden von Gründen, warum das eine völlig unvernünftige Aktion sei, aber diesmal hörte ich auf die innere Stimme, und der Geist ging uns voran, um die gewundenen Pfade auf der Straße zu begradigen und alles in Ordnung zu bringen, was immer uns auch Sorgen hätte bereiten können. Es war eine wunderbare Demonstration richtiger Führung und richtiger Tat.

Im Buch der Sprichwörter 16,16 wird uns gesagt: »Weisheit erwerben ist besser als Gold« – eine Wahrheit, die erkannt werden muß, bevor wir das Reich der Meisterschaft als ein »Weiser« betreten können. Jesus sagte: »Weisheit wird an ihren Taten gemessen.« Mit anderen Worten:

Jemand, der nach den Prinzipien höherer Gerechtigkeit handelt, wird immer recht tun. Jeder Schritt, der im Licht unternommen wurde, ist ein richtiger; jede Anstrengung, die mit der Energie der Weisheit vollbracht wurde, wird nach großartiger Vollendung streben.

Das ist so, weil Sie und der unendliche Geist in Wahrheit eins sind, und in dieser Einheit können die Geheimnisse des Universums erkannt werden, auch die Lösung aller Probleme und die Beantwortung aller Fragen. Und mit allem Gold der Welt könnte man diese heilige Eigenschaft und göttliche Macht nicht kaufen. Darum entschied sich Salomon für die Weisheit statt für Reichtum und Ehre. Mit Weisheit konnte er alles sein und alles besitzen.

Wo finden Sie diese Weisheit? Sicherlich nicht im selbsterschaffenen Glaubenssystem des Ego. Sie ist keineswegs ein Teil Ihrer Vernunft, und sie ist sicherlich verschieden von dem, was Sie als Wissen bezeichnen. Wenn Weisheit nicht in Ihrer niederen Natur liegt, muß sie in der höheren aufzufinden sein, in der Schwingung der spirituellen Energie, denn sie ist die reine, strahlende Energie des göttlichen Selbst.

Wie können Sie an ihrer grenzenlosen Vision, ihrer göttlichen Einsicht, ihrer heiligen Urteilskraft teilhaben? Indem Sie dem höchsten Aspekt Ihres Wesens die Herrschaft über Ihre niedere Natur anvertrauen. Und wenn Ihr wahres Selbst die Führung übernimmt, klingen Sie nicht mehr so närrisch und verantwortungslos, und Ihre Handlungen schlagen nicht mehr auf Sie zurück, um Ihnen eine noch tiefere Grube zu graben, wie es davor der Fall war. Ihre Worte ertönen mit der Macht des Geistes. Ihre Gefühle werden von Liebe genährt, und jede Entscheidung sieht wie eine gekonnte Handlung aus. Mit der frei fließenden Energie der Weisheit wird Mangel in Überfluß verwandelt, Krankheit in Ganzheit, Versagen in Erfolg, Schaden in Unschädlichkeit, Nutzlosigkeit in Erfüllung. Kein Wunder, daß die frühen heiligen Akademien als Weisheitsschulen bezeichnet wurden!

Pythagoras sagte, daß Weisheit das Verstehen der Quelle oder der Ursache aller Dinge sei und daß, sobald sich der Schüler in Harmonie mit der Ursache befinde, sich in der Welt der Formen alles von selbst regeln würde. Jesus sagte fünfhundert Jahre später im Grunde das gleiche mit seiner Mahnung, daß das Himmelreich zuerst gesucht werden müsse und daß die Dinge dann folgten. Also scheint der Schlüssel im Verständnis unserer Quelle zu liegen, dem Reich des Bewußtseins, und es war für Gott eine große Freude, es uns am Anfang der Zeit zu geben.

Während Sie den Weg, der zu Weisheit führt, entlangwandern, müssen Sie nur den Blick erheben – zu diesem Punkt der Individualisierung, an dem Gott als *Sie selbst* erkannt wird, als göttliches Ich, das einzige Ich, das wirklich existiert. Wie immer Sie dieses Gott-bin-ich bezeichnen mögen – als Christus, Seele, Geist, höheres Selbst, als das ICH BIN, das göttliche Bewußtsein –, erinnern Sie sich einfach daran, daß es sich um Ihre höhere Natur handelt und daß dies die einzige Wirklichkeit ist, die Sie besitzen. Und wenn Sie es spüren, es erfühlen und es letztlich realisieren, werden Sie erkennen, daß es sich um die Ganzheit und Vollständigkeit Gottes handelt, in Form eines individuellen Ausdrucks als ein Ich. Ihr göttliches Bewußtsein – in Ihnen, um Sie herum, über Ihnen und durch Sie – verkörpert den Willen und die Macht Gottes, die Liebe und die Weisheit Christi und die kreative Aktivität des Heiligen Geistes. Es ist das wahre Reich Gottes, der Zusammenschluß jeglicher kosmischer Freude und des universellen Guten, das im Geist reinen Seins erschaffen wurde und das ist, wer und was Sie sind.

Ihr heiliges Selbst versucht in diesem Augenblick, Ihren Geist, Ihre Gefühle und den Körper Ihrer niederen Natur, das heißt Ihre Persönlichkeit, zu beeinflussen und zu kontrollieren. Und je mehr Sie dieses göttlichen Bewußtseins gewahr werden, können seine dynamischen Energien die Ebene der physischen Person, mit der Sie sich bislang identifizierten, ausfüllen. Und wenn dieses Ausfüllen vollständig ist, erwachen Sie und verstehen, daß Sie all die Kräfte Gottes verkörpern und daß Sie tatsächlich ein spiritueller Meister sind.

Aber Sie müssen nicht an der Quelle stehen und warten, bis der Vorgang beendet ist, bevor Sie ein mit Weisheit erfülltes Leben führen können. Sie können jetzt sofort beginnen. Alles, was dazu nötig ist, ist eine Wendung im Bewußtsein, die Sie aus der Dunkelheit ins Licht tragen wird. Lassen Sie uns diesen Schritt vollziehen, indem wir den Samen der Wahrheit im Geiste pflanzen. Wenn Sie die Gedankensamen, die Ihnen gegeben werden, bewässern, bis Sie fühlen, wie die Energie sich im Bewußtsein entwickelt, werden Sie auch bemerken, daß Ihre Einsichten klarer werden, und es wird Ihnen vorkommen, als wären Ihre Entscheidungen unabhängig vom bewußten Verstand getroffen worden. Lösungen für die sogenannten Probleme des Lebens tauchen plötzlich wie aus dem Nichts auf. Das geschieht, wenn der Engel der kreativen Weisheit befreit wird.

Samen zum Einpflanzen ins Bewußtsein

Ich lebe. Diese Tatsache ist der Ausgangspunkt, um mein Selbst zu verwirklichen. Meine Lebendigkeit ist Ausdruck von Leben, und ich fühle das Leben in mir. Dieses Leben stammt nicht ursprünglich aus meinem Körper. Es kam nicht von meinem Geist oder meinen Gefühlen. Diese ewige Lebenskraft kommt von einer höheren Präsenz im Herzen meines Wesens.

Ich kann denken; ich kann fühlen. Dies ist der zweite Schritt bei der Verwirklichung meines Selbst. Ich bin ein intelligentes Wesen mit Gefühlen, doch habe ich diese Lebensqualitäten nicht erschaffen. Sie müssen Ausdruck eines höheren Bewußtseins sein, gerade dort, wo ich bin.

Ich habe ein persönliches Verständnis vom Sein, doch empfinde ich eine höhere Natur, etwas, das mehr als menschlich ist, ein erleuchteter Geist – grenzenlos, ungebunden und frei –, ein alles überschattender Geist, beobachtend, bewahrend und *seiend*. Dieses Gefühl von etwas jenseits meiner Persönlichkeit ist der dritte Schritt bei der Verwirklichung meines Selbst.

Ich vollziehe nun den vierten Schritt und erhebe mich bewußt über mein Selbst. In voller Absicht meines Geistes erhebe ich mein Bewußtsein, und ich steige hinauf und hinauf... immer höher und höher. Das Licht wird heller und heller. Ich steige ins herrliche Licht meines Selbst auf. Und nun sehe ich den wahren Gipfel meines Wesens. Es ist gut, mich zu sehen. Es ist gut, mich zu kennen. Ich betrachte mich selbst und werde zu einer strahlenden Sonne, einem rein spirituellen Wesen, einer lebenden Präsenz, einem allwissenden Geist... und ich höre auf mich.

Meditation

Ich bin göttliches Bewußtsein. Ich bin Geist, Seele und ein Körper aus Licht, und in mir sind all die Mächte des Universums, denn ich bin ein individualisierter Gott, die Dreieinigkeit Gottes in strahlendem Ausdruck.

Ich verkörpere jede Idee der Schöpfung, und ich erschaffe ewig das, was gut, wahr und schön ist. Ich bin das Reich, in dem alle Dinge existieren, und alles in der Welt der Formen ist eine Idee in meinem Bewußtsein, ein Energiepunkt, der ausstrahlt, um den Willen Gottes auszudrücken.

Ich bin das Gesetz von allem, das sichtbar und unsichtbar ist. Ich bin die ewige Ursache von allem, das in Erscheinung tritt. Komm näher, und ich werde dir von einem Leben jenseits der Einbildung erzählen. Ich spreche zu dir, der spirituellen Energie der Persönlichkeit auf Erden, die sich in meine Gegenwärtigkeit erhoben hat. Höre zu.

Obwohl es so erscheint, als ob wir zwei wären, einer von oben und einer von unten, gibt es in Wirklichkeit nur einen flackernden Strahl von Licht. Ich bin du, und du bist ich, und es gibt keine Dualität, keine Trennung außer der, die wir in Gedanken vollziehen. Dieser wunderbare Strahl Gottes, das ICH BIN, hat wechselnde Schwingungshöhen, und die Persönlichkeit, die mir zuhört, befindet sich ganz einfach auf der niedrigeren Schwingungsebene.

Diese Ideen beinhalten die Qualitäten meines Lebens und die Erscheinungen meines Ausdrucks, denn ich bin das Gesetz und die Ursache des Sichtbaren wie Unsichtbaren. Das göttliche Bewußtsein von ICH BIN, dein spirituelles Bewußtsein, ist das Gesetz und die Ursache aller Manifestationen. Ich bin das Gesetz und die Ursache der Weisheit, der Liebe, des Lebens. Ich bin Gesetz und Ursache von Gesundheit und Ganzheit. Ich bin Gesetz und Ursache von heilen Beziehungen, ich bin Gesetz und Ursache der Versorgung in all ihren manifestierten Auswirkungen, einschließlich Nahrung, Kleidung, Wohnung und Geld. Nichts Gutes, Wahres oder Schönes existiert in der unsichtbaren oder sichtbaren Welt, das nicht seinen Ursprung in meinem Bewußtsein hätte.

Der Anfang der Weisheit besteht darin, mich zu kennen. Ich muß bewußt wahrgenommen werden, und durch diese Bewußtheit werde ich mein Wesen ausstrahlen. Durch dein Bewußtsein von mir, dein höheres Ich, werde ich wirken und in die äußere Welt fließen, um das Reich der Harmonie auszudehnen. Deine bewußte Aufmerksamkeit und dein Verständnis von mir bringen dich in Einheit mit jeglicher Idee in meinem Geist, und diese Energiepunkte werden sich durch dich ausdrücken, um allumfassend zu offenbaren, was im Leben gut ist.

Bleibe mit deinem Geist auf mich gerichtet. Entspanne dich in mir. Wisse: Je stärker du dir meiner bewußt bist, desto größer ist die Ausgießung in dich hinein, die dein Bewußtsein zum Gesetz für dich machen wird, die Herrlichkeit des Reiches wiedererschaffend in deiner Welt. Halte inne, und wisse, ich bin dein Selbst.

Ich bin mir nun meines Selbst bewußt. Ich verstehe mein Selbst. Ich kenne mein Selbst. Und ich widme mein Leben diesem göttlichen Wesen, das ich in Wahrheit bin.

Ihr Selbst zu kennen ist sicherlich der Anfang der Weisheit. Und vergessen Sie nicht, daß Sie einen heiligen Helfer haben, der mit Ihnen arbeiten wird, bis das Einfließen spiritueller Energie abgeschlossen ist und die zwei Naturen eins werden. Bitten Sie Ihren Geist, Sie tief in Ihren inneren Raum zu begleiten, um diesen schönen Engel zu sehen. Wenn Sie in Kontakt treten, fragen Sie ihn, wie Sie ihm helfen können, die Tore der Weisheit zu öffnen, fügen Sie dann zu dem, was er sagt, obige Meditation hinzu, und verwandeln Sie seine Worte in positive Aussagen von Wahrheit.

4

Der Engel des Überflusses

Im Tarot wird dieser Engel von der Kaiserin repräsentiert, deren Symbole sich auf Vermehrung, Reproduktion und Wachstum beziehen. Sie ist die Muttergöttin, das große Mutterprinzip – fruchtbar, großzügig und nährend. Sie steht an der zu ihr gehörenden Pforte in unserem Kraftfeld und strahlt die spirituelle Essenz von Reichtum, Schönheit, Luxus und Wohlbefinden aus. Als eine Erweiterung des geistigen Selbst ist sie ein Strahl, durch den die kreative Energie materiellen Wohlstands geleitet werden kann, und wenn sie nicht durch Ego-Projektionen, menschliche Fehlwahrnehmungen und Ignoranz blockiert ist, wird sie sicherstellen, daß Sie in Ihrem Leben stets in reichem Maße mit allem, was Sie brauchen, versorgt werden.

Astrologisch betrachtet, wird der Engel des Überflusses vom Planeten Venus repräsentiert. In der esoterischen Tradition wird behauptet, daß die Venus in bezug auf die Erde das ist, was das höhere Selbst in bezug auf den Menschen darstellt. Die Energie der Venus wird als Mutter aller kreativen Aktivitäten angesehen, und bei Frances Sakoian und Louis S. Acker lesen wir, daß die Stärke der Venus auf die Fähigkeit, Schönheit, Harmonie und materiellen Wohlstand zu erzeugen hinweise, ebenso auf die Fähigkeit, Anziehungskraft auf Menschen und Dinge auszuüben.

Wenn die Macht dieses Engels vom Ego zersetzt wurde, erfährt das Individuum nicht nur finanzielle Einschränkungen, sondern auch tiefe Gefühle von Unsicherheit sowie Familienkonflikte und sexuelle und berufliche Probleme. Der Glaube an Unzulänglichkeit wirkt sich auf viele Gebiete des Lebens aus, wobei jeder weitere Umstand die ursprüngliche Leugnung des allgegenwärtigen Überflusses noch mehr verstärkt. Erinnern Sie sich daran, daß der Engel des Überflusses vom Geist geschaffen wurde, um der Statthalter eines der primären Güter des Himmelreichs zu sein: der grenzenlosen Versorgung. Warum also erfahren Menschen so viel Unerfüllbarkeit in ihrem Leben? Weil diese Pforte verschlossen ist, entweder teilweise oder vollständig, und der Grund für diesen blockierten Kanal liegt im Bewußtsein des einzelnen, in dem, was er oder sie über Gott und den Überfluß glaubt.

Überfluß ist die wahre Natur Gottes, die im Augenblick der Individualisierung zu Ihrer wahren Natur wurde. Als das höchste Wesen sich selbst durch Sie zum Ausdruck brachte, wurde nichts außer acht gelassen. Jedes Attribut des Geistes, einschließlich des Überflusses, wurde in seiner ganzen Fülle gegeben, das heißt unbegrenzt und ewig. Seit den Anfängen der Weisheitsschulen, den spirituellen Akademien der Antike, wurde gelehrt, daß das absolute Wesen oder Gott nicht direkt in die Welt der Wirkungen involviert ist, also in Dinge wie Geld, Nahrung, Kleidung und Wohnung. Also erkennen wir, daß das Geschenk des Überflusses *kreative Energie* ist, die wahre Liebe des Geistes, und diese Energie wird zum Stoff des *Bewußtseins*, woraus eine materielle Gestalt entsteht. Mit anderen Worten: Es ist das individuelle Bewußtsein, das sich selbst in der Welt der Erscheinungen zum Ausdruck bringt.

Wenn Sie die Anwesenheit Gottes bewußt wahrnehmen, wird diese Präsenz zu einem Teil Ihres Bewußtseins, und es findet eine spirituelle Infusion statt. Und wenn Sie diesen Geist Gottes in Ihnen mit Überfluß identifizieren, verbindet sich Ihr Bewußtsein mit dem Prinzip des Gedeihens. Die Energie fließt *durch* Sie zur Ebene der Manifestation, wobei sie unaufhörlich die Schwingung Ihres Bewußtseins in der Welt der Formen reproduziert. Der Hauptzweck dieser Ausführungen besteht darin, Sie zu befähigen, mit dem höheren Gesetz zu arbeiten – dem Gesetz des Überflusses – anstatt mit dem Gesetz des Mangels, denn das Bewußtsein erfüllt sich selbst als Gesetz, unabhängig davon, worauf es abzielt.

Wenn Sie zur Zeit finanzielle Probleme haben, arbeiten Sie mit dem niedrigeren Gesetz, das durch einen falschen Glauben aktiviert wurde, den Sie entworfen und auf den Bildschirm der äußeren Welt als Lüge projiziert haben. Sie können nun verstehen, daß effektives Denken sich nicht auf die Wirkungen konzentriert, sondern auf die Ursachen der Wirkungen, um die falschen Wahrnehmungen in Ihrem Bewußtsein zu korrigieren. Sie haben aus einer Illusion Wirklichkeit gemacht, indem Sie einer Täuschung Macht verliehen haben, nun an ihrem Muster festhalten und sie damit in Ihrem Leben stärken. Lassen Sie uns einen genaueren Blick auf diesen Effekt von Ursache und Wirkung werfen.

Eine von einem Ego geschaffene Wirkung durch eine andere zu ersetzen ist nicht die Antwort. Wenn wir beten, daß eine Wirkung in der Welt der Erscheinungen in eine andere verwandelt werden soll, glauben wir, daß die erste Wirkung Macht über uns hat, daß sie zur *Ursache* wurde, zum Ursprung unseres Unglücklichseins oder unserer Unzufriedenheit. Wir sagen: »Ich mag diese Wirkung nicht. Gib mir eine andere und diesmal eine erfreulichere.« Ein leeres Bankkonto ist eine Wirkung, und unser Glaube an das Vorhandensein von Mangel und an den Unwillen Gottes, uns beständig mit allem zu versorgen, ist die Ursache dafür. Anstatt ein volles Bankkonto herbeizuwünschen, sollten wir darüber meditieren, was den ursprünglichen Umstand des Mangels in unserem Denken hervorgerufen hat und ein Wort der Heilung dieser mentalen wie emotionalen Befindlichkeit sprechen und dann bewußt mit dem Engel des Überflusses arbeiten, um uns ein göttliches, fruchtbares Leben zu eröffnen.

Im Nachspüren dieses Prozesses von Ursache und Wirkung entdecken wir, daß Gott nichts mit unserem Gefühl des Mangels zu tun hat, sondern daß es unser Bewußtsein ist, das die unerwünschte Erfahrung produziert. Und plötzlich kommen wir an den Punkt zu verstehen, daß alles in der äußeren Welt nur sekundär in bezug auf die innere Welt des Bewußseins ist, und unser Blickwinkel verändert sich von einem nach außen gerichteten in einen nach innen gerichteten. Mit unserem neuen Verständnis hören wir mit dem Versuch auf, Inhalte zu manipulieren und mit der Macht unseres Geistes Dinge erzwingen zu wollen. Statt dessen kehren wir unseren Blickwinkel um und fangen an, uns die Blockaden in unserem System zu betrachten, die fehlerhaften Kreisläufe, die falschen Glaubensvorstellungen und die Persönlichkeitsmängel – besonders dort, wo wir das große Unbegrenzte, oder Gott, beschränken.

Als ich den Engel um größeres Verständnis dieses Vorganges bat, wurde mir eine Welt voller Farben, Klänge und Aktivität gezeigt, in der Menschen aber in Furcht und Verzweiflung lebten, darum bemüht, mit ihrem Dasein zurechtzukommen. Dann wurden diese Bilder plötzlich eingefroren und schienen im Raum und Zeit zu schweben. Es war, als ob die nährende Energie beiseite geschoben worden sei und nur eine Schwarzweißaufnahme von allem übrigblieb – und selbst das Photo verblaßte ganz langsam und wurde weiß. Das Bedeutsame daran war für mich, daß das Ganze als eine Projektion des Ego-Denkens funktionierte und durch die Augen einer menschlichen Persönlichkeit betrachtet wurde; es war nur eine dreidimensionale Illusion. Jedoch: »Die Erde gehört dem Herrn«, also muß es eine Welt der göttlichen Wirklichkeit geben, sonst wäre das Gebet, das uns Jesus gegeben hat, bedeutungslos. Und dann verstand ich, daß die Blockaden und Hindernisse in unserem Bewußtsein durch ein tiefes bewußtes Gewahrwerden der göttlichen Präsenz aufzulösen sind. Die Wirkungen der Ego-Projektionen in der äußeren Welt beginnen dann zu verblassen und werden gleichzeitig durch göttliche Eindrücke substantieller Natur ersetzt. Während das reine Licht des göttlichen Selbst leuchtet,verbrennen die Ego-Projektionen, und alle Formen, Bedingungen und Erfahrungen spiegeln nur den Willen, die Liebe und die Vision Gottes wider. Nun sah ich, wie die Schwarzweißaufnahme meiner Welt wieder Farben annahm und belebt wurde, aber sie war anders als zuvor. Ich tat gar nichts, es wurde alles durch mich getan. Und die Menschen in den Bildern, ich selbst eingeschlossen, waren wie fröhliche Kinder. Es gab keine Anspannung, keinen Wettbewerb, keinen Konflikt – nur Wohlbefinden, Kooperation und gute Beziehungen. Es gab einen Überfluß an Ganzheit auf allen Gebieten des physischen Lebens. Geld war ein reichlich vorhandenes spirituelles Gut, frei fließend zum Gebrauch aller, es mußte nicht mühsam erkämpft oder errungen werden. Überfluß war die *natürliche Ordnung* der Dinge, denn der göttliche Impuls des Geistes beherrschte alles.

Das Ego war durch spirituelles Bewußtsein ersetzt worden, und die Engel waren frei, um aus ihrer eigenen Substanz Formen zu erschaffen, die der höheren Vision entsprachen.

Während ich dieser Vision der Wirklichkeit nachsann, hörte ich: »Verstehe die Bedeutung von *Licht der Welt*«. Ich dachte an die Passage bei Matthäus 5,14, wo Jesus sagt: »Ihr seid das Licht der Welt«, und zum erstenmal wußte ich, was er meinte. Licht, Energie, Substanz sind alles Synonyme, die sich auf die kreative Kraft des Universums beziehen – und das ist es, was wir sind! Kehren Sie die Worte Jesu um: Diese Welt sollte die *Welt des Lichts* sein. Und da wir das Licht der Welt sind, muß dieses Licht auf die Welt gerichtet werden und in die Welt, denn da, wo Licht ist, kann es keine Dunkelheit von Unzulänglichkeit, Knappheit, Mangel und Begrenzung geben. Die menschliche Rasse hat die Hölle der Dunkelheit durch den Mißbrauch der Energie des Geistes in die Welt hineinprojiziert, obwohl wir die ganze Zeit die Macht und Autorität besaßen, das Licht des Himmels in unserem Leben zu entfalten – durch ein Zurückfordern unserer Identität und durch unsere Zusammenarbeit mit den Engeln.

Verstehen Sie die Bedeutsamkeit all dessen, was hier gesagt wurde? Wir »können alles durch Christus tun«, darin eingeschlossen sind das Einschmelzen und der Neuentwurf unserer individuellen Welten. Aber wir müssen zuerst verstehen, daß alles, was wir sehen, Schatten auf einem Bildschirm sind, angefangen bei unserem Körper bis hin zu den kleinsten Bereichen unseres persönlichen Lebens. Wir können buchstäblich das, was uns als real *erscheint* in das, was ist, verwandeln – zumindest so real, wie Wirklichkeit nur real sein kann auf der dreidimensionalen Ebene. (Solange es die Möglichkeit einer Verschlechterung in der Welt der Formen gibt, haben wir nicht die höchste Ebene der Realität erreicht.)

Um unsere wahre Identität als Licht der Welt anzunehmen, müssen wir zuerst von unserer göttlichen Ausstrahlung die verzerrenden Filter, die falschen Glaubensvorstellungen entfernen. Falsche Glaubensvorstellungen sind Angstmuster, die von unserem Ego erschaffen wurden. Wenn wir aber die Ängste offenlegen und verarbeiten, werden die alten Glaubensvorstellungen aufgebrochen und vergessen und durch das innere Wissen, daß Gott die einzige Quelle ist und daß ein Bewußtsein Gottes die Ursache für alles Gute im Leben ist, ersetzt. Nun bedarf es einiger Forschungsarbeit, um diese falschen Wahrnehmungen zu erkennen und mit den Wurzeln auszureißen.

Im Zuge meiner Beschäftigung mit den Engeln hatte ich einmal eine Begegnung mit dem Engel des Überflusses und fragte ihn, welche dominanten Glaubensvorstellungen mein Versorgtsein mit den Dingen des Lebens begrenzen würden. Hier ist seine Antwort:

»Als du schließlich an deinem wahren Platz angekommen warst und ein Leben der spirituellen Kommunikation führtest, konntest du dich mit der Vorstellung, daß spirituelle Arbeit Überfluß rechtfertigt, nicht vollkommen anfreunden. ›Genug, um über die Runden zu kommen‹, war die Projektion auf meine Energie. In Wahrheit hätte der Typ von Arbeit, mit dem du beschäftigt warst, nichts mit einem Leben in Reichtum zu tun. Eine von der Menschheit generell akzeptierte Vorstellung besagt, daß der Wert der Arbeit mit der Vergütung gleichzusetzen sei, was die Mehrheit der Menschen, die auf diesem Planeten leben, einschränkt. Da du einer spirituellen Arbeit nachgehst, ist der Wert des Geldes in deinem Geist zusätzlich gemindert durch den falschen Glauben, der besagt, daß Spiritualität und Überfluß unvereinbar seien. Überfluß sei dir gewährt, unabhängig von der Arbeit, die du tust, wenn du das, was du tust, nicht mit Geldscheffeln gleichsetzt. Tue das, was dir am liebsten ist, und setze das Geld in deinem Leben mit dem endlosen Energiefluß von der Quelle gleich.«

Nun lassen Sie uns betrachten, was die Botschaft für Sie bedeutet. Sie müssen nicht mit einer sogenannten spirituellen Karriere beschäftigt sein, um eine ähnliche Ego-Projektion zu entwickeln. Die Tatsache, daß Sie auf dem spirituellen Weg sind und Ihr Leben dem Erwachen zur göttlichen Wirklichkeit widmen, könnte Ihr Ego verleitet haben, eine Vorstellung in Ihrem Geist zu erzeugen, die besagt, daß spirituelles Leben und Wohlstand nicht zusammenpassen. Dies ist eine weitere Lüge, um Sie noch mehr von dem ungesunden Teil Ihrer Persönlichkeit abhängig zu machen, der sagt: »Komm schon, laß es uns auf meine Weise tun und ein wenig *echtes* Geld scheffeln. Du hast es schon zu lange ohne das versucht.«

Die Engel gehen beim Aufdecken unserer falschen Glaubensvorstellungen sehr pragmatisch vor. Zum Beispiel könnte der Engel des Überflusses Ihnen sagen, daß Sie den Verlust einer Beziehung mit dem Verlust Ihres allgemeinen Versorgtseins gleichsetzen, daß Sie ein Versagen auf einem Gebiet dazu verwenden, um es Ihren Finanzen überzustülpen oder daß Sie Schuld umsetzen in Geldschulden. Genauso kann es sein, daß jemand finanziell die Oberhand über Sie gewinnt, wenn er Sie übertrumpft. Lassen Sie uns nun untersuchen, in welche Richtung sich Ihr Denken bewegt.

Überprüfen Sie Ihre Liebesschwingung. Seit uralten Zeiten wird gelehrt, daß der Geist Gottes reine Liebe ist und daß Geld eine materielle Form dieser Liebesenergie darstellt. Wenn der Grundton Ihres Bewußtseins sich nicht in Harmonie mit der Liebesschwingung befindet, wird die Energie verschmutzt. Sie wird von der Energie der Liebe, die die sich manifestierende Energie des Geldes ist, in eine Schwingung der Ablehnung, Abneigung, Feindschaft und sogar des Hasses verwandelt. Diese unreine Energie kann nicht dazu benutzt werden, Geld zu manifestieren. Sie wird nur in Form von Situationen und Bedingungen manifestiert werden, die dem Geldfluß entgegengerichtet sind und ihn damit zurückweisen.

Was hat es mit skrupellosen Typen und kriminellen Gestalten auf sich, die in Luxus und Reichtum leben? Erinnern Sie sich daran, daß es das individuelle Bewußtsein ist, das sich in der Welt der Erscheinungen manifestiert, und es gibt nichts, das ein zielgerichteter Geist nicht erreichen kann – und das schließt die Ansammlung großen Reichtums ein. Aber wenn das Vermögen vom Ego-Geist erschaffen wurde, wird das opulente Leben unmittelbar mit Sorgen und Streß verbunden sein. Wenn die Energie der Versorgung, die an sich reine Liebe ist, von einem durch das Ego dominierten Bewußtsein in die Macht, um jeden Preis Reichtum anzuhäufen, verkehrt wird, wird diese Verletzung des kosmischen Gesetzes einen Tribut fordern, entweder in Form einer Desintegration des Körpers oder von Angriffen durch institutionelle Strukturen der Gesellschaft, die zu einem finanziellen Kollaps führen und eventuelle öffentliche Mißbilligung nach sich ziehen.

Nachdem Liebe die unabdingbare Voraussetzung ist, um ein Bewußtsein des Wohlstands zu formen, schlage ich vor, daß Sie alles tun, was notwendig ist, um die Liebesschwingung anzukurbeln. Beginnen Sie bei der ersten und großartigsten Forderung, die darin besteht, Ihr höheres Selbst zu lieben, mit jeder Faser Ihres Herzens, und dann in allem anderen dieses Selbst zu lieben. Sie können auch in die freie Natur oder in Ihren Hinterhof gehen und etwas wählen, das wenig Bedeutung für Sie hat. Heben Sie einen Stein auf, und lieben Sie diesen Stein in den nächsten Tagen, wie Sie noch niemals irgend jemanden oder irgend etwas auf Erden geliebt haben. Entwickeln Sie diesem Stein gegenüber Mitgefühl und Zärtlichkeit, streicheln Sie ihn, sprechen Sie zu ihm, und erzählen Sie ihm von seinem göttlichen Ursprung und seiner ewigen Substanz.

Sobald Sie und der Stein eins geworden sind, gehen Sie einen Schritt weiter und beziehen die ganze Natur mit ein und wiederholen den Vorgang. Dann fangen Sie an, sich auf Menschen zu konzentrieren. Betrachten Sie jedes Individuum als eine heilige Einheit Gottes. Wenn Sie Menschen aus der Perspektive der Wahrheit betrachten, sehen Sie jenseits des Körpers und erkennen, wer sie wirklich sind: der manifestierte Geist Gottes. Dann werden Sie beginnen, jenseits aller Formen zu sehen und nur die Wirklichkeit wahrzunehmen, und die Liebesschwingung wird sich weiterhin ausdehnen. Der Engel der Liebe wird hier in Erscheinung treten und Sie in Übereinstimmung mit der Energie des Geldes und in Harmonie mit dem kreativen Prozeß des Engels des Überflusses halten.

Lenken Sie den Blick auf *Ihre* Kümmernisse. Erinnern Sie sich, daß die Blockaden im Kreislauf des Überflusses auch Reibungspunkte sein können, die durch etwas verursacht wurden, das Sie als Ungerechtigkeit betrachtet haben. Versuchen Sie also zu erkennen, wo Sie immer noch Abneigung und Widerspruch in sich fühlen, dadurch daß auf falsche

Weise Reibungen entstanden waren. Gehen Sie in Ihrer Erinnerung so weit zurück, wie es Ihnen möglich ist, und machen Sie eine Bestandsaufnahme all der Jahre. Bringen Sie jede Person, Situation, Bedingung, Erfahrung ans Licht, welche einen Mißklang in Ihrem Bewußtsein erzeugt hat. Ganz bewußt und mit all der Liebe, die Sie in Ihrem Herzen fühlen können, aktivieren Sie nun das Verzeihen, das ein Geschenk ist. Vergeben Sie jedem und alles ohne Ausnahme. Dann verzeihen sie sich selbst vollständig und fahren mit dem Akt des Verzeihens fort, bis Sie sich in ihrem gesamten Wesen frei, klar und rein fühlen.

Prüfen Sie, ob Sie in Ihrem Bewußtsein gegen sich arbeiten. Wenn Sie den Engel des Überflusses aufsuchen, könnte er einige innere Konflikte offenbaren. Er könnte Ihnen mitteilen, daß ihm der Engel des Erfolges wegen Ihres mangelnden Selbstwertgefühls keine eindeutigen Signale sendet oder daß der Engel der Imagination durch Ihr Schwarzsehen so belastet war, daß er von falschen Bildern erstickt wurde.

Den Zehnten geben, zehn Prozent Ihres Einkommens denen zu überlassen, von denen Sie Ihre spirituelle Nahrung empfangen, ist, wenn es aus den falschen Gründen heraus geschieht, eine andere Art und Weise, die Kreisläufe zu verstopfen. Hingebungsvolle Menschen auf dem spirituellen Weg ersetzen die Gabe des Zehnten durch *Teilen* ohne Fesseln und Erwartungen. »Geben, um zu bekommen« ist der Weg des Alten Testaments. Der neue Zehnte oder das Neue Testament sagt: »Liebt euch gegenseitig, gebt, und es wird euch gegeben werden, teilt, was ihr habt, und ihr werdet in jeder Weise für eure große Freigebigkeit belohnt werden. Wenn ihr aus Freude heraus gebt, wird der Geist, alles, was ihr teilt, wieder auffüllen, alles, was ihr gegeben habt, durch weitaus mehr ersetzen, als ihr zuvor hattet, denn durch euer Geben erweitert ihr euer Bewußtsein des Himmelreiches.«

Erkennen Sie den Unterschied? Wenn Sie den Zehnten hergeben, nur um Ihr Einkommen zu erhöhen, sagt der Engel des Überflusses: »Er versucht, es zu bekommen, indem er etwas gibt, was bedeutet, daß er glaubt, daß er es nicht von vornherein besitzt. Er hat zwei Gesetze angerufen, eines davon ist das Gesetz, den Zehnten zu spenden, das andere ist das Gesetz des Mangels. Welches ist wohl das stärkere in seinem Glaubenssystem?«

Widerstreitende Kräfte können nicht in Ihrem Interesse liegen. Während Sie Ihre Liebesschwingungen ausdehnen, werden Sie gleichzeitig jeden als das gleiche heilige Selbst wahrnehmen, das Sie sind. Beginnen Sie, von Herzen zu teilen – nicht, um etwas zurückzubekommen, sondern aus reiner Freude am Geben und mit der Gewißheit, daß Sie sich selbst etwas schenken, wenn Sie anderen etwas geben, denn es gibt nur ein Selbst. Eines Tages wird das Wirtschaftssystem der Welt auf dem Konzept des Teilens gegründet sein. Die zeitlose Weisheit stellt es klar fest: Denjenigen, die geben, soll gegeben werden, damit sie wiederum geben können. Wenn Sie die Gnade des Teilens erfahren, in dem Bewußtsein, daß Sie frei geben können, weil Sie jetzt alles haben, wird die Ego-Projektion des Mangels zurückgezogen, und der Engel des Überflusses arbeitet auf natürliche Weise, um Sie konstant mit allem, was Sie brauchen, zu versorgen.

Sobald Sie Ihren Teil dazu beigetragen haben, den Energiekanal zu öffnen, ist es Zeit, das Licht auf und in Ihrer Welt zu konzentrieren. »Ihre Welt« ist alles, was Sie vor Ihrem inneren Auge als Ihr Leben auf der physischen Ebene erblicken. Sehen Sie, wie das Licht aus dem tiefen Zentrum

Ihres Wesens fließt, und sehen Sie, wie es sich in einen großen Kreislauf ergießt, alles repräsentierend, mit dem Sie sich als Individuum identifizieren. Seien Sie sich bewußt, daß *Sie* das Licht der Welt sind, daß *Sie* die Kraft des unendlichen und anhaltenden Überflusses sind, der Ihre Welt mit göttlicher Wirklichkeit durchflutet. Erinnern Sie sich an das Muster des Überflusses, wie es im Kapitel eins dargestellt wurde, und halten Sie daran fest. Der Engel des Überflusses wird das neue, regenerierend wirkende Leben, das in ihn einfließt, spüren und wird die Tore öffnen, um seine Macht der Manifestation auszudehnen und damit buchstäblich alle Dinge in Ihrem Leben erneuern.

Meditation

Engel des Geistes des ICH BIN, ich rufe deine Macht und Kraft an, um mein Bewußtsein von allen falschen Glaubensvorstellungen, Geld betreffend, zu reinigen, um deine Pforten weit zu öffnen und um meine Welt mit dem unendlichen Überfluß, der ich bin und den ich besitze, zu überfluten. Ich erbitte dies aus Liebe und zum Wohle aller. Laß nun meinen finanziellen Überfluß zum rechten Gebrauch hervortreten – schnell, einfach und friedvoll.

Rufen Sie sich das göttliche Muster des Überflusses ins Gedächtnis, und fühlen Sie es in Ihrem Herzzentrum ruhend. Nun blicken Sie tief in sich hinein, und sehen Sie mit Ihrem inneren Auge, wie der göttliche Fluß hervortritt. Sehen Sie das Licht vom heiligen Selbst ausstrahlen, durch die Tore des Überflusses hindurchscheinen, sich durch dieses perfekte Hindurchgleiten erweitern und sich ausgießen, um Ihre Welt mit allumfassendem Reichtum zu erhellen. Arbeiten Sie mit dem Fluß, indem Sie Ihre Liebe ausstrahlen.

Ich strahle nun aus tiefen Gefühlen der Liebe das Licht der Welt von ICH BIN aus, und ich sehe die goldenen Strahlen der Substanz meine Welt bedecken und in sie eindringen. Die göttliche Wirklichkeit ersetzt die menschlichen Wirkungen, und ich betrachte alles in meiner Welt als ganz und vollkommen. Mein Leben ist gut, sehr gut.

Sehen Sie sich mit Ihrem geistigen Auge in freudvollem Überfluß leben. Sehen Sie alles vollständig und in göttlicher Ordnung, ohne ein Gefühl des Mangels, das in Ihrem Bewußtsein registriert würde. Seien Sie sich bewußt, daß Sie die Wirklichkeit betrachten.

5

Der Engel der Macht und Autorität

Bevor wir uns auf den speziellen Engel konzentrieren, der für die Entwicklung von Macht und Autorität zuständig ist, erlauben Sie mir, darüber zu reden, wie schwierig es ist, die niedere Natur aufzugeben und in das höhere Reich des Bewußtseins einzutreten. Ich will damit beginnen, kurz etwas über die Erwachten zu sagen, jene Männer und Frauen, die ihre innere Macht realisiert haben, die aus dem Schlaf der Menschheit erwacht sind und die Jan und ich kennenlernen durften. Jede Begegnung war eine grundlegende Erfahrung, denn wir diskutierten alles, angefangen bei den Engeln bis hin zu den Zaddikim (im Judentum erwachte Menschen, die vollständig die Macht über Geist und Materie besitzen). Einige waren Männer, die meisten waren Frauen. Nach irdischen Maßstäben befanden sich diese Menschen im »fortgeschrittenen« Alter, und ihr Erscheinungsbild war sowohl jung als auch altehrwürdig. Hätten Sie einen von ihnen auf der Straße getroffen, was Sie wahrscheinlich schon haben, ihre Gesichter und Gestalten hätten nicht Ihre Aufmerksamkeit erregt, aber etwas anderes hätte es getan.

Dieses »andere« ist die ehrfurchtgebietende Kraft ihrer

Ausstrahlung, die Sie spüren können, und das Gefühl der Autorität, das von ihnen ausgeht. Natürlich bemerken Sie das nicht, wenn Sie sie einfach nur äußerlich betrachten. Was Sie dann sehen, wäre eine nette Dame oder ein höflicher, bescheidener Mann, und eine Begegnung mit ihnen würde nicht von der geringsten Spur von Arroganz, Eitelkeit oder Anmaßung begleitet sein. Dennoch wäre schließlich das Gefühl da, einer intensiven radioaktiven Kraft nahe zu sein, sich in der Nähe einer kosmischen Kraftquelle zu befinden. Was ist es, das diese Menschen anders erscheinen läßt? Sie haben einen hohen Grad des Bewußtseins erreicht und erkannt, daß sie aus sich selbst heraus nichts sind, nichts haben, nichts tun können. Im wesentlichen haben sie sich in einen anderen Geisteszustand begeben, wo göttliche Energie am Werk ist – jene liebende, antreibende Energie von göttlichem Willen, göttlicher Bestimmung und Macht, die hindurchfließt, um als Erfüllung aller Bedürfnisse sichtbar zu werden. Wie haben sie diesen Zustand erreicht? Durch eine bewußte Entscheidung, die Herrschaft des Ego fahrenzulassen und sich in die Wirklichkeit des spirituellen Bewußtseins zu erheben.

Dieses göttliche Bewußtsein ist nichts, das wir uns aus einem persönlichen Gefühl des Seins heraus zu erschaffen haben. Wir nehmen uns nicht auseinander und bauen uns danach wieder nach dem Bilde Gottes zusammen. Wir sind bereits dieses perfekte Bild. Es ist also unsere Aufgabe, uns zu erheben und zu unserem Selbst zu kommen, und indem wir unser Bewußtsein anheben, sind wir in der Lage, mit einem inneren Blick eine Tür, die zu einem geheimen Ort führt, wahrzunehmen. Diese Tür existiert in uns, und sie wurde auch als Nadelöhr bezeichnet, denn sie erweist sich als eine zu schmale Öffnung, um das aufgeblasene Ego durchzulassen. Aber Jesus sagte uns, wie wir sie passieren können. Streifen wir also alles ab, was von uns Besitz ergriffen hat. Andernfalls bleibt der Eingang durch unsere eigene persönliche Ansammlung von »menschlicher Natur« blokkiert. Wir müssen uns in unserem Bewußtsein ausdünnen, das bedeutet, daß wir uns zu transformieren haben, indem wir die Schwerfälligkeit der Furcht, die Fettleibigkeit der Schuld, die Schwere des Urteilens und die Plumpheit des Stolzes aufgeben.

Um diesen Prozeß zu verstehen, lassen Sie uns die Geschichte eines Mannes, der Adam genannt wurde, betrachten (ohne Anspielung auf die Gestalt in der Bibel). Adam war schon seit Jahren auf dem spirituellen Weg, aber er schien hauptsächlich durch die Täler zu wandern. Es gab ab und zu ein paar wenige Hügel, von denen aus er einige kurze Blicke in das Himmelreich erhaschen konnte, aber trotz seiner Meditationen mußte er immer noch den Pfeilen des dreidimensionalen Daseins ausweichen. Dann eines Tages, ohne sich klar zu sein, daß seine Route abwärts führte, fand er sich in einer tiefen Schlucht wieder, und ein Pfeil traf ihn und noch einer. Dann noch einer. Die Pfeile töteten ihn nicht, sie ließen ihn nur leiden. Einer kam vom Bogen der Unzulänglichkeit, einer vom Bogen eines nicht gehaltenen Versprechens, ein anderer von der tödlichen Waffe der spirituellen Überheblichkeit.

Dies war nicht das erste Mal in seinem spirituellen Leben, daß seine Verletzbarkeit zum Vorschein kam, aber es war das letzte Mal, daß er darunter litt. Es war eine Wahl zu treffen. Er begab sich in die Meditation, stieg auf eine höhere Ebene und fand sich vor einer engen Öffnung wieder, die in das vierdimensionale Bewußtsein führte. Er stand vor dieser Tür und rief in seiner Meditation nach dem heiligen Feuer des Geistes, um diese Schlacken zu verbrennen. Dann gelangte er tief in seinen Geist und sein Herz hinein, um jegliches Gefühl der Schuld, das er jemals erfahren hatte, hervorzuholen und in das heilige Feuer zu werfen. Er fuhr damit fort, bis sich auch die letzte Spur dieses heimtückischen Gefühls in Asche verwandelte. Und damit war er ohne Schuld, doch die Pfeile flogen weiter.

Als nächstes nahm er die Furcht in Angriff, und jedes krankmachende innerliche Bild, das sein Geist hervorrufen konnte, wurde in die Liebe Gottes entlassen und aufgelöst, um von Gott neu erschaffen zu werden. Als schließlich alle schlechten Vorahnungen und Sorgen aus seinem Bewußtsein getilgt waren, fühlte er sich unverletzbar. Und er war furchtlos, doch die Pfeile flogen weiter.

Sodann rief er nach dem Licht der Erinnerung, und er meditierte über die Herrlichkeit und Großartigkeit des Meisterselbst, das er in Wahrheit war. Die Fäden, die durch das Ego gesponnen worden waren, begannen sich im Lichte göttlicher Präsenz zu entwirren, und die Vorstellung seiner göttlichen Identität prägte sich seinem Bewußtsein ein. Doch die Pfeile flogen weiter.

Eines Tages dann, vielleicht aus Verzweiflung, versuchte er, die schmale Öffnung zu durchbrechen, aber sie ließ ihn nicht durch. Er fiel auf seine Knie und schrie: »Was willst du noch mehr, das ich tun soll?« Und die Stimme sagte:

»Liebe den Letzten unter euch so, wie du dein heiliges Selbst liebst, aus ganzem Herzen und aus ganzer Seele, und mit ganzer Macht, denn das Selbst ist untrennbar. Dies ist meine Anweisung, und es folgt noch eine zweite: Verpflichte deinen Geist Gott, unterwirf deinen Geist dem heiligen Einen in deinem Innern, und die Kreuzigung wird ein Ende haben.«

Adam gehorchte und suchte in seinem Geist nach all jenen, die er weniger oder kaum in seinem Bewußtsein berücksichtigt hatte, nach jenen, bei denen es ihm schwergefallen war, zu vergeben, nach jenen, die ihn in der Vergangenheit angegriffen hatten, nach jenen, die er als Schattenexistenzen eingestuft hatte, das heißt als Menschen, die ihr Potential nicht lebten, und selbst nach jenen mit einer barbarischen Natur, die den Planeten Erde verwüsten. Er fing an, sie alle mit jener Innigkeit und Intensität zu lieben, die zuvor nur für sein heiliges Selbst in seinem Innern reserviert worden war. Bald fühlte er eine Verbundenheit mit allen Seelen und löste sich in Einssein auf.

Nun war er bereit für den letzten Akt. Er stellte sich lebhaft vor, wie er mit den Nägeln der menschlichen Glaubensvorstellungen an das Kreuz der dreidimensionalen Welt geschlagen war, tief in den unbewußten Kammern des Geistes begraben, und bereitete sich für den Augenblick des Übergangs vor. Er fing an, alles, was ihn in dieser Welt in Besitz genommen hatte, aufzugeben, einschließlich aller Wahrheiten, von denen er geglaubt hatte, sie zu kennen. Indem er eine vollständige Inventur seines Lebens unternahm – die Vergangenheit, die Gegenwart, die Zukunft, das Gute, das Schlechte, das Indifferente –, gab er alles auf, selbst jene, deren Liebe er mit jedem Atemzug geschätzt hatte. Nachdem jede Person, jedes Ding, jeder Ort in der Welt der Erscheinungen entlassen worden war, wurde es für die letzte Verpflichtung Zeit.

Innerhalb weniger Augenblicke sammelte er alle Energie, Kraft und Macht und sog sie in sein Bewußtsein hinein. Dann sprach er jene mystischen Worte völliger Hingabe: *»Vater, ich lege meinen Geist in deine Hände.«* Es war vollbracht, und Adam sah in seiner Vision das Kreuz augenblicklich verschwinden, und die Wand der Trennung brach von oben nach unten entzwei. Er schritt ins Licht – und es flogen keine Pfeile. Nur tiefe Stille.

Es gab einen Unterschied zwischen dem alten und dem neuen Adam. Zuvor war alles von seinem eigenen Verständnis von Wahrheit abhängig gewesen, von den richtigen Gedanken, die im Bewußtsein aufrechterhalten werden mußten, um hervortreten zu können. Obwohl er die Präsenz Gottes in seinem Innern fühlen konnte, hatte er immer noch geglaubt, daß er die Verantwortung trage, seine Erlösung selbst herbeizuführen, auch für die Entdeckung der Wahrheit, die ihn von den persönlichen Problemen in seiner Welt befreien werde. Es war da immer die Suche nach dem fehlenden Schlüssel, der die Türen zu dem Vorratshaus des Vaters, das all das Gute barg, aufschließen würde.

Aber nun war eine Wende in seinem Herzen und in seinem Denken eingetreten. Durch die allerletzte Hingabe hatte Adam sein Bewußtsein unter den Herrschaftsbereich und die Autorität seines heiligen Selbst in seinem Innern gestellt, jenen Punkt der Macht, der den Willen Gottes verkörpert, die Vision Christi und die kreative Aktivität des Geistes. Die Gegenwart Gottes war nun in der Lage, durch ihn zu denken, zu fühlen und zu handeln, und er begann zu verstehen, daß Gottes Wille bereits geschehen war, daß er im Geist des göttlichen Selbst erkannt worden war und daß er durch das Ausgießen des Geistes in die Manifestation gekommen war. Seine Funktion bestand nun ganz einfach darin, in Einklang mit diesem Prozeß zu sein.

Aber Adams neue Art des Lebens als spirituelles Wesen bedeutete nicht, daß er sich vom Leben zurückziehen konnte, denn sein Wesen beinhaltete auch das Funktionieren in einer materiellen Welt mit einem physischen Körper.

Obwohl die Verantwortung für die Handlungen in dieser Welt nicht mehr ausschließlich bei ihm selbst lag, stand seine wahre Arbeit des Lebens im Licht gerade erst am Anfang. Er lernte schnell, daß es nicht darum ging, irgendwelche Pläne zu schmieden oder Entscheidungen zu treffen. Es ging auch nicht darum, in irgend etwas, das um ihn herum passierte, gefühlsmäßig verstrickt zu sein, besonders nicht bei den Situationen, die mit erdrückenden Bedürfnissen verbunden zu sein schienen. Es ging einfach darum, zu verstehen, daß Gottes Wille geschehen war und daß die Vision dieses Willens zum Ausdruck kommen sollte.

Es wurde ihm gesagt, daß er ein Betrachter sei, der Gott bei der Arbeit zusehe. Er erkannte, daß alle Bedürfnisse des körperlichen Lebens schnell und leicht erfüllt wurden, und wußte, daß alles in seinem Leben ganz und vollkommen war – im Zusammenspiel mit den Gedanken Gottes, die sich durch ihn manifestierten. Seine neue Haltung bestand auch darin, weniger zu sprechen und sich mehr zu entspannen, liebevoll nicht anzuhaften und, allem voran, in jedem Augenblick Arglosigkeit zu üben. Ebenso bedeutend, so wurde ihn gelehrt, war es, die Identität mit dem göttlichen Selbst und all dem, was ICH BIN repräsentiert, zu leben, sich mit der Ganzheit, dem Überfluß und der vollständigen Erfüllung auf jedem Gebiet des Lebens zu identifizieren und dies mit Freude, Dankbarkeit, Enthusiasmus und Vorstellungskraft zu tun.

Im Laufe dieses Prozesses, die göttliche Präsenz zuzulassen und ihrem Wesen zu erlauben, in und durch ihn zu leben, wurde Adam gewahr, daß weiterhin Entscheidungen getroffen werden mußten, daß Pläne auszuarbeiten und durchzuführen waren, aber sie hatten spontanen Charakter, und er wußte, daß er als Vehikel für geistige Prozesse, die auf einer höheren Ebene seines Wesens stattfanden, diente. Er konnte die Kraft, die durch ihn hindurchfloß, fühlen, und er spürte die Worte der Autorität, die aus der Tiefe seines Innern hervortraten. Worte, die seine Welt ohne irgendwelche bewußten Gedanken neu formten. Es war, als ob die kosmischen Kräfte des Universums pochend und pulsierend durch sein Energiefeld zum Ausdruck kamen. Aber es war ihm klar, daß dies nicht eine Aktivität seiner Persönlichkeit war, und dieses Verständnis schützte ihn vor den herablassenden und selbstsüchtigen Charakterzügen, die mit einem Gefühl der persönlichen Macht einhergehen.

Indem er das Niedere gehen ließ und sich dem Höheren zuwandte, wurde der Engel der Macht und Autorität befreit. Die göttliche Macht und Autorität kann nicht durch ein Bewußtsein, das vollkommen von dreidimensionalen Energien überlagert ist, arbeiten, doch ohne diese kausale Kraft haben wir keine Herrschaft darüber, unsere individuelle Welt von der Zerstörung des Ego zu befreien und wieder zu neuem Leben zu erwecken. Wenn wir uns dem Punkt der vollständigen Hingabe nähern und die endgültige Verpflichtung eingehen, wird die Schranke zum vierdimensionalen Bewußtsein fortgeblasen, und wir befinden uns im wahren Zuhause auf Erden. Und in dem Augenblick schwingt die Pforte der Macht, die von diesem Engel repräsentiert wird, weit auf, und unser göttliches Selbst verfügt über einen reinen Kanal, durch den es alle Dinge neu gestalten kann.

Dieser Hüter der Pforte der Macht und Autorität in jedem individuellen Energiefeld wurde von den hebräischen Mystikern und von den Rosenkreuzlern Jehova genannt; bei den Ägyptern hieß er Osiris, und Herkules bei den Griechen. In der traditionellen jüdischen Literatur wird Jehova als der Gott Israels dargestellt, als höchste Gottheit, aber die Kabbalisten und später einige der Gnostiker glaubten, daß Jehova die Macht der Schöpfung unter der Anleitung des höchsten Geistes in der Welt der Erscheinungen repräsentiert. Die frühen Rosenkreuzer gedachten Jehovas als des Herrn des materiellen Universums, der für unsere körperliche Existenz verantwortlich ist. Osiris repräsentierte den materiellen Aspekt der Sonne, die die Erde belebt, und Herkules war das Symbol des inkarnierten, noch nicht vollkommenen Sohn Gottes, dessen Macht die niedere Natur verwandelt, um individuelle Identität zu offenbaren. Dies war der Engel, dessen Autorität den Kanal, durch den die spirituelle Energie fließen kann, reinigt.

Im Tarot wird dieser Engel durch den Kaiser dargestellt, dem großen König der unteren Welt und dem Archetypus der Herrschaft. Der Kaiser ist der Gemahl der Kaiserin, die den Engel des Überflusses repräsentiert, und er arbeitet eng mit ihr zusammen, um die göttlichen Gedankenformen in ihrer produktiven Energie zur Manifestation zu bringen. Als ein Statthalter der göttlichen Präsenz im Innern beherrscht er den Energiestrahl, durch den die leuchtenden und magnetischen Kräfte sich ausbreiten, und wenn nicht durch Ego-Projektionen blockiert, werden diese freigelassen, um ihren göttlichen Zweck zu erfüllen. Die positiven Eigenschaften dieses Engels, wie sie durch ein Individuum zum Ausdruck kommen, sind Kraft, Vitalität, Entscheidungsfähigkeit und das Vertrauen auf den Willen Gottes in jeder Situation. Wenn sie jedoch durch spirituelle Überheblichkeit blockiert sind, erscheint die betreffende Person arrogant, eitel, herablassend, anmaßend.

Astrologisch betrachtet, stellt dieser Engel den Widder dar, der von Mars beherrscht wird. Der Widder ist das Tierkreiszeichen, durch das die kosmische Kraft das Leben auf dem Planeten erreicht, und nach Alice A. Bailey befähigt die Widderenergie (die die Lebenskraft dieses Engels umfaßt) das Individuum, sich zu manifestieren, Seinswillen und Handlungsbereitschaft auszudrücken, in den Kampf für den Herrn einzutreten und die Einheit durch Anstrengung zu erreichen.

Zu Beginn dieses Kapitels sprach ich über die ehrfurchtgebietende Macht, die Sie in der Gegenwart einer erwachten Person spüren. Diese Macht ist die Kraft des vierdimensionalen Bewußtseins. Es ist die Stärke Jehovas, die Autorität des Kaisers und die Seinskraft der Widderenergie – all das, was vom Engel der Macht und Autorität ausstrahlt. Dieser heilige Helfer stärkt den Willen, dem göttlichen Plan zu dienen, und verleiht die Macht, Sie über die Klippen des Lebens hinwegzutragen. Wenn er von den Ego-Projektionen befreit ist, wird dieser Engel zur inneren Autorität, um das Ego zu kontrollieren, und Ihr Leben wird dann von der inneren spirituellen Kraft regiert. Und diese Ausstrahlung der Macht von oben ist es, die Sie fühlen, wenn Sie einem Individuum mit einem erleuchteten Bewußtsein begegnen.

Meditation

Lassen Sie uns im Rahmen unserer Meditation mit dem Adam-Beispiel arbeiten. Wenn wir uns erheben und zu unserem Selbst gelangen, ist der Zugriff des Ego auf den Engel der Macht und Autorität gebrochen, und der Kanal für den freien Fluß des Himmelreichs wird gereinigt.

Werden Sie ruhig und still, während Sie die göttliche Präsenz im Innern schauen, und lassen Sie sich zu dieser hohen Ebene im Bewußtsein führen, wo Sie die schmale Öffnung, die in die vierte Dimension führt, sehen. Folgen Sie Adams Initiation ins Licht, indem Sie dem heiligen Feuer gestatten, alle Schlacken wegzubrennen. Blicken Sie auf Ihr Leben zurück, und holen Sie alle Schuld hervor, die Sie in Ihrem Leben erfahren haben, und werfen Sie sie in das Feuer des Geistes. Dann rufen Sie sich jegliche Angst ins Bewußtsein, die Sie in der Vergangenheit geplagt hat, und auch diejenigen Ängste, unter denen Sie heute leiden. Holen Sie sie alle hervor, und entlassen Sie sie in die Liebe Ihres Meisterselbst, damit sie aufgelöst werden. Wenn dies getan ist, fangen Sie an, die Wahrheit über sich zu sehen, den leuchtenden Strahl Ihres göttlichen Bewußtseins, die einzigartige Präsenz Gottes, individualisiert in Ihrer Person. Sehen Sie das Licht, und fühlen Sie die Liebe. Geben Sie diese Liebe dann mit allen Gefühlen, die sie aufbieten können, wieder zurück!

Nun sind Sie bereit, nach all jenen zu forschen, die Sie nicht zur menschlichen Familie gerechnet haben. Während jeder einzelne vor Ihr inneres Auge tritt, fangen Sie an, ihn mit dem gleichen Gefühl zu lieben, wie Sie die Gegenwart Gottes in Ihrem Innern geliebt haben. Gießen Sie diese Liebe mit großer Intensität aus, und beobachten Sie, wie jedes menschliche Gesicht und jede Gestalt zu Licht verwandelt wird. Fahren Sie damit fort, bis Sie eine Verbundenheit zum gesamten Selbst Gottes fühlen – diesem unendlichen Kreis aus Licht, der jede Seele diesseits und jenseits des Schleiers verkörpert.

In Vorbereitung der letzten und endgültigen Hingabe beginnen Sie, alles in Ihrem Leben ohne Ausnahme loszulasen – jede Person, alles, was Sie jemals besessen haben, und alles, was jemals von Ihnen Besitz ergriffen hat. Nichts ist dabei auszulassen. Wenn Sie die Schalen des Bewußtseins geleert haben und nichts zurückbleibt, sammeln Sie Ihre Energie zu einer machtvollen Kraft und sprechen Sie laut folgendes mystische Wort: »Vater, ich lege meinen Geist in deine Hände.« Ihre Kreuzigung wird vorbei sein, und Sie werden sich im Reich des Lichts wiederfinden.

Nun werden Sie den Engel der Macht und Autorität aufsuchen wollen, den Engel, der es wert ist, erkannt, respektiert und geliebt zu werden. Fragen Sie ihn, was Sie tun können, um zu helfen, die Kontrolle über das Ego zu bewahren. Lauschen Sie seinen konstruktiven Ideen, und schreiben Sie sie in Ihr Tagebuch. Sie könnten ihn auch bitten, Ihren Entschluß, strikt auf dem spirituellen Weg zu bleiben, zu stärken und Sie zu warnen, wenn spirituelle Überheblichkeit sich in den niederen Räumen Ihres Bewußtseins entfalten will. Und erinnern Sie sich, daß dies ein Engel der enthusiastischen Tat ist, der Sie vorwärtsdrängt, um selbst den unmöglichsten Traum zu verwirklichen.

6

Der Engel des spirituellen Verstehens

Der Engel des spirituellen Verstehens steht an seinem Tor, um zu helfen, die Bedeutung aller Dinge zu erfassen, zu verstehen, aufzunehmen, zu interpretieren, zu erkennen und wertzuschätzen – einschließlich unserer eigenen Person. Und einer der größten Dienste, die uns diese Energie erweist, besteht in der Offenheit unseres Geistes, eine Eigenschaft, die die meisten von uns in verstärktem Maße brauchen könnten.

Dementsprechend ist der Ursprung wahren Verstehens inmitten unseres Bewußtseins zu finden. Wenn diese dynamische Energie in unserem Geist zu arbeiten beginnt, entwickeln wir zunächst ein intellektuelles Verständnis unserer göttlichen Natur, und wenn sie unsere Emotionen berührt, wird subjektiv ein Gefühl des Wissens empfunden. Wir fangen an, die Wahrheit unserer Natur zu erkennen, aber die Erkenntnis findet schrittweise statt, und bevor wir unser Verstehen nicht in die höchsten spirituellen Ebenen erhoben haben, werden wir nicht zu wirklich Wissenden, die auch wissen, daß sie wissen.

Emilie H. Cady, ein Arzt, der in den zwanziger Jahren tätig war, ein spiritueller Lehrer und Autor, schrieb, daß man mit dem Kopf leicht zu erfassen vermöge, daß von Gott alles Gute komme. Aber man könne noch weitergehen und erkennen, daß Gott nicht nur der Geber sei, sondern auch die Gabe selbst. Doch ein praktischer Nutzen dieser Erkenntnis stelle sich erst mit spirituellem Verstehen ein.

An diesem Punkt sollten wir den Unterschied zwischen Verstehen und Weisheit untersuchen. In dem Kapitel, das vom Engel der kreativen Weisheit handelte, entdeckten wir, daß Weisheit eine bestimmte Fertigkeit im Handeln ist – das Know-how, um jegliches Problem zu lösen, und die Fähigkeit, seine Bedürfnisse zu befriedigen. Beim Verstehen handelt es sich demgegenüber mehr um eine kontemplative Form der Energie, die gedankenvoll, meditativ, besinnlich ist. Das Verstehen bringt den bewußten Geist in größere Verbindung mit der Seele, wodurch die Verwirklichung unserer göttlichen Identität stattfinden kann. Wahres Verstehen öffnet den Geist auch für die Haltung der Harmlosigkeit, bei der das Motiv hinter jeglicher Aktivität Wohlwollen ist.

Wie bereits gesagt, liegt der erste Schritt, Verständnis zu gewinnen, darin, sich bewußt zu werden, wer und was Sie sind, und dieses Bewußtsein zu erweitern, um jeden ohne Ausnahme einzubeziehen. Es bedeutet, sich des spirituellen Prinzips des Selbst bewußt zu sein, der Wahrheit, daß der Geist Gottes sich in Ihrer Individualität ausdrückt, als Ihr göttliches Selbst, welches sich umgekehrt durch Ihre Persönlichkeit auf der niederen Ebene zum Ausdruck bringt. Ihr göttliches Bewußtsein, Ihr Selbst, ist Gottes Zentrum des Ausdrucks, und Ihre Persönlichkeit ist *Ihr* Kanal, durch den die Fülle des göttlichen Reiches ausstrahlt. Oder betrachten Sie es auf folgende Weise: Sie *haben* einen physischen Körper, einen emotionalen und einen mentalen Körper, aber Sie *sind* ein spirituelles Wesen, ein Lichtkörper, ein göttliches Individuum. Diese Ihre Wahrheit wird höheres Selbst, Seele, Christusselbst, Überbewußtsein, Engel der Gegenwart, Sohn Gottes oder heiliges ICH BIN genannt. Wie immer Sie das Selbst bezeichnen, es ist *Ihre* Gegenwärtigkeit, die die Fülle der Gottheit verkörpert. Sie sind Gott – und umgekehrt! Die Bewußtmachung dieser Wahrheit ist der Grundbaustein spirituellen Verstehens.

Von diesem Punkt ausgehend, muß sich Ihr Bewußtsein ausdehnen, um die Tatsache zu erfassen, daß Sie im zentralen Kern Ihres Ich buchstäblich mit jedem Du, das diesseits oder jenseits des Schleiers existiert, verbunden sind. Jedes Selbst in allen Universen ist tatsächlich reine untrennbare Essenz. Um eine Analogie zu verwenden: Es ist das Licht der Sonne, das an einem klaren Tag überall gegenwärtig ist. Es ist das Wasser eines unbegrenzten Ozeans. Rufen Sie sich ins Gedächtnis, daß die Definition von *Individuum* »unteilbare Ganzheit« bedeutet, was bedeutet, daß es keine Trennung vom Selbst Gottes gibt oder geben kann. Das scheinbar »Getrennte« sind lediglich Zellen des Bewußtseins innerhalb des einen göttlichen Körpers. Ich bin du, und du bist ich, und wir sind auch jeder andere. Sinnen Sie über diese Wahrheit nach.

Ein Verständnis, wer und was Sie sind, führt Sie zu liebevoller Sanftheit und wirklicher Harmlosigkeit. Ein neuer Ton und Rhythmus entsteht in Ihrem Bewußtsein, und Ihr liebevoller Kontakt mit anderen wird zu Ihrem Dienst am anderen. Sie beginnen, Menschen zu verstehen – ihre Stärken und Schwächen, ihre Siege und Niederlagen, ihre Bedürfnisse und Bestrebungen. Ihre Einstellungen gegenüber Ursachen und Angelegenheiten aller Art werden weicher, denn Sie richten Ihre Konzentration auf die Wahrheit des Seins, und wenn jemand Ihre dreidimensionale Glaubensvorstellungen nicht teilt, fühlen Sie sich weder angegriffen noch zurückgewiesen, noch fühlen Sie sich bei sich das Bedürfnis, andere anzugreifen oder zurückzuweisen. Sie üben sich in der Haltung der Harmlosigkeit, denn wahres Verstehen beinhaltet Identifikation mit jedem anderen. Wo Sie vorher den Geist der Liebe unter dem Eindruck eines prächtigen Idealismus opferten, sehen Sie es nun ganzheitlicher und vermeiden die früheren Mißverständnisse. Ihre Engstirnigkeit und trennende Überlegenheitspose wird zugunsten liebenden Verstehens aller Teile des Ganzen aufgegeben.

Es ist äußerst schwierig, bedingungslose Liebe zu üben, bevor die Energie spirituellen Verstehens nicht frei fließt; ansonsten laufen wir Gefahr, von der Verdrießlichkeit anderer, von rigiden Erwartungen und der Engstirnigkeit der anderen ergriffen zu werden. Aber durch liebevolles Verstehen können wir seinen oder ihren göttlichen Wert erkennen, Liebe ohne Fesseln ausdrücken und wissen, daß auch »das vorübergehen wird«, sobald die Person ihren kritiksüchtigen Geist losläßt und sich in der Wahrheit zentriert.

Was bedeutet es, zu verstehen? Denken Sie über die Bedeutung von liebevoller Loslösung nach, während Sie in Ihrem spirituellen Wesen fest gegründet bleiben. Es bedeutet, Ihr Schwert niederzulegen und die Dinge durch die Augen Ihres Gegners zu betrachten. Hier geht es um die Entwicklung spiritueller Empathie – die Projektion Ihres eigenen Bewußtseins auf dem Bewußtsein eines anderen, um die betreffende Person besser zu verstehen. Alle Gegensatzpaare sollten dies tun: Vegetarier und Fleischesser, Feministen und Chauvinisten, Nichtraucher und Raucher, Alkoholiker und Abstinenzler, Abtreibungsgegner und -befürworter, Liberale und Konservative, Gläubige und Atheisten, New-Age-Vertreter und Fundamentalisten, Trainingsfanatiker und faule Schlaffis, Schwule und Heterosexuelle und alle anderen Polaritätsschattierungen. Unmöglich? Nein. Schwierig? Vielleicht. Aber wenn Sie sich vor Augen halten, daß Ihr Wiedererwachen und Ihre Wiedererinnerung der spirituellen Meisterschaft davon abhängen, erkennen Sie, daß es Zeit ist, die richtige Richtung einzuschlagen.

Sie beginnen mit der Entscheidung, Ihre Einstellungen zu verändern, und ausgehend von dieser veränderten Gangart Ihres Bewußtseins wird Ihnen die Kraft, Wahrheit und Wirklichkeit vom Standpunkt der Seele, nicht vom Standpunkt der Persönlichkeit, zuwachsen. Als Übung für dieses geistige Umschwenken denken Sie an die Dinge, die Sie in dieser Welt bedrängen, die Dinge, die Ihnen Qual und Ärger bereiten. Prüfen Sie die Gründe und Ursachen, die eine feindliche Reaktion in Ihnen hervorrufen. Untersuchen Sie dann alles übrige in Ihrem Leben, das starke emotionale Reaktionen bewirkt.

Nun machen sie sich in dem Maße, wie es Ihnen derzeit möglich ist, von all dem oben Genannten los. Arbeiten Sie in Ihrem Bewußtsein fortwährend daran, bis Sie alles mit der Haltung »Das ist es einfach nicht wert, sich darüber aufzuregen« freigegeben haben. Dann sehen Sie sich vor Ihrem geistigen Auge auf einer Bühne stehen, auf der eine lange weiße Linie aufgezeichnet ist. Finden Sie die Mitte dieser Linie, und stellen Sie sich genau auf diesen Punkt des Gleichgewichts – in perfekter Ausgeglichenheit. Nun beobachten Sie jedes Ende der Linie, die Punkte, die die polaren Gegensätze von allem, das Ihre Gefühle in die Pflicht genommen hat, repräsentieren. Betrachten Sie beide Seiten jeder Angelegenheit sorgfältig. Mit großer Wahrscheinlichkeit wird es immer noch eine Spur von Wut oder Verzweiflung geben, die durch Ihre emotionale Beteiligung an einem dieser Gegensätze bedingt ist. Dies ist Ihre Persönlichkeit, die immer noch daran festhält.

Benutzen Sie nun Ihre Vorstellungskraft, und sehen Sie sich, als ob Sie jenseits des Schleiers lebten, ohne physischen Körper, nur in Ihrem Lichtkörper, der das, was auf der dreidimensionalen Ebene geschieht, betrachtet. Schauen Sie sich die Schlacht der Herzen und Gedanken, die auf der unteren Ebene vor sich geht, in stiller Losgelöstheit an. Erinnern Sie sich daran, daß wir alle unsere Rollen selbst schreiben, um unsere Erfahrungen zu machen und unsere Lektionen zu lernen. Das, was Sie dort sehen, ist also ein erdgebundenes Bühnenstück mit Leuten, die sich mit Auswirkungen beschäftigen, die irgendwo anders initiiert wurden, auf irgendeiner Ebene, zu irgendeiner Zeit, und Sie arbeiten mit diesen Wirkungen als Katalysatoren für Ihren eigenen Lernprozeß. Aber Sie haben damit nichts zu tun; Sie sind nur ein unpersönlicher und unbeteiligter neutraler Beobachter. Schauen Sie sich das Stück so lange an, bis Ihnen die Motivationen aller Parteien in jeder Frage klargeworden sind, und seien Sie sich bewußt, daß Sie durch das Licht des Verstehens die beteiligten geistigen Grundmuster betrachten. Und während Sie diese Energie des Verstehens durch Ihr Bewußtsein kreisen lassen, werden Sie spüren, daß Sie in Ihrem Denken voller Harmlosigkeit und liebevoll in Ihren Emotionen sind.

Sobald Sie einmal ein tiefes Bewußtsein Ihres eigenen Selbst entwickelt und diesen Ort universellen Gleichgewichts gefunden haben, sind Sie bereit, tiefer in die kosmischen Mysterien vorzudringen. Sie haben Ihren Geist geöffnet, um spirituelle Prinzipien zu erfassen und zu schätzen und durch Verstehen in die Wissenschaften der Anziehung,

Farbe, Schöpfung, Energie, Kraft, Heilung, des Lichts, der Manifestation, Strahlung, des Klangs und anderer Symbole – um nur wenige zu nennen – einzutauchen, jene Wissenschaften, die Sie befähigen werden, Ihr Wissen zu erweitern und anderen in Ihrem Prozeß des Erwachens beizustehen. Und vergessen Sie nicht, Sie haben einen heiligen Helfer, der auf dieser Reise zum Wissen bei Ihnen sein wird.

In den alten Weisheitslehren wurde der Engel des spirituellen Verstehens als der Großmeister und Priester der Mysterien angerufen. Dieses männliche Gegenstück zum Engel der kreativen Weisheit wurde auch als Archetypus der Initiation oder als Lehrmeister der alten ägyptischen Schulen, die Versöhnung, Einheit und Unsterblichkeit lehrten, betrachtet. Dieses Machtzentrum innerhalb des Kraftfeldes jedes einzelnen strahlt ununterbrochen seine Energie aus, um unsere Erfahrungen in der Welt der Erscheinungen zu ermöglichen, wo sie sich besonders auf das *Verstehen* beziehen. Wenn sie vom Ego unbelastet ist, wird diese göttliche Gedankenform unseren Geist öffnen, um aus unserer Quelle tiefe spirituelle Wahrheiten zu empfangen. Wenn sie jedoch durch Ego-Projektionen unterdrückt wird, werden wir eigensinnig, engstirnig und halsstarrig mit dieser Haltung des Ich-weiß-schon-alles und einer unnachgiebigen Persönlichkeit.

Dieser Engel wird im Tarot als der Hohepriester oder Hierophant wiedergegeben. Die Säulen auf der Karte des Rider-Waite-Decks symbolisieren das Gesetz der Polarität – das Zusammenspiel der Gegensatzpaare –, und andere Symbole repräsentieren die Einheit der Gegensätze und die Anhebung des Bewußtseins auf die Ebene des spirituellen Verstehens und der Wirklichkeit.

In der esoterischen Astrologie wird die Energie dieses Archetypus vom Stier repräsentiert. Alice A. Bailey, die Autorin von mehr als zwanzig Büchern über zeitlose Weisheit, schrieb, inspiriert durch den tibetischen Meister Djwhal Khul, daß der Stier die Werkzeuge konstruktiven Lebens und richtigen Handels oder die Werkzeuge der Zerstörung schmiedet. Diese Energie manifestiere sich beim Durchschnittsmenschen als Sturheit oder beim Fortgeschrittenen als ein intelligent ausgedrückter Wille, der durch den Impuls der Liebe in Gang gesetzt werde.

Nach Torkom Saraydarian, einem Philosophen, Lehrer und Schriftsteller aus Kleinasien, der als Experte auf dem Gebiet spiritueller Energien gilt, ist das Auge, das aus dem Kopf der Konstellation des Stiers scheint, der Überbringer des kosmischen Lichts: »Ich würde es das wartende Auge nennen, das Licht, das auf dem Ozean des stürmischen Lebens wie ein Strahl leuchtet und die planetarischen und solaren Pilger auf den Weg in immer höhere und höhere Spiralen führt.... Diejenigen, die durch das Licht des Auges des Stiers inspiriert werden, versuchen, den göttlichen Plan auszuarbeiten, den Willen Gottes zu verstehen und ihrer Göttlichkeit durch Handeln Ausdruck zu verleihen.«

Denken Sie darüber nach. Inmitten Ihres Aurafeldes befindet sich der Engel spirituellen Verstehens, eine göttliche Kraft, ein Statthalter des kosmischen Gesetzes, der eine neue Schwingung höheren Verstehens erschaffen wird, genau an dem Punkt Ihres objektiven Bewußtseins – wenn Sie nur die unflexiblen Muster Ihres Geistes niederzureißen vermögen. Diese Energieausdehnung Ihres essentiellen Wesens wird die göttliche Stimme interpretieren und spirituelle Wahrheiten überbringen, die Ihnen helfen werden, die Lektionen dieses Lebens zu meistern.

Die Welt, in der die meisten Menschen leben, ist nicht der Himmel auf Erden. Sie ist ein Produkt kollektiven Bewußtseins, das ununterbrochen die Dualität widerspiegelt. Es ist eine falsche Welt, die durch den Verstand erschaffen wird, und darum wird sie Illusion genannt. Wenn Sie über Gott, das Selbst, das ICH BIN als unendliche Nahrung, Ganzheit, Vollkommenheit, als kreativen Erfolg, Frieden und als die Essenz aller Beziehungen meditieren, vertiefen Sie Ihr Bewußtsein von der Wahrheit Ihrer Realität. Und diese warme, liebevolle, pulsierende Schwingung in Ihrem Herzzentrum ist die Energie der Wahrheit, die an die Oberfläche steigt, um Sie zu befreien. Wie befreit Sie diese Energie? Das Licht der Wahrheit, das von Ihnen ausstrahlt, offenbart die Abwesenheit von Krankheit, Mißstimmung, Mangel und Begrenzung, und es tut dies, indem es die Gedankenformen oder Illusionen auflöst, die durch Ihren Geist projiziert worden sind. Wenn Sie sich plötzlich wohl fühlen oder eine Befriedigung all Ihrer Bedürfnisse feststellen, dann nicht deshalb, weil Gott Ihren Körper geheilt oder Ihre Angelegenheit in Schwung gebracht hat, sondern weil das Licht der Wahrheit offengelegt hat, daß es in Wirklichkeit keine Krankheit und keinen Mangel gibt. Alle scheinbaren »Wunder« sind ganz einfach der Beweis Gottes, der das Gesetz der Harmonie durch die Verwirklichung der Wahrheit erfüllt.

Wenn ich mit dem Engel des spirituellen Verstehens arbeite, wird es sehr klar, warum die Alten diesen Engel mit dem Reich des Wissens und der Einsicht in Verbindung gebracht haben. Bitten Sie Ihren heiligen Geist, diesem Hierophanten zu begegnen. Wenn Sie mit ihm in Kontakt treten, entweder durch Fühlen oder vor dem inneren Auge, zeigen Sie ihm Ihre Liebe und Ihre Dankbarkeit für seine machtvolle Arbeit. Und fragen Sie dann: »Was kann ich tun, um dir zu helfen, die Schwingung des spirituellen Verstehens in meinem Bewußtsein aufzubauen?« Schreiben Sie die Antwort in

Ihrem spirituellen Tagebuch nieder, und machen Sie sich sofort mit dem, was getan werden muß, an die Arbeit. In Vorbereitung auf diese Begegnung lassen Sie uns meditieren.

Meditation

Höchstes im Innern, ich trete heute vor dich, um alles loszulassen, das mich vom spirituellen Verstehen abhält. Ich gebe jegliches Verurteilen und jegliche Kritiksucht auf, denn jemanden anderen zu verurteilen und zu kritisieren bedeutet, über mich selbst den Urteilsspruch zu fällen, und ich habe mich entschieden, frei zu sein.

Ich überantworte dir meine Engstirnigkeit, meine eigensinnigen Ansichten, meine unflexiblen Einstellungen, meine unnachgiebige Persönlichkeit, denn ich habe mich im Spiegel der Projektionen meiner eigenen Erwartungen und Urteilssprüche über andere selbst gefesselt, und ich entscheide mich nun, frei zu sein. Indem ich sie freigebe, befreie ich mich selbst, und wir werden nun den Weg als heilige Brüder und Schwestern im Licht zusammen gehen.

Ich bin ein Sucher der Wahrheit, und ich öffne meinen Geist dem göttlichen Einfluß des spirituellen Verstehens. Ich fühle die herrliche Energie des Wissens, die mich nun erfüllt. Mein ganzes Bewußtsein wird in die Mysterien des Lebens eingeweiht, und in dieser heiligen Zeremonie bitte ich dich, meine strahlende Präsenz, mich nach dem göttlichen Willen zu formen und mich fortwährend in der Verwirklichung des ICH BIN einzuschmelzen und in der ewigen Einheit des Selbst.

Nun akzeptiere ich den Mantel des Verstehens.

7

Der Engel der liebevollen Beziehungen

Eines Tages, als ich gerade über Liebesbeziehungen meditierte, sagte mir der verantwortliche Engel, ich solle Beziehungen so betrachten, daß sie an den Bund der Harmlosigkeit und Harmonie zwischen allen Individuen geknüpft seien. Natürlich! Liebevolle Beziehungen bedeuten mehr als nur den richtigen Seelenpartner anzuziehen oder das Rezept zu finden, um mit jemandem ohne Konflikte zu leben, denn wahre Verbundenheit muß die gesamte planetarische Familie mit einbeziehen. Und als ich fragte, welches der Grundstein für jede Art von Liebesbeziehung sei, war die Antwort: »Verantwortlichkeit – die Fähigkeit, auf das, was von jemand anderem benötigt wird, zu reagieren, ohne dabei die Verantwortung, die auf seiner oder ihrer Schulter liegt, zu unterminieren. Dies ist der Schlüssel zu heilen Beziehungen.«

Das lehrt uns, daß bei Beziehungen – irgendeine Art von Beziehung, seien es Freundschaften, Liebesbeziehungen oder Arbeitsbeziehungen – beide Parteien Verantwortung tragen müssen. Und diese Verantwortung beinhaltet das Verstehen, was für ein gutes Bündnis benötigt wird, und dann muß ganz und gar auf diese Bedürfnisse eingegangen werden. Dabei muß das Erforderliche getan werden, ohne den freien Willen gewaltsam zu beeinträchtigen und ohne der anderen Person die Gelegenheit, physisch, emotional, mental und spirituell zu wachsen, zu nehmen. Später werden wir uns ansehen, wie man das macht. Lassen Sie uns für den Augenblick daran erinnert sein, daß jeder von uns mit einer Seelenaufgabe auf die Welt kam, und wir müssen nicht dem Platz der anderen Person in der Schule des Lebens einnehmen und versuchen, die Lektionen für ihn oder für sie zu meistern. Die Prüfungen einer anderen Person im eigenen Namen zu absolvieren, ist kosmischer Betrug und wird für alle Betroffenen Karma nach sich ziehen.

Vor einigen Jahren hörte ich, wie ein Mystiker sagte, daß das Glaubensbekenntnis für die neue Welt lauten müsse: »Wir sind eins, und ich bin für dich verantwortlich.« Und ein Freund sagte mir einmal, daß das antike Wort für Christus bedeute »Zu geben, was benötigt wird«. Nun können wir die Bedeutsamkeit von »Verantwortlichkeit« verstehen: die Eigenschaft, verantwortlich zu sein, ohne sich einzumischen, so daß wir uns darauf konzentrieren können, das, was benötigt wird, zu geben. Aber alles, was wir wirklich jemandem zu geben haben, sind die Früchte unseres eigenen Bewußtseins, was wieder einmal bedeutet, daß der Anfangspunkt jeder liebevollen Beziehung das Individuum ist, das Sie im Spiegel sehen.

Zuallererst sei gesagt: Wir können eine andere Person nicht wirklich lieben, wenn wir uns selbst nicht lieben, und diese Wahrheit wird erklärt und betont bei Markus 12,28-31: »Einer der Schriftgelehrten hatte ihrem Streit zugehört; und da er bemerkt hatte, wie treffend ihnen Jesus antwortete, ging er zu ihm hin und fragte ihn: Welches Gebot ist das erste von allen? Jesus antwortete: Das erste ist: Höre, Israel, der Herr, unser Gott, ist der einzige Herr. Darum sollst du den Herrn, deinen Gott, lieben mit ganzem Herzen und ganzer Seele, mit all deinen Gedanken und mit all deiner Kraft. Als zweites kommt hinzu: Du sollst deinen Nächsten lieben wie dich selbst. Kein anderes Gebot ist größer als diese beiden.«

Jesus sagt uns, daß Gott der einzige Herr sei, was bedeutet, daß das göttliche Bewußtsein, das Meisterselbst, das eine Selbst eines jeden Individuums auf dieser Ebene und jenseits dieser Ebene ist. Wir haben zuvor die Wahrheit des Selbst betrachtet, und lassen Sie es uns noch ein wenig mehr betonen. Würden Sie eine weiße Leinwand nehmen und sie ganz und gar mit goldenen Kreisen bemalen, so hätten Sie eine ungefähre Analogie zum Selbst: Auf den ersten Blick würden Sie nur Kreise wahrnehmen, aber der gemeinsame Nenner all dieser Kreise ist die Leinwand. Sie repräsentiert den universellen Geist Gottes, und die Leinwand innerhalb jedes Kreises repräsentiert den individualisierten Geist – als ein individuelles Selbst. Der goldene Kreis ist das Symbol unseres Bewußtseins dieser Wahrheit, und wenn wir in uns hineinhorchen, bewahren wir unsere göttliche Identität, unsere Omnipräsenz, Omnipotenz und unser allumfassendes Wissen, das sich durch unser individuelles Wesen ausdrückt.

Nachdem er das Prinzip der universellen Einheit aufgestellt hat, mahnt uns Jesus, unser Selbst mit allem, was wir haben, zu lieben. Mit Herz, Seele, Geist und Kraft sollen wir dieses herrliche Meisterwesen, das wir sind, lieben, anbeten, schätzen, und wir sollen ihm zujubeln. Und da sich unsere göttliche Individualität fortwährend in unserer Persönlichkeit und in unserem physischen Körper spiegelt, müssen wir den »Kreis« nicht ganz und gar überschauen können. Obwohl wir die leidenschaftliche Gemütsbewegung und Begeisterung in Richtung der physischen Ebene selbst nicht fühlen werden, wie wir sie für den Meister in uns fühlen, sollten doch ein tiefes Gefühl der Wertschätzung und Bestätigung und ein freundliches Gefühl für die Person, die wir der Welt präsentieren, vorhanden sein. Auch das ist Liebe. Vergessen Sie nicht, es gibt nur einen Lichtstrahl. Was wir die niedere Natur nennen, ist nur das unrealisierte Licht am unteren Ende des Spektrums. Wenn Liebe das wildeste Tier im Busch verwandeln kann, kann sie sicher auch das Ego zähmen.

Der dritte Teil des großen Gebotes lautet, den Nächsten zu lieben wie uns selbst. Mit »*Nächster*« ist eine andere Person gemeint, und nachdem jede »andere Person« gleicher Geist und gleiches Selbst bedeutet, wird uns einfach gesagt, daß wir die eine Präsenz, die als viele erscheint, lieben sollen, unabhängig von der Maske (Persona), die er oder sie trägt. Ich hatte vor einigen Jahren eine enthüllende Erfahrung mit einem Menschen, den ich nicht mochte, und zwar in solch einem Maße, daß ich mir sogar vorstellen konnte, ihm physisch weh zu tun. Ich kam aus diesem Dilemma heraus, indem ich mich ständig auf die göttliche Person, die hinter der Illusion verborgen war, konzentrierte. Es bedurfte mehrerer Wochen der Disziplin und Hingabe, aber es fand eine Metamorphose statt – in uns beiden.

Je mehr spirituelle Wirklichkeit im Energiefeld des anderen aufzuflackern begann, desto mehr fühlte ich die göttliche Präsenz in mir, und eines Tages wurde mir dann klar, daß es ein Gefühl gegenseitiger Liebe zwischen uns gab, da das Licht durchgebrochen war und uns verbunden hatte.

Später verstand ich, daß das, was ich in anderen sah und von anderen empfing, eine Projektion dessen, was in mir selbst vorhanden war, darstellte. Und das gilt für das ganze Spektrum von Beziehungen. In meinem Buch *A Spiritual*

Philosophy for the New World (Eine spirituelle Philosophie für die neue Welt) schrieb ich:

»Die Gefühle, die unterdrückt wurden, sind meistens unbewußte Gefühle und Gedanken. Aber jede Energie muß auf irgendeine Weise ausgedrückt werden, und unterdrückte Energie kommt durch Projektionen zum Ausdruck, das heißt, sie wird auf jemanden übertragen, so daß Sie bestimmte eigene Eigenschaften durch andere Personen erfahren und von dieser Erfahrung lernen können. Genauer gesagt, wenn Sie sagen: ›Heutzutage will kein Mensch mehr eine Verpflichtung eingehen‹, sagen Sie in Wirklichkeit, daß *Sie* keine Verpflichtung eingehen wollen. Und vielleicht fühlen Sie sich deshalb nicht wertvoll. Sie fühlen sich nicht wert, daß sich jemand Ihnen gegenüber verpflichtet fühlt. Die Wurzel dieses Unwertgefühls könnte sehr gut aus einer Form von Schuld, die aus den Tiefen Ihres Unbewußten hervorlugt, herrühren. Eine Schuld aus vergangenen Fehlern, für die *Sie* sich selbst verurteilt haben und für die Sie bestraft sein wollten. Was Sie dabei projizieren, ist: ›Komm mir nicht zu nahe, und sei nicht an mir interessiert, denn ich habe mich zu einem Leben abseits von liebevollen Beziehungen verurteilt.‹ Die andere Person greift das auf und agiert es für Sie aus.«

Kenneth Wapnick, ein klinischer Psychologe, der über *A Course in Miracles* (Ein Kurs in Wundern) Vorträge hält und schreibt, meint, daß das, was unsere Wahrnehmung der Liebe in uns und in unseren Beziehungen verdunkelt, Schuld sei. In dem Maße, in dem zwei Menschen ihre Lektionen des Verzeihens lernen würden, verringere sich dementsprechend ihre Schuld: »Je weniger Schuldgefühle wir haben, desto mehr Liebe können wir erfahren. Es ist diese Liebe, die in einer Beziehung ›wächst‹. In Wirklichkeit handelt es sich um das Schwinden der Schuld durch Verzeihen, die es der Liebe, die es immer gab, erlaubt, in unserem Geist stärker zu werden.«

An früherer Stelle habe ich das Wort »*Karma*« erwähnt, was Aktion und Reaktion bedeutet oder das unpersönliche Gesetz von Ursache und Wirkung. Mehr als von irgendwelchen anderen Aktivitäten im Leben, ergeben sich karmische Wirkungen aus Beziehungen. Jeder Gedanke, jedes Wort, jede Handlung beeinflußt eine Beziehung in irgendeiner Weise, denn »nach dem Maß, mit dem ihr meßt und zuteilt, wird euch zugeteilt werden« (Matthäus 7,2). Alles wird zurückgegeben, deshalb ist die Forderung, sich gegenseitig zu lieben und den Geboten zu folgen, wirklich eine Richtschnur, um durch die korrekte Anwendung des karmischen Gesetzes harmonischer zu leben. Indem wir uns bewußt sind, daß wir immer das ernten, was wir säen, können wir anfangen, gute Beziehungen aufzubauen – mit liebevollen Gedanken, ermutigenden Worten und konstruktiven Handlungen, und zwar sowohl zu Hause als auch am Arbeitsplatz und auch sonst überall.

Eines der berühmtesten hermetischen Prinzipien lautet: *Wie oben, so unten.* Hier handelt es sich um eine absolute Wahrheit, die sich mit Entsprechungen befaßt, und sie befähigt uns, ein Problem zu lösen, indem wir über das Niveau, auf dem sich das Problem zu befinden scheint, hinausgehen.

Wenn Sie dieses Prinzip anwenden, bewegen Sie sich von den Wirkungen fort, hin zu den Ursachen, hinein in das kreative Reich Ihres Geistes, und Sie lassen die Schwingung Ihrer höheren Natur die anziehende und harmonisierende Kraft sein. Betrachten Sie es einmal folgendermaßen: Der

Ort, an dem Sie das Bedürfnis nach einer liebevollen Beziehung erfahren, (oder das Bedürfnis, eine sehr schwierige Beziehung zu harmonisieren) ist der Ort des »Unten«. Genau oberhalb dieser Ebene befindet sich Ihre denkende und fühlende Natur, die den Ort des »Oben« ausmacht. Auf dieser Ebene projizieren Sie eine Schwingung des Bedürfnisses (des Nichthabens) und vielleicht einige Reibungspunkte, Furcht, Schuld, Zurückweisung und Unwertgefühle. Wie oben, so unten. Sobald Sie sich jedoch auf die höhere Ebene Ihres Bewußtseins begeben, befinden Sie sich in der Energie Ihres Meisterselbst, die durch Ihre Aufmerksamkeit in die Welt der Erscheinungen hineinreicht, um die harmonischen Bindungen, nach denen Sie gesucht haben, zu erschaffen. Das neue »Oben« wird ein neues »Unten« ans Tageslicht bringen und damit die Wahrheit dieses alten Gesetzes unter Beweis stellen.

Und vergessen Sie nicht den Anteil, der darauf beharrt, daß beide Partner verantwortlich sein müssen, um eine gute Beziehung aufzubauen. Wenn Sie sich Ihres Meisterselbst als der Quelle, der Ursache und der Qualität Ihrer Verbindung mit anderen bewußt sind, übernimmt Ihr Meisterselbst die volle Verantwortung für sein Wirken durch und für alle Betroffenen. *Geben, was gebraucht wird,* ist seine Devise. Jan hielt einmal einen Vortrag mit dem Titel »Es gibt nur eine Beziehung«. Sie bezog sich natürlich auf die Beziehung zum inneren Meister und sagte uns, daß, wenn wir damit aufhören könnten, uns immer nach außen hin zu orientieren, um Lösungen zu finden, und statt dessen unserem inneren Selbst Zeit und Aufmerksamkeit widmen würden – und dieses Selbst mit unserem ganzen Herzen und ganzen Denken lieben würden –, unser Leben voller Beziehungen und Wunder wäre. Fragen Sie sich selbst, ist es nicht an der Zeit, mit der Begrenzung Ihres unbegrenzten Wesens aufzuhören? Ist es nicht an der Zeit, alle Bedingungen, die Sie Ihrem großartigen, bedingungslosen Bewußtsein ihres heiligen Selbst auferlegt haben, aufzugeben? Unabhängig davon, wie lange Sie schon auf dem spirituellen Weg sind, Sie wissen intuitiv, daß die Lösung zu allen Problemen in Ihnen selbst liegt, was bedeutet, daß Ihr Leben und Ihre Welt geheilt und harmonisiert werden können durch den Herrn und das Meisterselbst, das Sie in Wahrheit sind.

Als ein furchtsames, frustriertes Ego können Sie jede Beziehung so lange analysieren, bis Sie ein Haar in der Suppe finden. Und die ganze Zeit, während Sie lächeln, lieben und sich freuen, wartet das allwissende kosmische Selbst darauf, alle Dinge neu zu machen in Ihrem Leben. Alles, was es dazu braucht, ist Ihr Wille, Ihre Ego-Projektionen zurückzunehmen, Ihre Hingabe, mit dem Gesetz von Ursache und Wirkung zu arbeiten, indem Sie Ihre Aufmerksamkeit auf die richtigen Dinge richten, und Ihr Bewußtsein seiner Gegenwart und Ihre Anerkennung, daß es die *einzige* Beziehung ist. Wenn Sie sich verpflichten, Schuld und Furcht loszulassen, erzeugen Sie durch Ihr Verständnis des Gesetzes, gekoppelt mit Ihrer Aufmerksamkeit und Anerkennung, ein Bewußtsein für das Gewünschte. Und bald wird der Bund der Harmlosigkeit und Harmonie zwischen Ihnen und dem anderen machtvoll aufgebaut sein. Und es ist kein Unterschied, ob Sie seinen oder ihren Namen jetzt schon kennen, denn die anziehende, die richtige Wahl treffende Aktivität des Geistes wird freigesetzt sein, um ihre Arbeit zu tun. Sie wird nicht nur alle guten Beziehungen festigen, sondern sie wird auch all jene, die nicht mehr zu Ihrem Leben gehören, lösen.

Lassen Sie uns nun dem Engel der liebevollen Beziehun-

gen begegnen, unserem heiligen Helfer auf diesem besonderen Gebiet. In den ägyptischen Schulen war dieser Engel als Anubis bekannt und wurde mit der Sonne in Verbindung gebracht, einem Symbol für Erleuchtung und Unsterblichkeit. Diese göttliche Gedankenform repräsentiert die Lebenskraft der maskulinen und femininen Energien – Gegensätze, die verbunden sind und sich gegenseitig in einer speziellen kausalen Macht ergänzen. Sie wurde auch als Statthalterin der Trennung zwischen Gegensätzen betrachtet und galt als ein Abkömmling der Isis, dem Engel der kreativen Weisheit.

Dieser lebendigen, bewußten Energie entströmt eine besondere Schwingung, um uns zu befähigen, intuitiv die richtigen Entscheidungen in allen persönlichen Beziehungen, einschließlich derjenigen, die zu einer Ehe führen, treffen zu können. Sie beschränkt sich jedoch nicht nur auf Herzensangelegenheiten. Sie ist ein Machtzentrum, das uns ständig an unsere Verantwortung erinnert, die Teil unseres freien Willens ist, jede Form gefühlsmäßiger Bindung auszuwählen. Wenn diese Energie durch unser eigenes Gefühl von Schuld, Minderwertigkeit, Furcht oder Ablehnung blockiert ist, wird unsere klare Unterscheidungsfähigkeit vernebelt, wodurch wir in Beziehungen falsche Entscheidungen treffen, die zu unerwiderter Liebe und sexuellen Problemen führen.

Diese Kraft war offensichtlich am Werk, als Jan eine Entscheidung bezüglich ihrer Mutter zu treffen hatte. Der Arzt hatte Jan angerufen und ihr mitgeteilt, daß ihre Mutter nicht länger alleine leben könne und sofort etwas getan werden müsse. Jan schrieb dazu im *Quartus Report*: »Der Engel der liebevollen Beziehungen wird von den Zwillingen repräsentiert, die auch meine Sonnenzeichen sind, und ihre Energie des guten Willens, der richtigen Verbindungen und der Zusammenarbeit der Menschen erwies sich als konstruktiv beim Heilen der emotionalen und mentalen Barrieren und brachte die richtigen Entscheidungen.«

Während einer Meditation wurde John eine dieser numerologischen Zeichnungen gezeigt und erklärt: ›Schau, das Bild ist bereits da, male die Zahlen gelegentlich aus, und du wirst sehen, daß es bereits perfekt ist.‹ Also beschlossen wir, die Zahlen auszumalen... Wir fuhren dann die sieben Stunden zum Haus meiner Mutter in vollkommen friedvoller Stimmung. Telefonisch hatte ich ein empfohlenes Altenheim herausgefunden, das in der Stadt war, in der sie lebte, und sie hatten ein Apartment frei. Am nächsten Morgen fuhren wir zu diesem Altenheim. Es machte einen freundlichen Eindruck und hatte professionelle Mitarbeiter. Es bot sogar noch mehr Dienstleistungen an, als wir erwartet hatten, und respektierte auch die Unabhängigkeit derjenigen, die dort lebten. Mutter war einverstanden... Die Situation klärte sich. Einige Wochen später rief ich an, und die Dame von gegenüber war gerade zu Besuch und nahm den Hörer ab. Sie sagte: ›Ich wollte Ihnen nur sagen, daß Ihre Mutter gestern abend zum Tanzen ausgegangen ist, und dieser Mann, der im Erdgeschoß wohnt, kommt jeden Tag vorbei, um sie zum Essen zu begleiten.«

Der Engel der liebevollen Beziehungen wird von dem Tierkreiszeichen Zwillinge repräsentiert, der mächtigen Kraft, die eines Tages globale Einheit stiften wird. John Jocelyn, ein spiritueller Lehrer, Philosoph, Astrologe und Autor, sagt, diese Energie sei eine verbindende Kraft, die Beziehungen eint und ihnen das Verhältnis zwischen Rhythmus und Form, zwischen dem Selbst und der Substanz, zwischen dem Selbst und seinen Nächsten und Angehörigen aufzeige. In diesem Symbol göttlicher Weisheit sei der vollkommene

Zweck göttlicher Liebe enthalten. Liebe und Weisheit bildeten ein Zwillingspaar, das nicht getrennt werden könne, und genau hier in dieser Polarität manifestiere sich das archetypische Licht von Christus.

Im Tarot entspricht diese Energieform der Karte »Die Liebenden«. Und noch mal: Sie steht für die Verantwortung, Entscheidungen zu treffen. Als Symbol illustriert sie die geeinte Dualität, das Männliche und Weibliche, die sich gegenseitig ergänzen.

Neben dem Heilen und Harmonisieren von Beziehungen kann dieser Engel sehr hilfreich sein, unsere Wachsamkeit in bezug auf unser göttliches Bewußtsein auf dramatische Weise zu vertiefen, wie in den Symbolen einer Meditation von Jan gezeigt wird. Sie hatte den Engel um Hilfe gebeten, ihr eine Erfahrung auf der inneren Ebene zu verschaffen, bei der sie eine höhere Bindung zu ihrem heiligen Selbst fühlen könnte, dazu aus Jans Tagebuch:

›»Vor mir erschienen zwei schöne, lächelnde Wesen. Natürlich die Zwillinge. Sie verschmolzen zu einer Gestalt, zu mir, und plötzlich befand ich mich auf einem grünen, sanft gerundeten Berg mit weichem Gras und vielen bunten Wildblumen. Ich tanzte, in ein weißes griechisches Gewand gekleidet. Ich wollte eine Blume pflücken, dachte aber, ich sollte es vielleicht doch nicht tun, denn dann wäre sie verschwunden. Ich kniete nieder und pflückte eine, aber sie war immer noch da. Dann hörte ich zeremonielle Musik, und ich befand mich in einem weißen Tempel, dessen Dach offen war, und ich tanzte einen heiligen Tanz. Es sollte eine Hochzeit gefeiert werden, und mein Tanz sollte den Bräutigam begrüßen. Ich sah, wie er eintrat, es war eine Gestalt, aber kein menschlicher Körper. Wir begannen klassisches Ballett zu tanzen, drehten die Körper zueinander, bis wir zur Einheit verschmolzen. Dann war der

Tanz in meinem Innern. Es war wunderbar, aber ich wollte auch außen tanzen. Dann fühlte ich, wie ich mich hinausbewegte und auf dem Berg tanzte, ohne das Ganzheitsgefühl zu verlieren, denn das Niedere und Höhere, das Physische und das Licht waren ineinander aufgegangen.«

Wir haben Dutzende von Briefen von Männern und Frauen erhalten, die erfolgreich mit diesem Engel gearbeitet haben, und als mich eine Freundin anrief, um mir zu sagen, daß sie »den Richtigen« getroffen habe, nahm ich an, daß auch sie die Energie dieser kausalen Kraft befreit hatte, um diese Liebe in ihrem Leben anzuziehen. Als wir uns eines Abends zum Essen trafen, dachte ich im stillen darüber nach, was für ein wunderbares Paar die beiden abgaben und wie glücklich sie waren, was vielleicht meine Art und Weise war, dem Engel der liebevollen Beziehungen für diese scheinbar gute Arbeit zu gratulieren. Genau in diesem Augenblick hörte ich die Worte: »Dies ist keine Beziehung, die andauern wird«, doch meine Intuition sagte mir, daß ich der Freundin jetzt nichts davon erzählen sollte, daß ich mich nicht in ihre Gelegenheit, eine wertvolle Lektion zu lernen und daran zu wachsen, einmischen dürfe. Weniger als sechs Monate später trennten sich die beiden, klüger als zuvor. Kontakt und Kommunikation mit dem Engel hätten Zeit, Frustrationen und finanzielle Mittel sparen können – eine ausreichende innere Belehrung hätte der Notwendigkeit, eine äußere, dreidimensionale Lektion erteilt zu bekommen, vorgebeugt.

Der Engel der liebevollen Beziehungen hat einen Auftrag von überragender Bedeutung. Am Rande des Bewußtseins stehend, kommuniziert er seine lebenswichtigen Botschaften durch unsere intuitive Natur, um uns zu helfen, unterscheiden zu können, die richtigen Entscheidungen zu treffen, emotionale und mentale Schwierigkeiten zu heilen, und die Energie des guten Willens und der Zusammenarbeit zum Wohle der planetarischen Familie auszustrahlen. Und als Energie *aller* Beziehungen versucht er, die Wahrheit, daß es tatsächlich nur eine Beziehung gibt, unter Beweis zu stellen. Mit diesem Engel Freundschaft zu schließen, scheint oberste Priorität zu besitzen.

Meditation

Gott ist unendliche Liebe, die große Einheit in allen Beziehungen, die ewige Essenz aller Formen, und dieses absolute Alles-das-ist ist mein ganz und gar göttliches Bewußtsein.

Ich erhebe meinen Geist und mein Herz, um aufmerksam zu sein, zu verstehen und zu wissen, daß die göttliche Präsenz des ICH BIN die Quelle, die Ursache und die Qualität jeder Beziehung in meinem Leben darstellt.

Ich bin mir meiner inneren Präsenz als liebevolle Erfahrung der Erfüllung bewußt, als Harmonie in jeder Verbindung zu einem anderen Wesen.

Ich bin mir der ständigen Aktivität dieses Denkens vollkommen guten Willens und freudvoller Einheit bewußt, deshalb ist mein Bewußtsein mit der Liebe guter Beziehungen angefüllt.

Durch das Bewußtsein meines göttlichen Selbst als meiner Quelle der Beziehungen, Freundschaften und der Qualität jeder Liebeserfahrung sauge ich in mein

Denken und in meine fühlende Natur das Licht des Geistes hinein.

Dieses Licht ist die Essenz jeglicher Bindung zu anderen, denn mein Bewußtsein des Meisterselbst, von ICH BIN, ist die Ursache jeder guten und perfekten Beziehung.

Mein inneres Licht zieht nun diejenigen zu mir hin, mit denen ich mich in Liebe, Frieden und Freude verbinden kann. Denn dies ist das Prinzip wahrer Beziehungen: Meine Wünsche werden auf wunderbare Weise erfüllt, meine Bedürfnisse ganz einfach befriedigt.

Das göttliche Bewußtsein des ICH BIN sichert für immer den Bund der Harmlosigkeit und Harmonie zwischen mir und jedem anderen in meiner Welt. Deshalb vertraue ich vollkommen auf das Erscheinen Gottes in jeder und jeglicher Beziehung meines Lebens.

Wenn ich mir meines göttlichen Bewußtseins als meiner vollkommenen Erfüllung bewußt bin, bin ich vollkommen erfüllt. Ich bin mir nun dieser Wahrheit bewußt, und ich entspanne mich im Wissen, daß die Aktivität der göttlichen Anziehung und der richtigen Beziehungen in meinem Leben für immer vorhanden sein wird. Ich muß mir ganz einfach des Flusses dieser kreativen Energie, die ohne Unterbrechung aus meinem Inneren strömt, bewußt sein. Ich bin nun bewußt. Ich bin nun im Fluß.

Im Anschluß an die Meditation nehmen Sie Kontakt zum Engel der liebevollen Beziehungen auf. Sie kennen den Vorgang und die Fragen, die Sie stellen sollten. Hören Sie zu, und beginnen Sie dann das Gespräch.

8

Der Engel des Sieges und Triumphes

Edwin Steinbrecher nennt diesen Archetypus den König im Triumph, Herrn des Triumphs des Lichts, den Eroberer, und aufgrund meiner Erfahrungen kann ich dem voll zustimmen. Ich betrachte seine Funktion auch als die eines Navigators. Dieser Engel greift die Ziele und Themenstellungen, die wir als Vision von unserer Quelle erhielten, auf und führt uns den Weg des geringsten Widerstandes, um sie zu erreichen, wobei mögliche Probleme frühzeitig umgangen werden. Wenn wir diese Anstrengungen durch unsere Versagensängste blockieren, durch ein Gefühl der Nutzlosigkeit, diese Aufgaben zu lösen, oder durch das Gefühl, im Leben erfolglos zu sein, formt sich die aufgestaute Energie zu einer Persönlichkeit mit wenig Leidenschaft oder Zärtlichkeit, was dazu führt, daß diese Person gleichgültig erscheint und sich nicht um andere sorgt. In fortgeschrittenen Stadien ist dies die Energie des Maulhelden und Tyrannen.

Als ich zum erstenmal Kontakt zu diesem Engel aufnahm, erhielt ich den Eindruck, daß es sich um die Energie des Erfolgs handelte, und als ich nach seinem Namen fragte, sah ich die Signatur des Serapis. Das führte mich zu einer Suche durch meine Bibliothek nach irgendwelchen Hinweisen auf

Serapis, und ich fand einige bei Hall, der schreibt, daß es die Legende gebe, daß Serapis ein sehr früher König der Ägypter war, der den Grundstein für die Machtstellung seines Volkes auf philosophischem und wissenschaftlichem Gebiet legte. Nach seinem Tod sei dieser König in den Rang eines Gottes erhoben worden. Er war eine Zentralfigur in den ägyptischen Mysterienschulen, und es wird behauptet, daß die Neophyten, die die Feuerproben überlebten, zu seinem edlen wie auch ehrfurchterregenden Standbild geführt worden seien, das von unsichtbaren Lichtern illuminiert wurde. Man nannte ihn auch den Gott mit dem Namen aus sieben Buchstaben. In ihren Hymnen auf Serapis sangen die Priester sieben Vokale.

Interessanterweise ist Sieben die Zahl der Tarotkarte, die diesen Engel repräsentiert: »Der Wagen«. Nach Alfred Douglas ist Sieben die Zahl des Fortschritts, des Selbstausdrucks und der unabhängigen Handlung. Diese Karte beinhaltet demnach die Perspektive eines Sieges über Hindernisse, eines Sieges, der durch persönliche Anstrengung und Initiative erreicht wird. Bei Hall lesen wir, daß diese Karte den Erhöhten, der im Wagen der Schöpfung fährt, repräsentiert.

Astrologisch gesehen hat dieser Archetypus an der Energie des Tierkreiszeichens Krebs teil, die weitaus mehr repräsentiert als alle anderen Eigenschaften, welche diesem astrologischen Zeichen normalerweise zugesprochen werden, wie etwa emotionale Sensibilität,Launenhaftigkeit und Intoleranz. Die Engel nehmen jeweils nur den höchsten Aspekt der planetarischen Energie auf, und der Engel des Sieges und Triumphes steht für Durchhaltekraft, Mut, Standfestigkeit, Problemlösung, machtvolle visionäre Kraft und ein Verständnis der Welt der Ursachen. Die Krebsenergie ausstrahlend, scheint dieser Engel unser Bewußtsein mit Licht zu erfüllen, uns so zu erleuchten, so daß wir unserem gewählten Weg leicht folgen können und den Pfad nicht in Dunkelheit wandern müssen.

Das Schlüsselwort dieser Energie lautet *Zähigkeit*. Dieser Engel hilft Ihnen mit Bestimmtheit und Entschlossenheit, Ihre Ziele zu verfolgen.

Könnte heute der Tag sein, an dem Sie Ihre wahre Identität als der erhöhte, gekrönte und siegreiche Krieger annehmen, der im Triumphwagen fährt, um seine Mission auf der Erde zu vollbringen? Ja! Und die Schönheit des Vorgangs besteht darin, daß Sie ganz einfach ein Zeuge der großartigen Vollendung sind, die in Ihrem Namen geschieht. Lassen Sie uns einen näheren Blick darauf werfen, wie der Engel als eine Erweiterung des großen ICH BIN vorgeht – als König des Triumphes, Ihrer vollkommenen Unterstützung zum Sieg.

»Doch werdet ihr nicht kämpfen müssen. Tretet an, bleibt aber stehen, und seht zu, wie der Herr euch Rettung verschafft.« Diese Anweisung aus dem zweiten Buch der Chronik (20, 17) ist eine jener verschlüsselten Botschaften, die, wenn sie einmal verstanden werden, Ihre Welt innen und außen verändern können. Sie beschreibt dramatisch, was passiert, wenn Sie die Energie dieses Engels annehmen: Sie sehen buchstäblich den Sieg auf dem Schlachtfeld des Lebens, noch bevor er stattgefunden hat.

Denken Sie einen Moment lang an den letzten streßreichen, disharmonischen Angriff, den Sie in Geist und Herz mit sich herumgetragen haben. Vielleicht hatte er mit dem Scheitern einer Beziehung zu tun, mit der Forderung, eine finanzielle Verpflichtung zu erfüllen, als nicht genug Geld da war, oder mit so etwas Banalem, wie einfach nicht genügend

Zeit gefunden zu haben, um Probleme, Herausforderungen, Schmerz oder Unzulänglichkeiten zu bewältigen. Obwohl diese Probleme auf der vierdimensionalen Ebene nicht existieren, tun sie das jedoch ganz gewiß auf der physisch-materiellen Ebene des Lebens, und etwas anderes zu behaupten bedeutet, die Lösung zu ignorieren. Jedes Problem ist eine Gedankenform, ein pulsierendes Energiemuster, eine belebte mentale Herausforderung, die so lange weiter existiert, bis sie aufgebrochen und aufgelöst ist, was viel leichter vollzogen werden kann, wenn das Problem als solches wahrgenommen wird.

Nehmen Sie sich einen Augenblick Zeit, und schreiben Sie drei Situationen Ihres Lebens nieder, die Sie als Herausforderung ansehen. Legen Sie jegliche spirituelle Überheblichkeit ab, seien Sie ehrlich zu sich, und erkennen Sie an, daß diese Probleme existieren und daß Ihr Leben ohne sie glücklicher wäre. Wenn Sie zögern, dies zu tun, in dem Gedanken »Auch das wird vorübergehen« oder »Ich werde auf meine Weise damit fertig werden«, so ist das Ihr Recht. Aber warum die Schwierigkeiten nicht jetzt aus dem Weg räumen und aufhören, auf Erlösung in ferner Zukunft zu hoffen? Wenn Sie sagen: »Mein Überfluß kommt zu mir«, sagen Sie in Wirklichkeit, daß Sie Geld brauchen. Zu denken, daß »diese Beziehung geheilt wird« bedeutet, daß sie immer noch ein Chaos ist. Zu fühlen, daß »meine Gesundheit wiederhergestellt werden wird« beinhaltet, daß Sie nicht gesund sind. *Jetzt* ist die Zeit der Erlösung, und wir müssen im *Jetzt* leben, denn das ist der einzige Ort, an dem das Problem und seine Lösung gleichzeitig existieren.

Nachdem Sie eine Liste Ihrer augenblicklichen Hauptprobleme erstellt haben, denken Sie einen Moment an die positiven »Gipfel«, die Sie erklimmen wollen. Ich beziehe mich hier auf jene wahren Ambitionen und Lebensziele, die den Willen, die Vision und die Aktivität Ihres göttlichen Bewußtseins widerspiegeln, die jetzt noch als unmögliche Träume erscheinen, und zwar wegen der Schlachten, die noch geschlagen werden müssen, also wegen Dingen wie Bildung, Geld oder Kontakte.

Lassen Sie uns nun noch einmal auf die ursprünglichen Anweisungen zurückkommen: »Ihr werdet nicht kämpfen müssen. Tretet an, bleibt aber stehen, und seht zu, wie der Herr euch Rettung verschafft.« Betrachten Sie die Herausforderungen und Träume, die Sie aufgeschrieben haben. Um sie zu lösen und zu erfüllen, könnte auf der dreidimensionalen Ebene ein Feuergefecht stattfinden, aber Sie werden in dieser Schlacht nicht kämpfen müssen. Es ist nicht Ihr Kampf! Also, was tun Sie dann? Sie »treten an«. In diesem Zusammenhang bedeutet das, eine bestimmte Bewußtseinshaltung einzunehmen. Es handelt sich um einen geistigen Bezugsrahmen, um einen Standpunkt, eine Haltung, daß *es getan wird,* daß *es bereits vollendet ist*, daß das Problem bereits gelöst worden ist, daß das Ziel erreicht wurde auf der inneren Ebene. Zu der Zeit, als Sie Ihr Problem wahrgenommen oder Ihre wahre Zielvorstellung formuliert haben, waren die Lösung und der Weg zum Erfolg bereits auf einem tieferen Bewußtseinsniveau als dem normalen Wachbewußtsein vorstrukturiert worden.

Wie läßt sich das Lösungsmuster manifestieren? Zunächst müssen Sie erkennen, daß das göttliche Bewußtsein in Ihnen lebendig ist. In Ihnen existiert fortwährend all das, was ist und immer sein wird – die absolute Ganzheit, der vollkommene Überfluß, aller Erfolg, sämtliche Beziehungen, die gesamte Macht, alle Weisheit, einfach *alles*. Nachdem Sie gesehen haben, was in Ihrer Welt als Problem verkleidet geschieht, wenden Sie sich nach innen und richten Ihre Aufmerksamkeit auf diese spezielle Eigenschaft des ICH BIN, die die Lösung darstellt. Schauen Sie intensiv auf die Ganzheit des ICH BIN, den Überfluß des ICH BIN, den Erfolg des ICH BIN. Sie konzentrieren sich vollkommen auf das, dessen Sein Sie sich bewußt gewählt haben: »Ich entscheide mich, meine bewußte Aufmerksamkeit darauf zu richten, ganz und vollkommen zu sein. Ich richte meine ganze bewußte Aufmerksamkeit darauf, unendlicher Überfluß in individualisierter Form zu sein.« Vom Standpunkt der Lebensziele her würden Sie sagen: »Ich entscheide mich dafür, meine ganze Aufmerksamkeit bewußt darauf zu richten, daß die Art und Weise und die Mittel, wie meine göttlichen Zielsetzungen erfüllt werden, in meinem Bewußtsein bereits vorgezeichnet sind, und alles, was ich zu tun habe, wird sich zeigen, wenn sich die Kette der Erfüllung entfaltet.«

Wenn Sie mit Hilfe innerer Spannung arbeiten – ohne Streß, aber mit starkem Nachdruck oder starker Konzentration, indem Sie den Geist fest auf die innere Qualität des Seins und auf die Gewißheit seiner Erfüllung richten –, fangen Sie bald an, die Energie Ihres Konzentrationspunktes zu fühlen. Dies ist die Kraft des Engels des Sieges und Triumphes, die von der inneren Sonne ausstrahlt und sich als die Energie, die das Gelingen hervorbringt, erweist. Und nun *sind* Sie sich voll bewußt, daß Sie das sind, was Sie zu sein wünschen: »Das, was ich wünsche, BIN ICH.« Dies ist der *Haben*-Schritt auf dem Weg der Manifestation, bei dem das Denken und Fühlen vom »Bedürfen« zum »Haben« umschwenken.

Behalten Sie im Gedächtnis, daß die Energie dieses Engels Ihnen helfen wird, ein Gefühl des Sieges zu verspüren, noch bevor Sie auch nur die äußeren Zeichen dafür sehen, und er wird Ihnen helfen, Ihren Geist von zerstörerischen Gedanken zu klären, um Ihr Ziel zu erreichen und um Sie durch den Irrgarten der dreidimensionalen Hindernisse zu geleiten.

Denken Sie an die Qualität Ihres göttlichen Bewußtseins, die Sie zum Ausdruck bringen wollen, und sehen Sie sie als konzentrierte Energiemasse in Ihrem Innern. Stellen Sie sich vor, daß diese ehrfurchtgebietende Ansammlung von Kraft und Stärke sich an einem Punkt direkt hinter dem Schleier Ihres Bewußtseins zusammengezogen hat. Ihr Anliegen besteht darin, diesen Schleier zu durchdringen und die Macht frei zum Fließen zu bringen, und Sie werden dies mit Hilfe eines Laserstrahls tun, der in Ihrem Geist konzentriert ist und von Ihren Gefühlen angetrieben wird. Sie arbeiten aus einer Haltung der liebevollen Anspannung heraus, um den Strahl auf die Qualität des ICH BIN (Gesundheit, Überfluß, gute Beziehungen, Kreativität, Erfolg) zu konzentrieren. Nehmen wir zum Beispiel Überfluß: Sie konzentrieren sich auf den Überfluß des ICH BIN und lassen Ihr gesamtes Denken und Ihre Gefühlswelt von der Idee des unglaublichen, nie erschöpften, nie endenden und stets überfließenden Versorgens, das die wahre Natur des ICH BIN darstellt, absorbieren. Lassen Sie einen Gedanken auf den anderen folgen, während Sie über Ihre wahre Natur als Ausdruck des unendlichen Überflusses nachsinnen.

Bald werden Sie vor Ihrem geistigen Auge den Schleier an dem Punkt der Konzentration verbrennen sehen, und plötzlich wird Ihr Bewußtsein mit der einmaligen Energie des Überflusses angefüllt sein. Sie strahlt vom Zentrum zum Rand hin aus und entzückt Ihr Wesen mit dem verwirklichten Gewahrsein Ihrer selbst. Dies bedeutet »anzutreten«, das heißt, eins zu sein mit dem, was Sie sein oder haben wollen.

Die nächste Anweisung lautet »bleibt stehen«. In den alten Schulen bedeutete dies, in einen Zustand der Ruhe einzutreten und in völliger Ergebenheit der göttlichen Präsenz im Innern zu vertrauen und Glauben an die Aktivität des Geistes zu haben. Um noch besser zu verstehen, was das bedeutet, stellen Sie sich selbst als ein Musikinstrument vor, zum Beispiel eine Klarinette. Sehen Sie das Instrument, als wenn es lebendig und belebt wäre. Es besitzt freien Willen, das heißt, daß es glaubt, selbst spielen zu können. Also funktioniert es in der Welt, indem es seine eigenen Tasten selbst drückt und seine eigenen Töne selbst erzeugt. Und die ganze Zeit über wartet der größte Musiker darauf, die harmonischste Melodie, die die Welt je gehört hat, zu spielen.

Im Lauf der Zeit entdeckt die kleine Klarinette die Metaphysik und fängt an, dem meisterhaften Musiker im Innern zu sagen, welche Noten er für sie spielen soll: »O mächtiger Gott, spiel die Note für einen neuen Wagen für mich, für Geld auf dem Konto und für einen neuen Job.« Zunächst zeitigt diese Art zu spielen Ergebnisse, aber sie dauern nicht an. Dann versucht die kleine Klarinette, ihre Demonstrationen »spiritueller« zu gestalten und beginnt, den Anweisungen des inneren Meisters, welche Noten zu spielen seien, zuzuhören: »Herr, gib mir die Note für Gesundheit und Freude, und ich werde sie sicher in deinem Namen spielen.« Und wieder fallen einige Früchte vom Baum, aber der Geschmack bleibt unbefriedigend. Schließlich weitet sich das Bewußtsein der Klarinette bis zu dem Punkt aus, an dem sie erklärt: »Ich unterwerfe mich dem großartigen ICH BIN, DER ICH BIN. Meister, spiele deine Noten durch mich!«

Wie geht die Verwandlung des Instruments von den Versuchen, selbst zu spielen, bis dahin, daß es schließlich vom Meister gespielt wird, vor sich? Durch die kontemplative Meditation über das wahre Selbst. Wir geben unser Gefühl, bedürftig zu sein, auf, denn Bedürfnisse basieren auf unseren Erfahrungen aus der Vergangenheit, und das göttliche Selbst arbeitet im Jetzt. Wir schreiben dem Selbst nicht vor, welche Noten es zu spielen hat, um unsere Wünsche zu erfüllen, denn es kennt sie bereits. Und wir bitten die göttliche Präsenz nicht, uns zu sagen, welche Noten zu spielen sind, denn wir sind ganz einfach keine vollendeten Musiker. Wir lassen die Präsenz unseres Selbst in unser Bewußtsein eintreten und die Noten von seiner Ebene aus spielen, und die Musik erweist sich als so verschieden von der unseren, daß wir ehrfürchtig erstaunt sind. Und durch das neue Lied, das vom Meister gespielt wird, können wir uns selbst auf einmal bei dramatischen und dabei ganz und gar positiven Wandlungen in unserem Leben wiederfinden: eine Ortsveränderung, eine neue Karriere, eine völlig neue Art zu leben, denn der Meister wird seine eigene Erfüllungsmelodie auf seine Weise spielen.

Dadurch wird die »Rettung durch den Herrn« zur Vollendung gebracht, wie auch die göttliche Präsenz durch ihre machtvollen Engel über jede niedere Bedingung in unserer Welt triumphiert. Der ICH-BIN-Überfluß fordert ein Kämpfen gegen Mangel und Begrenzung; die Ganzheit des ICH BIN fließt durch Ihren Körper, um alle Störungen zu beseitigen; der Erfolg des ICH BIN geht Ihnen voran, um alle Hindernisse aus dem Weg zu räumen. Alles, was Ihnen zu tun bleibt, ist »die Rettung« zu erkennen. Können Sie mit Ihrer göttlichen Imaginationskraft ein Bild der Vollendung in Ihrem Inneren festhalten? Wenn nicht, steigern Sie Ihre Vision! Es ist bereits getan, es ist vollendet. Sehen Sie nur hin! Das Gesetz von Sieg und Triumph arbeitet durch richtige Bewußtseinshaltung, ein Überwinden der niederen Natur und eine Vision der Erfüllung. Es ist ein Gesetz, das niemals fehlgeht.

Der Engel des Sieges und Triumphes ist das perfekte Beispiel der Prinzipien des Sieges im Geist Gottes. Sieg als universelles Gesetz konstituiert die Realität ohne Gegenspieler, was bedeutet, daß Niederlage, Versagen und Verlust substanzlose Illusionen sind, die keine Macht haben. Dieses ursprüngliche Muster von Triumph und unanfechtbarer Überlegenheit war allen Seelen als kausale Macht, als ein Aspekt Gottes, gegeben worden, um uns durch die Schwierigkeiten des Lebens zu leiten.

Wie Sie sich erinnern, hat Gott den Engeln Verantwortung übertragen, »dich zu behüten auf all deinen Wegen« (Psalm 91,11). Wie auch die anderen Engel, wird dieser Statthalter des kosmischen Gesetzes auf ganz natürliche Weise seine Aufgabe erfüllen, wenn seine Energie nicht durch Ego-Projektionen blockiert ist. Wenn wir bewußt mit ihm arbeiten, erheben wir uns sicher über die Kümmernisse des Lebens. Zum Beispiel gelang es einer meiner Freundinnen, die regelmäßig mit den Engeln arbeitete, die Furcht zu überwinden, eine kilometerlange Brücke über einem See zu überqueren, eine Fahrt, die sie zweimal pro Woche unternehmen mußte. Sie sagte: »Ich habe eine schreckliche Angst vor Wasser, und früher mußte ich den Wagen anhalten, bevor ich auf die Brücke fuhr, weil ich so zitterte und mein Herz derartig pochte, daß ich nicht weiterfahren konnte. Mit Hilfe des Engels des Sieges und Triumphes ist die Furcht nun gebannt. ›Es ist vollbracht!‹ sang der Engel.«

Erinnern Sie sich der Zeiten in Ihrem Leben, als ein Gefühl der Zähigkeit in Ihnen wuchs, als Sie gegen alle Unannehmlichkeiten standhielten und wie ein Eroberer siegreich aus den heiklen Umständen und schwierigen Situationen hervorgingen. Ob Sie es wußten oder nicht: Die machtvolle Energie dieses Engels war offenbar in Ihrem Bewußtsein am Werk, um Ihre Entschlossenheit zu stärken und Licht auf Ihren Weg leuchten zu lassen, und nun können Sie erkennen, daß sich dies im Rahmen der natürlichen Ordnung vollzog, einem Teil Ihrer Wesensnatur.

Einen großen Teil ihres Lebens ist meine Mutter durch Phasen der Verzweiflung und des Aufruhrs quasi mit dem Schwert in der Hand gegangen. Jeder scheinbar unmöglich lösbaren Schwierigkeit war sie ohne jeglichen Gedanken an ein Aufgeben entgegengetreten. Ob es darum ging, ein Geschäft ganz von vorne anzufangen, ihre Familie während der großen Depression zu versorgen, wobei sie alles verlor und ganz von vorne anfangen mußte, eine schwere Krankheit zu überstehen oder ein neues Leben aufzubauen nach dem Tod meines Vaters und meines Stiefvaters – immer setzte sie sich durch und gewann neue Lebensfreude durch jede ihrer Erfahrungen. Weil sie großes Mitleid in ihrem Herzen trägt, ein hohes Selbstwertgefühl und wenig Furcht vor Versagen hat, war sie unbewußt in der Lage, in die Energie des Sieges einzutreten und Hindernisse zu überwinden, die für die meisten Menschen zu abschreckend gewesen wären.

Ich nahm mir an ihr ein Beispiel und sprang – noch bevor ich die Statthalter der Macht, die uns allen zugänglich sind, kannte und verstand – über meinen eigenen Schatten und konnte den Traum meines Lebens verwirklichen. Auf dem Gymnasium und im College lief ich Rennen, und obwohl ich etliche Auszeichnungen einheimste, blieb ich nur Durchschnitt. Später, als ich mit der Luftwaffe in Deutschland stationiert war, kam ich für einen Monat Urlaub im Dezember 1952 nach Hause und »entdeckte« Jan. Wir verliebten uns Hals über Kopf ineinander, und als ich nach Deutschland zurückkehrte, war mein einziger Gedanke, daß wir eines Tages heiraten würden.

Als ich im Januar wieder bei meiner Luftwaffenbasis eintraf, sah ich eine Bekanntmachung im Hauptquartier, die Interessierte einlud, sich für ein Läuferteam zu bewerben. Der letzte Absatz dieses Schreibens löste in mir einen ungeheuren Aufruhr aus. Er führte die verschiedenen sportlichen Treffen, die quer über Europa verstreut geplant waren, detailliert aus, mit dem Höhepunkt der Europaspiele, und gab bekannt, daß der Gewinner jeder Runde im Juni für die Laufwettbewerbe in die USA fliegen dürfe. Mir wurde plötzlich klar, daß das meine Chance war, nach Hause zu kommen und Jan zu heiraten.

Überhaupt nicht in Form und im Wettstreit mit Männern, die an bedeutenden Universitäten der USA Stars gewesen waren, begann ich mein Trainingsprogramm für die Hürdenläufe über hundert und vierhundert Meter, wobei ich niemals mein letztes Ziel aus den Augen verlor. Offensichtlich nahm mich der richtige Engel unter seine Fittiche, und während der nächsten vier Monate auf Europatour verlor ich keinen einzigen Lauf und stellte im Hürdenlauf neue Luftwaffenrekorde auf. Als wir im Juni in New York ankamen, rief ich Jan an, machte ihr telefonisch einen Antrag, und drei Wochen später waren wir verheiratet. Später flog sie zu mir nach Deutschland, und wir begannen zusammenzuleben, ein Leben, das großartiger und wunderbarer war, als ich es mir je hätte vorstellen können. Wirklich, es ist nichts unmöglich, wenn der Engel des Sieges und Triumphes Ihnen den Rücken stärkt.

Ich bin sicher, daß Sie zahllose Geschichten von Männern und Frauen erzählen könnten, die eine gute Schlacht geschlagen haben und gewannen – einschließlich Ihrer eigenen Person. Und wenn Sie den Sieg geschmeckt haben, selbst ohne das geringste Bewußtsein von Ihrem Engel, sollten Sie überlegen, was Sie tun könnten, wenn Sie beide wie Freunde und Teamkameraden zusammenarbeiten würden. Sie wissen, der Engel des Sieges und Triumphes ist die Energie der Zielerreichung, die Macht des Seins, das Licht, das durch Barrikaden hindurchscheint, und die Stärke des siegreichen Kriegers. Lassen Sie ihn die Schlacht für Sie schlagen. Ihre Rolle besteht darin zu wissen, daß Sie bereits gewonnen haben, dem göttlichen Prozeß zu vertrauen und sich selbst mit hoch erhobenen Armen die Ziellinie überqueren zu sehen. Ihr Engel wird Ihnen helfen, dies mit Leichtigkeit und Anmut zu tun. Nehmen Sie sich also Zeit für die folgende Meditation, um in Ihrem Kraftfeld aufzusteigen und Kontakt aufzunehmen. Er wartet schon darauf, für Sie ans Werk zu gehen.

Meditation

Mit diesem Augenblick will ich beginnen, im Jetzt zu leben, denn nur im Jetzt können die Lösungen der Lebensprobleme gefunden werden.

Sinnen Sie darüber nach, was es bedeutet, »im Jetzt zu leben«.

Wenn ich meine Welt betrachte, nehme ich alles zur Kenntnis, das vom Standpunkt meines momentanen Bewußtseins weniger als ideal erscheint. Das muß nicht sein, und deshalb rufe ich nach dem göttlichen Heilmittel.

Allem voran vergebe ich mir und den anderen alle Mißerfolge, und ich spreche mich und andere von jeglicher Schuld der Vergangenheit frei. Ich bin nun bereit für den Sieg auch unter jedem ungünstigen Vorzeichen und bereit, über jede disharmonische Situation zu triumphieren. Ich rufe den Engel des Sieges und Triumphes an, mein Bewußtsein mit Energie zu füllen. Ich fühle es! Und ich sage zum Engel: »In Vorbereitung meiner Begegnung mit dir lasse ich all meine Furcht vor Versagen, alle Empfindungen der Ungenügsamkeit und alle Gefühle, in meinem Leben wenig zu erreichen, los. Ich sehe in allem, was ich tue, nur den Sieg, und ich sehe jeden überall das Ziel seiner Seele erreichen zum Besten aller.«

Ich wende mich nun nach innen, um das ICH BIN zu spüren, die Omnipotenz in Aktion, und ich empfange in diesem glorreichen göttlichen Geist die Antwort auf jede Frage und die Lösung für jedes Problem. Indem ich über die göttlichen Eigenschaften des ICH BIN, DER ICH BIN nachsinne, fühle ich, wie diese Gaben Gottes in mein Bewußtsein treten. Alles, was ich jemals suchen konnte, BIN ICH, und alles, was ICH BIN, wird nun in perfekter Form ausgedrückt.

Ich erfahre jetzt totale Erfüllung in meinem Leben. Ich habe meinen Platz eingenommen, in ruhiger Heiterkeit und vollkommenem Vertrauen, und bewahre den Sieg des Herrn und Meisterselbst. Es ist getan. Es ist beendet. ICH BIN der Sieg.

Nun schreiten Sie den Korridor Ihres Bewußtseins entlang, um die kausale Kraft des siegreichen Selbst zu treffen, zu lieben und zu schätzen.

9

Der Engel der Ordnung und Harmonie

Während einer Meditation hatte ich eines Morgens die Vorstellung einer vierdimensionalen Person, die auf der körperlichen Ebene lebt, und überlegte, wie sie oder er anderen erscheinen würde. Und bald tauchte ein zusammengesetztes Profil auf, möglicherweise auf dem gemeinsamen Nenner aller Erleuchteten aufgebaut, über die ich jemals gelesen oder die ich selbst persönlich gekannt hatte. In der Gesamtsumme schien das vollständige Bild die Aura und das Wesen dessen, was ich die göttliche Ordnung nennen würde, zu porträtieren.

Zwischen Herz und Kopf, Wille und Liebe, Innen und Außen, Arbeit und Spiel, Ruhe und Aktion, Eindruck und Ausdruck, Hören und Sprechen, Empfangen und Geben, Ausstrahlung und Anziehung herrschte perfektes Gleichgewicht. Die imaginierte Person in meiner Vision wußte ganz sicher, wie man lebt! Sie hatte ein leichtes entspanntes Energiefeld und ein Bewußtsein totalen Gleichgewichts, was ein anderes Wort für Stabilität ist, definiert als Beständigkeit, Gleichklang und Gelassenheit. Alles schien zusammenzupassen, die wahre Bedeutung des Wortes *Harmonie*. Und ein Nebenprodukt dieser Ordnung, dieses Gleichgewichts und dieser Harmonie war Frieden, eine Ausstrahlung der Heiterkeit und Ruhe.

Wie wunderbar wäre es, wenn wir alle diese Art von Energie ausstrahlten, diesen Bewußtseinszustand erlebten. Unser Selbstbild wäre ganz sicher anders, ohne Furcht und Schuld, vielleicht würden wir sogar aufrichtig anfangen, uns zu mögen. Und man braucht nicht extra zu erwähnen, daß die Leute unsere Gegenwart sehr genießen würden. Aber wir können uns das nicht herbeischwindeln. Aus persönlicher Erfahrung weiß ich, daß wir, wenn wir die Rolle der totalen Harmonie und Ordnung lange Zeit spielen, auf der Persönlichkeitsebene zu ekligen kleinen Robotern werden – übermäßig kontrollierten Maschinen mit einem gönnerhaften Flair, das jeden abstößt. Haben Sie nicht auch schon Leute gekannt, die solch eine perfekte Oberfläche zur Schau gestellt haben, so dünn, daß Sie nahezu durch sie hindurchsehen konnten? Und hinter der makellosen Maske von Überlegenheit befand sich eine aufgewühlte Masse unterdrückter Angst und unterdrückten Zorns.

Um wirklich Ordnung und Harmonie zu *sein,* müssen Sie sich die Energie der Seele, die diese Eigenschaften produziert, zu eigen machen. Kein Rollenspiel ist dann mehr nötig. Vielleicht sind Sie überrascht zu erfahren, daß sich diese Energie als *Freude* manifestiert. Ordnung und Harmonie werden aus der Freude geboren und nicht umgekehrt. Der Engel der Ordnung und Harmonie ist die Freude des Herrn, die reine Energie des höheren Selbst, die Energie des Frohlockens, der Ekstase, des Jubels, die wie die Mittagssonne strahlt, um die Schatten der Sorgen, des Leids und der Verzweiflung zu vertreiben. Und sie tut dies, indem sie Gleichgewicht und Harmonie ins Leben bringt.

Zeigen Sie mir jemanden, der im Strahlenglanz der Freude lebt, und ich zeige Ihnen jemanden, der zusammenpaßt mit der Welt wie Handschuh und Hand, wo alles in Übereinstimmung ist und als ein harmonisches Ganzes funktioniert. Ich gebe Ihnen ein Beispiel, um zu erklären, was ich meine.

Vor einigen Jahren wurde mir klar, welche grundlegende Bedeutung Freude in meiner unmittelbaren Umgebung hatte, indem ich ihr Fehlen erlebte. Ich wußte nicht, daß ich ohne Freude war, bis ich die Antwort auf eine Reihe von lächerlichen Vorfällen suchte, bei denen alles aus den Fugen geraten zu sein schien. Innerhalb einer kurzen Zeitspanne ging mein Wagen kaputt, der Rasenmäher funktionierte nicht mehr, der Wäschetrockner gab seinen Geist auf, der Fernseher bekam Bildstörungen, und meine Geschäftsangelegenheiten liefen aus dem Ruder. Als ich schließlich innehielt, in mich ging und fragte: »Warum ich?«, bekam ich die Antwort: »Du hast praktisch überhaupt keine Schwingung der Freude, und Freude ist die Energie und der Katalysator von Ordnung und Harmonie. Ohne Freude fangen alle Bewußtseinsformen an zu zersplittern, denn Freude ist die Energie der Zusammenführung und Einheit.«

Das war beinahe eine Offenbarung für mich. Dann las ich nochmals Johannes 15,1-11, wo Jesus sprach: »Ich bin der Weinstock, ihr seid die Reben. Wer in mir bleibt und in wem ich bleibe, der bringt reiche Frucht, denn getrennt von mir könnt ihr nichts vollbringen... Dies habe ich euch gesagt, damit meine *Freude* in euch ist und damit eure *Freude* vollkommen wird.«

Wir sehen an diesem Spruch, daß die Freude eines einzelnen Bewußtseins nicht von außen herrührt, sondern vom Meisterselbst im Innern, dem ICH BIN, und daß diese Freude dadurch vollkommen wird, daß man in ihrer Anwesenheit verweilt. Wenn wir uns der Präsenz des göttlichen Bewußtseins voll bewußt sind, was bedeutet, daß wir erkannt haben, daß es *gegenwärtig* ist, stimmen wir uns auf die Energie der Freude ein, denn das Lied der Seele ist Freude! Die Schwingung des omnipotenten ICH BIN ist reine Freude, und wenn wir diese Schwingung aufgreifen, tragen wir viele Früchte – nicht nur indem wir neues Gutes anziehen, sondern auch indem wir das Gute, das sich in unserem Leben bereits manifestiert hat, verbessern und schützen.

Ich brauchte nicht lange, um in mich zu gehen und den Saum der Freude zu berühren und eine Zeitlang dort zu verharren. Und während ich dies tat, muß der Engel der Ordnung und Harmonie von den Fesseln des Ego befreit worden sein, denn nun begannen die komischsten Dinge zu passieren. Ich sah intuitiv, was an dem Rasenmäher kaputt war, und brachte ihn in Kürze wieder zum Funktionieren. Der Wagen, der sich wie eine Zementmischmaschine angehört hatte und immer nur wenige Minuten stotterte, bevor er gleich wieder abstarb, lief von selbst wieder ganz normal. Als der Techniker ankam, um den Fernseher zu reparieren, konnte er keinen Schaden feststellen, das Bild war perfekt. Im Büro hatten wir in der Zwischenzeit zwei neue Kunden gewonnen, erhielten die Bezahlung für einige längst überfällige Rechnungen, und unsere Produktivität schnellte auf ein neues Niveau. Ach ja, der Wäschetrockner: Wie ich sagte, hatte er den Geist aufgegeben, aber später »reinkarnierte« er sich in einem ganz neuen. Ich vermute, der Engel entschied sich dafür, statt nochmals die Lazarus-Geschichte durchzuspielen.

Später verbrachte ich eine beträchtliche Zeit damit, die Idee der Freude, und wie sie auf Ordnung und Harmonie wirkt, zu erforschen. Ich entdeckte, daß das, was wir Glücklichsein nennen, aus der Persönlichkeit stammt; es unterliegt andauernd den verschiedenen Stimmungsschwankungen in der Welt des einzelnen. Freude hingegen entstammt dem göttlichen Bewußtsein des ICH BIN und dringt in die Persönlichkeit mit seiner Energie ein, wenn der Geist anhaltend im höheren Reich verankert bleibt. Freude öffnet die Vorhänge des Geistes und läßt das Licht herein, und die Dunkelheit schwindet. In *A Course in Miracles* (Ein Kurs in Wundern) wird dazu ausgeführt: »Die Welt, die du siehst, tut gar nichts... Sie stellt höchstens deine Gedanken dar. Und sie wird sich vollständig wandeln, in dem Moment, wo du dich entscheidest, deinen Geist zu ändern und die Freude Gottes wählen als das, was du wirklich willst. Dein Selbst erstrahlt in dieser heiligen Freude, unverwandelt, stetig und unwandelbar, für immer und ewig... Laß deine Arme sinken, und komm ohne Abwehr an diesen Ort der Stille, an dem der himmlische Frieden alle Dinge zuletzt zum Stillstand bringt... Hierher gehört die Gottesfreude... nur die Freude allein ist die Wahrheit.«

Die Zwillingsflamme der Freude ist Heiterkeit, und sobald das Feuer der Freude und Heiterkeit einmal die Persönlichkeit beherrscht, werden alle äußeren Bedingungen vom Licht regiert, was erklärt, warum Freude buchstäblich Ordnung und Harmonie in unserem Leben erschafft. Erstens: *Je größer die Freude, desto größer ist der Energiefluß.* Douglas Baker meinte dazu, daß in dem Aspekt des Bewußtseins, das wir Freude nennen, der Energiezufluß am größten sei, und zwar in dem Sinn, daß eine solche Energie am einfachsten in unsere äußeren, von der Persönlichkeit gelenkten Aktivitäten umgewandelt werden könne. Zweitens sollten wir uns im klaren sein, daß Freude eine Macht ist, die die Kraftlinien kontrolliert, die die Elektronen lenkt und die richtige Anordnung der Atome in der natürlichen Ordnung bedingt. Wenn Freude zurückgezogen wird, ändert sich die atomare Struktur der Materie, was zu Unordnung und Disharmonie führt. Wie ich bereits gesagt habe, können wir die Persönlichkeit dazu benutzen, vorzugeben, wir seien freudvoll. Aber auch nicht die allergrößte Handlungsfähigkeit wird die eventuelle äußere Verschlechterung, die durch geschwächte Kraftlinien entsteht, aufheben können, was sich in allen möglichen physischen Ausdrucksformen zeigen kann – vom Körper bis zum Bankkonto.

Ich sollte auch hervorheben, daß ein Individuum, das wahre Freude aus dem inneren Reich zum Ausdruck bringt, nicht herumläuft und versucht, jedermann glücklich zu machen, und er oder sie ist auch nicht der Alleinunterhalter auf einer Party. Ein von Freude erfülltes Bewußtsein ist eher wie ein Strahl der Ruhe in einem Sturm, ein Licht der Ekstase, das die Dunkelheit zerstreut. Eine freudvolle Person geht mit dem Rhythmus des Universums mit – warmherzig, zufrieden, friedvoll, ausgeglichen, gelassen und vertrauensvoll, mit einem jubilierenden Herzen, überfließend vor Dankbarkeit. Und das Äußere spiegelt das Innere wider, indem alles »zusammenpaßt« in perfekter Ordnung und Harmonie.

Ist es nicht an der Zeit, das Lied der Freude anzustimmen? Lassen Sie das herrliche ICH BIN Ihnen die Worte und die Musik lehren – mit der unschätzbaren Hilfe einer ganz besonderen kausalen Macht, dem Engel der Ordnung und Harmonie.

Dieser Engel ist von Natur aus weiblich und steht im Strudel zwischen dem kausalen Reich göttlichen Bewußtseins und der Persönlichkeit. In den griechischen Mysterienschulen wurde er Athene genannt. Zusätzlich zu ihren spezifischen Kräften und Funktionen wurde sie auch als Göttin der Künste angesehen, und die Stadt Athen trägt ihren Namen.

Die Römer nannten sie Minerva und verehrten sie als Göttin des Krieges, und meist wird sie mit einem Helm auf dem Kopf dargestellt.

Wie kann ein Engel, der mit Krieg in Verbindung gebracht wird, gleichzeitig als Engel der Ordnung und Harmonie bezeichnet werden? Weil die göttliche Ordnung, das erste Gesetz des Universums, nur durch die Zerstörung der Unordnung erreicht werden kann. Auf die Ebene der Persönlichkeit übertragen, können wir beobachten, daß ein Ego-Wunsch nach Harmonie Sie vielleicht dazu verführen wird, Ihre spirituelle Integrität zu kompromittieren, wenn Sie zum Beispiel bei einer negativen Situation einlenken und sie zugunsten eines Übereinkommens akzeptieren, aber diese Denkweise wird die Disharmonie nicht verändern. Das Ego sagt: »Laß deine Wahrheit, dein inneres Wissen nicht zum Ausdruck kommen, führe im Namen des Friedens den Wahnsinn fort.« Aber Friede um jeden Preis ist nicht der Stil dieses Engels. Er ist ein Krieger im Gewand eines Engels, und er wird Chaos, Verwirrung und Aufruhr nicht hinnehmen. Er denkt nicht zweimal darüber nach, diese Probleme auf eine sehr positive, machtvolle Art und Weise aus dem Weg zu schaffen. Saraydarian weist in diesem Zusammenhang auf Christus hin: »Als Christus sagte, er bringe nicht den Frieden, sondern das Schwert, proklamierte er eine große Wahrheit. Niemand kann in Frieden leben, bevor er nicht ein Stadium des Gleichgewichts erreicht hat, einen Zustand der Ausgeglichenheit, bei dem sein spiritueller Fortschritt nicht durch physische, emotionale, mentale, persönliche oder soziale Probleme behindert wird.«

Es ist auch interessant zu sehen, was passiert, wenn die Energie dieses Engels blockiert wird. Wenn wir sie durch niedere Gefühle der Sorge und Verzweiflung ausblenden, versucht das Ego, sich das Schwert zu leihen und den Kriegerstand zu imitieren, indem es Botschaften sendet, die Konflikte herbeiwünschen, und zwar mit der Vorstellung, daß Angriff als Mittel der Verteidigung gerechtfertigt sei. Die Persönlichkeit wird zum Gegner und schafft weitere Unordnung. Jedoch ohne mit Ego-Projektionen beladen zu sein, fährt dieser Engel fort, seinen natürlichen Fluß der Energie der Freude zu verströmen und sie in Form von Ordnung und Harmonie in unserem Leben zu manifestieren. Er tut dies aufgrund von Inspiration: uns zum selbstlosen Dienst aus reiner Freude heraus zu motivieren, in allen Situationen Gleichgewicht und Fairneß zu wahren und in Integrität zu leben. Er arbeitet mit der formbildenden Kraft aller Manifestationen, immer darauf aus, alle negativen Umstände zu verwandeln und die Kraftlinien auf der harmonischsten Ebene zu stabilisieren.

Wie die Mythologie uns erzählt, schuf Athene, als die Griechen von Krieg und Chaos geschwächt waren, den Olivenbaum, um im Lande Ordnung und Stabilität einkehren zu lassen. In den frühen siebziger Jahren, als Jan und ich durch eine Phase sehr ernsten geschäftlichen Umbruchs gingen, der einem Schlachtfeld ähnelte, erschuf Athene einen Hund. Es war ein englischer Cockerspaniel, und wir nannten ihn Lady Brandywine of Yorkshire oder kurz Brandy. Dieses Geschenk des Engels lenkte unsere Gedanken von den Problemen ab, brachte Gleichgewicht durch Freude und Dankbarkeit in unser Leben und war der Samen dafür, daß die Dinge einem harmonischeren Stadium zustrebten. Als sie zehn Jahre später verschied, kam sie schnell als wunderbare Brandy II zu uns zurück, (Maggi als Kurzform), und die erstaunlichen Ereignisse ihrer Reinkarnationsgeschichte sind detailliert in meinem Buch *Practical Spirituality* (Praktische Spiritualität) wiedergegeben. Sie kam in einer der kritischsten Phasen unseres Lebens zurück, in einer Zeit des totalen Wandels in meiner Karriere, was die Gründung der Quartus Foundation beinhaltete und die Veröffentlichung meines ersten Buches *The Superbeings* (Die Superwesen). Und sie war bei jedem unserer Schritte dabei, wie ein »Strahl der Ruhe« und ein »Licht der Ekstase«.

Am 14. Juli 1985 erschuf der Engel Athene noch etwas anderes für mich. Ich hatte den Entwurf des ersten Kapitels von *Practical Spirituality* noch einmal überarbeitet, in welchem ich die Masse und Geschwindigkeit der negativen Energie in der Welt diskutiert hatte und die Hoffnung zum Ausdruck brachte, daß wir diese Masse von Felsen in Federn verwandeln können. Als Reaktion auf einen kurzen Moment des Zweifelns wurde mir bildlich gezeigt, daß sich das Licht tatsächlich durchsetzen wird: Eine graue kleine Feder materialisierte sich plötzlich in meinem Arbeitszimmer. Ich weinte Freudentränen! Dieser Engel arbeitet auf geheimnisvolle Weise, um die Harmonie des Gleichgewichts zu bewahren, um uns Vertrauen in die Zukunft zu geben und uns auf immer höhere Ebenen des Lebens zu bringen.

Im Tarot wird dieser Engel durch die Karte »Gerechtigkeit« symbolisiert – eine gekrönte Gestalt, die in ihrer rechten Hand ein Schwert trägt und in ihrer linken eine Waagschale. Diese Karte lehrt, daß nur die Kräfte des Gleichgewichts überdauern können und daß ewige Gerechtigkeit mit ihrem Schwert alles zerstört, was aus dem Gleichgewicht geraten ist.

Der Engel der Harmonie und Ordnung nutzt die besondere Energie der Waage als Eigenschaft der göttlichen Kraft. Diese Energie beschäftigt sich mit Wahlmöglichkeiten – die richtige Wahl durch sorgfältiges Abwägen von Werten zu treffen und das richtige Gleichgewicht zwischen Gegensatzpaaren herzustellen –, um wahre Harmonie aufzubauen. John Jocelyn meint: »Wenn diese Harmonie durch die Überwindung der grimmigen Angriffe innerer Konflikte errungen wird und dadurch, daß nach der Auseinandersetzung mit fleischlichen Versuchungen der Aufruhr der Wünsche schließlich wirklich unter Kontrolle gebracht wird, bleibt hier ein Mensch zurück, der wahres Mitgefühl für die Menschheit besitzt. Die Waage ruft einen leidenschaftlichen Friedenswunsch hervor und stiftet Frieden durch Leidenschaft, denn in diesem Zeichen wird Harmonie durch Konflikt erreicht.«

Aufgrund der Energie des astrologischen Zeichens Waage arbeitet dieser Engel, um das Individuum zum Dienst an der Welt anzuhalten, und verwandelt Trägheit in eine dynamische Kraft, um göttliche Gerechtigkeit in der Welt zu erreichen. Ich zweifle nicht, daß dieser Engel eine wichtige Rolle spielte, Jan und mich dazu zu bringen, die Pläne für den ersten Weltheilungstag am 3. Dezember 1986 zu entwickeln. Es war im September 1983 während eines Fluges von Alabama, als ich die Worte vernahm: »Weltdienst! Es ist an der Zeit!« Dies veranlaßte mich zu dem Buch *Deine Zukunft ist jetzt* und der Ankündigung der simultanen globalen Geistesverbindung und Meditation am 1. Januar 1984, die am Silvestertag des Jahres 1986 zur Mittagsstunde (Greenwich-Zeit) stattfinden sollte. Die Los Angeles Times schrieb: »Es wurde als das größte gemeinsame Ereignis der Geschichte entworfen« und gab eine Zahl von 150 bis 400 Millionen Teilnehmern an. Auf der Grundlage von Computeranalysen aus allen Teilen der Welt steigerte sich die Zahl tatsächlich auf 500 Millionen, und die Anzahl der Teilnehmer wuchs mit jedem Jahr.

Wir können diesem Engel nahezu zusehen, wie er diese Verpflichtung zu Heilung und Frieden stärkt und dafür arbeitet, ein neues Gleichgewicht in den Weltangelegenheiten herzustellen. Mit dem Helm auf dem Kopf und dem Schwert in der Hand schritt er voran, um die Unordnung zu verwandeln und Harmonie zu offenbaren, wenn nötig durch Konflikt. Im Januar 1992 erhielt ich einen Brief von einem Mann aus dem Pentagon: »Es ist buchstäblich eine neue Welt in Erscheinung getreten. Auf dem ganzen Planeten sind scheinbar unbezwingbare Diktaturen zusammengebrochen, und der Geist der Freiheit und Demokratie hat in fast jedem Land Wurzeln geschlagen. Ich glaube, daß spirituelle Historiker der Zukunft diesen Tag, den 31. Dezember 1986, notieren werden als einen Wendepunkt in der Geschichte.«

Wie Sie sich erinnern, hat jeder der zweiundzwanzig Engel eine kosmische Pflicht, die wahre Natur seines Wesens zu verströmen, um Ihnen beim spirituellen Erwachen zu helfen. Sie sind göttliche Gedankenformen mit göttlichen Absichten, aber sie unterliegen der Energie, die wir bewußt oder unbewußt ausstrahlen, was bedeutet, daß wir ihre Natur verändern und ihren Ausdruck lähmen können. Der Engel der Ordnung und Harmonie ist besonders verletzlich in bezug auf unsere Übergriffe, weil das kollektive Bewußtsein konfliktorientiert ist, mit einer Schwingung, die zu Unordnung neigt. Deshalb müssen wir stets wachsam sein und sofort jedes Denken abstellen, das Selbstsucht, Urteilssucht, Kritiksucht, intellektuellen Hochmut, Kälte und Engstirnigkeit zeigt.

Wir begegnen diesen Mängeln durch die Energie der Freude, der Freude des Herrn, des ICH BIN, und wir lassen das Gefühl der Freude zu unserem natürlichen Bewußtseinszustand werden. Dann ist der Engel befreit, und das erste

Gesetz des Universums – göttliche Ordnung – wird zum dominierenden Faktor in unserem Leben.

Meditation

Ich beruhige meinen Geist, besänftige meine Gefühle und gehe in mich zu dem geheimen Ort. Und ich fühle die Präsenz des großen ICH BIN, DER ICH BIN, und ich gehe ins glorreiche Licht des Reichs des Bewußtseins ein.

Das Reich Gottes ist mein eigener göttlicher Geist, mein ICH BIN, göttliches Bewußtsein, in dem alles vollständig, fertig und in perfektem Ausdruck ist. Die göttlichen Ideen alles Unsichtbaren und Sichtbaren sind genau dort, wo ICH BIN. Es gibt im Reich des ICH BIN nichts außer vollkommener Erfüllung.

Ich bin nun im Himmelreich, denn ich bin mir meines wahren Wesens und der Fülle meines Wesens bewußt. ICH BIN das Reich, und alles, was Gott ist, ist ICH BIN, und alles, was Gott besitzt, ist mein. Und unter den Schätzen Gottes BIN ICH und ist die Energie der reinen Freude.

Ich stimme das Lied der Freude in meinem Geist und in meinem Herzen ein, denn ich bejahe diese göttliche Eigenschaft. Sie ist mein, denn sie ist, was ICH BIN, so daß die ewige Freude in mir zu sein vermag und meine Freude vollkommen ist.

Ich fühle die Freude nun durch mich fließen, und ich habe Teil an ihrem Wesen: große Heiterkeit, Frieden, Licht, Wärme, Zufriedenheit, Gleichgewicht, Vertrauen und ein jubilierendes Herz, das vor Dankbarkeit überfließt. Und meine Freude geht mir voran, um perfekte Ordnung in meinem Leben und in der Welt zu erzeugen.

Im Namen des heiligen göttlichen Geistes rufe ich nun nach der Gegenwart des Engels der Ordnung und Harmonie. Sein Licht erscheint mir, und mit einem tiefen Gefühl der Liebe und Dankbarkeit spreche ich zu dem heiligen Gehilfen: »Ich preise diesen Tag, an dem alle Bürden, die ich auf dir abgeladen habe, fortgenommen werden, und ich befreie dich für dein perfektes Werk, entsprechend der höchsten Vision des großen ICH BIN.« Und dann spricht der Engel, und ich lausche.

Ich verharre nun in der Gegenwart der Freude, und Freude ist nun der natürliche Zustand meines Wesens. Und ich lasse Ordnung und Harmonie die höchsten Regenten in meinem Leben sein. Ich entscheide mich, in perfektem Frieden zu leben, mit Ehre und Integrität, und ich bin bereit, meine Rolle als dynamische Kraft zum Erreichen der göttlichen Gerechtigkeit in dieser Welt einzunehmen.

Dies ist der Moment meines neuen Anfangs. Ich schreite nun mit großer Freude voran, um zu tun, was ich zu tun habe.

10

Der Engel der Einsicht

Die Mystiker des Ostens betrachten diesen Engel als den Archetypus der karmischen Befreiung. Bei den Gnostikern des frühen Christentums galt dieser Engel als die Macht der Gnade, die Energie, die die irrtümlichen Flecken früherer Untaten aus dem Bewußtsein tilgt und uns durch die Kraft der Einsicht hilft, unser Schicksal zu bestimmen. Das hat natürlich besondere Beziehungen zum Gesetz von Ursache und Wirkung. In den bisherigen Kapiteln haben wir dieses Gesetz bisher nur am Rande berührt, lassen Sie uns ihm nun unsere volle Aufmerksamkeit widmen als dem wichtigsten maßgebenden Faktor unseres Lebens auf der dreidimensionalen Ebene.

Ursache und Wirkung, Aktion und Reaktion, Kompensation und Karma – was alles das gleiche bedeutet – wurden als Teil der »Grundlagenwissenschaften« in den heiligen Akademien frühester Zeiten gelehrt. Den Schülern wurde beigebracht, wie durch besondere Handlungen Wirkungen erzielt werden und Ergebnisse sich manifestieren. Indem sie sich des Gesetzes völlig bewußt waren, konnten sie es anwenden, um nicht Opfer der Verhältnisse zu sein, sondern um ein erfolgreiches Leben zu führen.

In Wahrheit gibt es weder »gutes« noch »schlechtes« Karma. Es handelt sich ganz einfach um eine natürliche Kraft, die einen einzelnen, eine Gruppe oder eine Nation befähigt zu ernten, was gesät wurde. Die Alten betrachteten es als göttliche Gerechtigkeit, bei der man für vergangene Fehler voll zu bezahlen hat, es wurde aber ebenso gelehrt, daß das Gesetz, richtig gehandhabt, großes Glück bringen wird – eine Kette positiver Wirkungen voller Freude und Freiheit.

Die alten Schulen scheinen mit ihren »heidnischen« Ritualen nichts mit dem heutigen Christentum zu tun zu haben, so daß es durchaus schwerfällt, zu glauben, daß Jesus im Grunde dieselben Lehren erteilte. In dem Wissen, daß Karma bedeutet, daß auf jede Art von Handlung irgendeine Art von Ergebnis erfolgt, das heißt, eine Aktion verursacht eine Reaktion, können wir in der Bibel nachschlagen und die ideale Beschreibung dieses Vorganges finden. Und zwar in Lukas 6,37–38: »Richtet nicht, dann werdet ihr auch nicht gerichtet werden. Verurteilt nicht, dann werdet ihr auch nicht verurteilt werden. Erlaßt einander die Schuld, dann wird auch euch die Schuld erlassen werden. Gebt, dann wird auch euch gegeben werden. In reichem, vollem, gehäuftem, überfließendem Maß wird man euch beschenken; denn nach dem Maß, mit dem ihr meßt und zuteilt, wird auch euch zugeteilt werden.«

Und bei Lukas 8,17–18 hören wir, wie das Bewußtsein zu seiner eigenen karmischen Kraft wird: »Es gibt nichts Verborgenes, das nicht offenbar wird, und nichts Geheimes, das nicht bekannt wird und an den Tag kommt. Gebt also acht, daß ihr richtig zuhört! Denn wer hat, dem wird gegeben; wer aber nicht hat, dem wird auch noch weggenommen, was er zu haben meint.« Und Paulus bekannte in den Römerbriefen 2,1: »Darum bist du unentschuldbar – wer du auch bist,

Mensch –, wenn du richtest. Denn worin du den andern richtest, darin verurteilst du dich selber, da du, der Richtende, dasselbe tust.«

Genau wie in den Mysterienschulen lehrten Jesus und Paulus die Wirkungen der Ursachen, die aus dem Bewußtsein fließen, aber sie erteilten auch Lektionen in der *Kunst der Einsicht*, da es vor allem darum geht, beim Hinterlassen von Spuren auf dem »kosmischen Wiedergabegerät« vorsichtig und achtsam zu sein. Mit einer Vielzahl von Beispielen und Analogien wird uns gelehrt, wie wir in unserem Bewußtsein ein sauberes Fundament errichten können, um karmische Wiederholungen zu vermeiden, und wir sind angehalten *nachzudenken*, bevor wir etwas Bestimmtes unternehmen, und die Konsequenzen der Handlung sorgfältig zu klären.

Im Deuteronomium spricht Moses sehr klar über das Gesetz des Ausgleichs: »Leben für Leben, Auge um Auge, Zahn um Zahn, Hand um Hand, Fuß um Fuß.« Während normalerweise die buchstäbliche Bedeutung betont wird, war Moses jedoch ein in Mysterienschulen Initiierter und wollte dies sicher symbolisch interpretiert wissen. Mehrere hundert Jahre später bestätigte Jesus dann diese direkte Verbindung von Ursache und Wirkung, indem er darauf hinwies, daß wir genau das zurückbekommen, was wir geben. Die Argumentation von Paulus, daß niemand die geringste Entschuldigung habe, war nur eine Ausdrucksform davon, daß das karmische Gesetz Ignoranz nicht duldet.

Diese Lehren gaben Richtlinien, um erfolgreich auf Erden zu leben, denn als wir geboren wurden, traten wir in ein Kraftfeld ein, das beides ist: extrem gefährlich und in höchstem Maße wohltuend. Wir gingen in eine karmische Schwingung ein, die jeden Gedanken akzeptierte, jedes

Wort, jede Tat, und sie uns zurückspielte in einer damit zusammenhängenden Lebenserfahrung. Jede mentale, emotionale und physische Handlung löst eine Kette von Ursachen aus, eine Welle von Wirkungen, die ins Unendliche fortschreitet. Mit jeder Welle wird eine Reaktion zu dem Verursacher zurückgesendet, bis die Wirkung der Ursache schließlich aufgelöst ist.

Diese Kraft ist ein Teil der natürlichen Ordnung der Dinge, und sie sollte respektiert, nicht gefürchtet werden. Wir müssen ganz einfach lernen, damit umzugehen. Im Rad der Wiedergeburt werden wir unsere physischen Lebenszyklen fortsetzen, bis jeder Ursache, die zu einer Verletzung des Prinzips des »zum Wohle aller« führt, ein Ende gesetzt wird.

Nachdem die Gedanken, Worte und Taten, die den karmischen Ausgleich bewirken, darauf gründen, was wir glauben, scheint es nur klug, unser Glaubenssystem zu überprüfen, indem wir das,was wir tatsächlich glauben, und das, was wir meinen zu glauben, miteinander vergleichen. In Wahrheit wissen wir nicht wirklich, was wir glauben, bis wir die Wirkungen in unserer äußeren Welt sehen. Wir sagen, daß wir an Harmonie, Wohlwollen und gute Beziehungen glauben, aber vielleicht sind wir doch mehr von einer feindlichen Welt überzeugt, einem Dschungel der Konkurrenz und behindernden Kräften. Letztere Überzeugung wird auf die empfindsamen karmischen Tafeln eingraviert werden und damit persönliche Konflikte hervorrufen wie auch Gegnerschaft und Verstrickungen. Und das wird alles weitergehen, bis die Glaubensvorstellungen geändert werden.

Das gleiche Prinzip läßt sich auf jede andere Aktivität im Leben anwenden. Glauben Sie mehr an Ganzheit als an Krankheit, mehr an Überfluß als an Mangel, mehr an Erfolg als an Versagen? Sie sind, was Sie glauben. Was zu sein Sie sich bewußt sind, beeinflußt das karmische Feld, um Ihnen die Früchte Ihres Bewußtseins darzubringen. Lassen Sie uns nun anfangen, *mit* dem Gesetz von Ursache und Wirkung zu arbeiten, anstatt dagegen. Alles, was dazu nötig ist, ist Disziplin und Hingabe, um die alte Kunst der Einsicht zu erlernen. Einsichtig zu sein bedeutet, aufnahmebereit, scharfsinnig, unterscheidungsfähig und klug zu sein. Es bedeutet, sich stets seiner Gedanken, Worte und Taten bewußt zu werden und nur aus der Haltung der Harmlosigkeit heraus zu denken, zu sprechen und zu handeln. Es bedeutet, in bezug auf die Überprüfung und Neustrukturierung unserer Glaubensvorstellungen sensibel und scharfsinnig zu sein, um sicherzugehen, daß sie auf der Wahrheit des Seins gründen und nicht auf bloßen Erscheinungen.

Wir tragen unsere karmischen Schulden, die im Körper gespeichert sind, ab, indem wir Irritationen und Feindlichkeiten beseitigen und unseren Ärger in die zweckvolle Absicht, in Ganzheit zu leben, verwandeln. Anstatt gegen die Krankheit anzukämpfen, fangen wir an, ein Bewußtsein von Gesundheit aufzubauen, indem wir unsere bewußte Aufmerksamkeit auf die Ganzheit des perfekten Meisterselbst lenken, bis wir Verwirklichung erfahren. Wir praktizieren medizinische Vorsorge, indem wir mit bedingungsloser Liebe leben, um nur den Willen zum Guten ins karmische Feld einzugravieren. Wir drücken den karmischen Verpflichtungen finanzieller Art den Stempel »voll bezahlt« auf, indem wir das Gefühl der Nutzlosigkeit unseres Lebens dadurch beseitigen, daß wir das Gefühl des Getrenntseins von unserer Quelle aufheben. Wir beenden den Kampf gegen Unzulänglichkeiten und konzentrieren uns mehr darauf zu verstehen, daß unser Bewußtsein des überfließenden, reichen ICH BIN im Innern unsere Versorgung *ist*. Wir sind, das, wessen wir uns bewußt sind!

Wie betrachten jeden Bereich unseres Lebens, und wir machen uns an die Arbeit, um eine Reihe von sich ins Unendliche ausdehnende Wohltaten zu schaffen. Wir besitzen alles, und wir besitzen es jetzt, und nun ist es an der Zeit, sicherzugehen, daß die universale karmische Natur diesen Eindruck mit der ganzen Kraft unseres göttlichen Bewußtseins empfängt. Und glücklicherweise haben wir einen heiligen Helfer, der bereit und in der Lage ist, in dieser Absicht zu handeln.

In einigen Mysterienschulen wurde dieser Engel Adonis genannt. Von der ägyptischen und persischen Priesterschaft wurde er als einer der Weltretter angesehen, der gekreuzigt worden und wiederauferstanden ist. Wenn ein Neophyt in die Mysterien des Adonis eingeweiht wurde, ging er durch den Tod der Sünde (das Verfehlen des entscheidenden Punkts durch Mangel an Einsicht) hindurch und gelangte in ein Stadium der Erlösung, wobei Adonis selbst die karmischen Strafen auf sich nahm.

Es ist wenig von den Initiationsriten bekannt, außer daß Entsagung eine wesentliche Rolle spielte – ein formales Aufgeben aller Forderungen der Sinne und eine Zurückweisung der Erscheinungen. Es wurde viel Zeit in Phasen der Abgeschiedenheit zugebracht, um »Korrespondenzen« (Ursachen und Wirkungen) zu entdecken, gefolgt von Anweisungen über das Wissen, »getrennt von den Wurzeln gegensätzlicher Kräfte zu sein«. Es ist interessant, daß der Wortstamm von Einsicht von einem lateinischen Begriff stammt, der bedeutet »genug zu wissen, um getrennt zu bleiben«.

Diejenigen, die die Erfordernisse erfüllten, wurden verpflichtet, Mitglied einer geheimen Organisation des Lebens zu werden und die Geheimnisse der Mysterien vor der Verzerrung durch die Masse zu schützen. Die Absolventen der Schule des Adonis nahmen das Wissen um eine spirituelle Kraft im Innern mit sich, eine Eigenschaft göttlicher Kraft, die wir den Engel der Einsicht nennen.

Nach der griechischen Mythologie war Adonis ein schöner Jüngling. Aphrodite, in der römischen Überlieferung Venus genannt, verliebte sich in ihn. Sie warnte ihn vor den Gefahren der Jagd, aber er hörte nicht und wurde von einem wilden Eber getötet. In ihrem Gram verwandelte Aphrodite sein Blut in eine Anemone oder Wildblume. Die Herrscherin der Unterwelt, Proserpina, erweckte ihn wieder zum Leben, aber er mußte sechs Monate des Jahres mit ihr in der Unterwelt zubringen. Die anderen sechs Monate konnte er mit Aphrodite leben.

Viele Male haben auch wir intuitiv erkannt, daß eine bestimmte Tat nicht zu unserem Besten war, doch wir schoben die Warnung beiseite und mußten später für unser Versagen, nicht gehört zu haben, durch »Sterben« vor Beschämung und Bedauern zahlen. Unser Wissen über die wahre Führung für die richtige Handlung zu ignorieren, produziert eine entsprechende Wirkung. Adonis wurde von der Herrscherin der Unterwelt wieder ins Leben zurückgerufen, mußte aber seinen karmischen Verpflichtungen nachkommen, indem er mit ihr jedes Jahr sechs Monate in der Unterwelt zubrachte. Klingt das bekannt? Selbst wenn wir glaubten, durch unsere Überschreitung des Gesetzes tödlich verwundet zu sein, ging das Leben weiter – und bis die Tafel reingewaschen ist, mag es erscheinen, daß wir die halbe Zeit in der Hölle leben.

Eine meiner Aufgaben als Geschäftsführer einer Werbe-

und Public-Relation-Firma in Houston bestand darin, hochkreative Talente anzuwerben und uns als Topagentur im Land bekanntzumachen. Ein Mann aus England hörte von uns und bewarb sich um den Posten des kreativen Direktors. Seine Unterlagen waren einwandfrei, und mit seinem britischen Akzent und seiner beeindruckenden Erscheinung schien er genau unseren Erfordernissen zu entsprechen. Zur gleichen Zeit arbeitete für mich eine »Göttin des Schatzes« – unsere Chefin der Buchhaltungsabteilung. Nachdem ich kurz mit dem Bewerber gesprochen hatte, sagte sie mir im Vertrauen: »Der bringt Ärger. Wenn Sie ihn einstellen, werden Sie es später bedauern.« Etwas in mir ließ ihre Gefühle widerhallen, aber ich schlug meine Vorsicht in den Wind, und zwei Wochen später stand unser »James Bond« auf der Gehaltsliste.

Er ging am Anfang ziemlich forsch an seine Arbeit heran, was mir das Gefühl gab, richtig entschieden zu haben, und ich ließ überall verlauten, was für ein Genie ich sei, solch helle Köpfe für unser Team gefunden zu haben. Aber bevor sechs Monate vergangen waren, hatte er mich persönlich um eine große Geldsumme gebracht und war außer Landes geflohen. Wenn man vom Sterben spricht... In der Zwischenzeit normalisierte sich unsere Situation einigermaßen, und ich erlebte ein Auf und Ab mit der Firma. Aber mit dem Rückzahlen war es noch nicht vorüber. Später stellte ich einen Verkäufer für einen meiner Klienten ein, und gegen mein Gefühl lieh ich ihm Geld, bis sein erster Gehaltsscheck eintraf. Er ließ sich den Scheck auszahlen und verließ die Stadt.

Mit den Jahren kam ich schließlich zur Einsicht und überwand dabei meine Neigung, das Opfer aufgrund von Stolz, Indiskretion und übereilter Handlung zu spielen. Als ich begann, mich mit den Engeln zu beschäftigen, wurde mir klar, daß ich die Energie dieser kausalen Macht blockiert hatte, und zwar durch ein Bewußtsein, das sich hauptsächlich auf die Wirkungen in dieser Welt statt auf die Ursachen konzentrierte, und auch durch meinen starken Wunsch, mich von den Menschen abzusondern, wegen der Unsicherheiten, die für mich im Umgang mit ihnen entstanden. In den oben genannten Fällen war dieses Sichabsondern ganz offensichtlich, als die zwei Männer sich aus der Stadt verzogen, nachdem sie ihren Vorteil aus meiner Verletzlichkeit, die ich auf sie projizierte, geschlagen hatten.

Später erkannte ich, daß dieser Engel durch unsere Intuition wirkt, um uns auf dem geraden, schmalen Pfad hoher Wahrnehmungsfähigkeit und Unterscheidungskraft zu führen. Er trainiert unser Bewußtsein, richtig zu urteilen, und befähigt uns, im Reich der Ursachen Erfüllung zu finden, Frieden und Freiheit. Mit Hilfe der Energie dieses Engels werden wir verstehen, die richtige Tür zu öffnen und die richtigen Handlungen auszuführen – in der endgültigen Meisterschaft karmischer Kräfte.

Im Tarot wird dieser Engel von der Karte »Der Eremit« dargestellt, die im Rider-Waite-Deck einen älteren Mann zeigt, welcher für Klugheit, Vorsicht und Umsicht steht. Es ist ein Wahrheitssucher, ein Pilger auf dem Weg zur Erleuchtung. Nach Alfred Douglas personifiziert er den weisen Alten, den Lehrer, der den roten Faden der Bedeutung, der in das sichtbare Chaos des Lebens verwoben ist, in Händen hält. Er erhellt die uranfängliche Dunkelheit mit dem Licht höheren Bewußtseins und vertreibt die Schatten der Nacht.

Astrologisch wird dieser Engel von der Energie der Jungfrau repräsentiert, das Tal der Stille und tiefen Erfahrung symbolisierend. Der Engel arbeitet mit dieser Energie, um

Barrieren zu beseitigen, die die Verwirklichung des Christusbewußtseins blockieren und um uns die Idee, die materielle Welt Gottes Willen unterzuordnen, einzugeben, indem er unser Bewußtsein über das karmische Vergeltungsdenken hinaus anhebt. Das Zeichen Jungfrau steht energetisch für das latente Christusbewußtsein, und die Saat, die zu den Früchten dieses Bewußtseins führt, ist die Idee der Göttlichkeit in der Form: die Einheit von Geist und Materie. Die Jungfrau ist die Energie, die uns hilft, die Verdammung der materiellen Welt als nichtspirituell zu überwinden, und durch sie lehrt uns der Engel der Einsicht Toleranz, Mitgefühl und Fürsorge als Möglichkeit, Karma zu überwinden.

Bei H. K. Challoner sagt uns dieser Engel, daß er ein Symbol göttlicher Voraussicht, von emotionslosen Gedanken sei, und daß er danach strebe im Sinne der Einheit, konfliktreiche Schwingungen zu harmonisieren, Irrtümer und Ängste zu beseitigen, die Konflikte und Verwirrungen, die durch die eigene Blindheit der Menschen entstehen, in Wohlergehen zu verwandeln. Durch Liebe und Harmonie sollen Ursache und Wirkung schließlich miteinander in Verbindung gebracht werden.

Es mag Phasen der Einsamkeit erfordern, um diesen Engel anzunehmen, denn er arbeitet am wirkungsvollsten in der Stille, um das Bewußtsein auf mehr Klugheit und Vorsicht einzustimmen. Er wird Ihnen in der Ruhe Ihres Geistes helfen, die Wahrheit zu erkennen und zu integrieren, um die Richtigkeit jeder Situation in der geschäftigen Welt um Sie herum einzusehen. Dann wird es nur eine Jahreszeit geben: eine immerwährende Zeit der Ernte von Früchten der guten Saat.

Meditation

In der Stille meines Geistes bin ich mir der Gegenwart Gottes voll bewußt. ICH BIN, und ich meditiere über meinen heiligen Namen: ICH BIN... ICH BIN... ICH BIN... ICH BIN... ICH BIN... ICH BIN....

In der Stille meines heiligen Selbst bin ich mir der beobachtenden, hörenden, sensiblen Natur des kosmischen Feldes um mich herum bewußt. Es empfängt gerade jetzt das Pulsieren meiner mentalen und emotionalen Energien. Es hört jeden Gedanken, fühlt jede Emotion, antwortet auf jedes Wort, reagiert auf jede Handlung.

Ich versuche, darauf nur das Gute, Wahre und Schöne zu projizieren, denn ich sehe mein Leben und meine Welt aus der göttlichen Perspektive. Ich weiß, daß ich bei der Arbeit mit dieser großen, empfänglichen, kausalen Kraft nicht alleine bin.

Im herrlichen Strahlen von ICH BIN steht der Engel der Einsicht, mein Führer erhöhter Wahrnehmung und tiefen inneren Wissens. Komm, mein Engel. Laß den Heiligen Geist dich in mein Bewußtsein führen.

Ich fühle deine Gegenwart und daß du frei bist, das Licht der heiligen Unterscheidungsfähigkeit in meinem Bewußtsein zu sein. Und ich weihe diesen Tag dem Denken, Sprechen und Handeln nur für das höchste Gute.

Nun ist die Zeit des Neuanfangs. Ich bin ein Mitschöpfer Gottes, und ein neuer Himmel kommt, da der gute Wille Gottes auf Erden durch mich seinen Ausdruck findet. Es ist das Reich des Lichts, der Liebe, des Friedens und Verstehens. Und ich trage meinen Teil dazu bei, seine Wirklichkeit zu offenbaren.

Ich fange bei mir an. Ich bin eine lebende Seele, und die Gegenwart Gottes weilt in mir. Ich und der Vater sind eins, und alles, was der Vater besitzt, ist mein. In Wahrheit bin ich der Geist Gottes.

Was für mich wahr ist, gilt für jeden, denn Gott ist alles, und alles ist Gott. Ich sehe in jeder Seele nur den Geist Gottes. Und ich sage zu jedem Mann, jeder Frau, jedem Kind auf Erden: »Ich liebe dich, denn du bist ich. Du bist mein heiliges Selbst.«

Ich öffne nun mein Herz und lasse die reine Essenz bedingungsloser Liebe ausströmen. Ich sehe sie als goldenes Licht, das vom Zentrum meines Wesens strahlt, und ich fühle ihre göttliche Schwingung in und durch mich, über und unter mir.

Ich bin eins mit dem Licht. Ich bin vom Licht erfüllt. Ich bin vom Licht erleuchtet. Ich bin das Licht der Welt.

Und mein Leben ist gut, sehr gut.

11

Der Engel der Kreisläufe und Lösungen

Der chinesische Kellner brachte die Rechnung und einen Teller mit vier kleinen Glückskuchen. Ich suchte mir einen aus, brach ihn auf und zog das Stück Papier heraus. Ich las: »Stecke dir hohe Ziele.« Dieser Satz geht auch auf den amerikanischen Dichter und Denker Ralph Waldo Emerson zurück, mein philosophisches Vorbild, also lehnte ich mich zurück, um darüber nachzusinnen. Dann ging mir der Gedanke durch den Kopf, wie allein Worte auf einem kleinen Fetzen Papier unser Vertrauen stärken und Momente des Glücks und der Erfüllung in uns hervorrufen können.

Das Erstaunliche daran ist, daß wir eine scheinbare Fröhlichkeit durch etwas, das sich im Innern eines chinesischen Kuchens verbirgt, entwickeln können, wo wir doch die Ursache des Glücks direkt in uns tragen: das Meisterselbst, daß das gesamte Glück in jedem Augenblick und an jedem Ort zum Ausdruck bringt. Dies ist unsere Wahrheit, aber bis wir diesen Zustand des Bewußtseins erreichen, befinden wir uns im Kreislauf von Ebbe und Flut als Aspiranten, Schüler und Initianden. Die alten Mystiker erklärten, daß das Leben »die Reise auf dem Rad« sei. Und die Schriftgelehrten im Alten Testament sprachen davon, daß es eine Zeit für jedes

Ding gebe, einschließlich des Tötens, des Klagens, des Hasses und der Kriegführung.

Unabhängig davon, was die traditionellen religiösen Systeme über die Hochs und Tiefs im Leben gesagt haben, stimme ich den Mystikern und Weisen der Vergangenheit zu, die lehrten, daß der einzige Ort, den wir anstreben können, ein Gipfel ist, daß sich die Spirale des Lebens immer aufwärts dreht. Die Bewegung führt auf eine immer höhere Ebene. Natürlich gibt es dabei zyklische Kräfte und rhythmische Prozesse, aber sie sind göttlich beschaffen, um uns vorwärtszustoßen. Die Geschichte über den »Sündenfall« unter dem Apfelbaum hat eine Lüge in unser Bewußtsein gebracht, so daß wir ständig an uns herab oder über unsere Schultern sehen, um zu forschen, was für ein Unglück uns widerfahren könnte. Das ist es, was falsches Programmieren anrichten kann.

Nun wundern Sie sich vielleicht, warum es so scheint, daß Sie im Dornbusch im Hohlweg gefangen wurden, wo das Gesetz doch sagt, »immer vorwärts und weiter« sei die Wahrheit des Lebens. Die zwei wichtigsten Gründe dafür sind normalerweise: Erstens: Sie waren sich nicht bewußt, daß die Spirale Sie von einer Bewußtseinserweiterung zu einer anderen führt und dann wieder zu einer anderen, bis Sie den Berggipfel der Erleuchtung erreichen. Ohne das Bewußtsein dieses führenden Prinzips und die Art und Weise, wie es vorgeht, läßt sich der Auftrag ganz einfach nicht ausführen. Zweitens: Sie empfinden eine Schuld im Hinblick irgendeiner eingebildeten falschen Handlung auf Ihrer Seite, vielleicht unbewußt, so daß Sie glauben, daß Sie bestraft werden müssen. Indem Sie die allgegenwärtige Energie göttlicher Vergebung, die andauernd in unser Bewußtsein Eingang finden möchte, akzeptieren und indem Sie jedermann, einschließlich sich selbst, alles Vergangene verzeihen, werden Sie die Schuld verwandeln und den Schuldspruch aufheben.

Erinnern Sie sich daran, daß Sie niemals einen Fehler in Ihrem ewigen Leben gemacht haben. Was Sie damals getan haben, war eine Bewußtseinshandlung, und Sie hatten wirklich keine Wahl, als das zu tun,was Sie getan haben, denn das war Ihr damaliger Bewußtseinszustand. Das Gesetz des Bewußtseins zeichnet sich immer selbst vor, und es wurde durch Ihre Handlungen in Gedanken, Worten und Taten in perfekter Weise erfüllt. Deshalb waren Ihre Taten vollkommen – unabhängig von den karmischen Verpflichtungen, die Sie damit an sich gezogen haben.

Lassen Sie uns noch einen näheren Blick auf die Zyklen des Lebens werfen. Ihr göttliches Bewußtsein, die Wirklichkeit Ihres Ich, hat seinen eigenen Herzschlag, seine eigene Schwingung, seinen eigenen Rhythmus. Indem Sie Ihr Denken und Ihre fühlende Natur Ihrem eigenen besonderen Seelenpuls durch Meditation, durch stilles Lauschen und durch ein spirituelles Leben angleichen, können Sie sich über die Gipfel- und Talerfahrungen erheben. Es wird weiterhin Phasen intensiver Aktivitäten geben, die von Zwischenphasen des Insichgehens gefolgt werden, um die göttlichen Eindrücke zu assimilieren, aber Sie werden bald hinter den Sinn der Dualität kommen – mit ihren Höhen und Tiefen von Gesundheit und Krankheit, Überfluß und Mangel, Harmonie und Konflikt, Freude und Sorgen.

Zeichnen Sie eine Spirale auf ein Stück Papier. In Wirklichkeit handelt es sich hier um eine Schwingung reiner Energie, die in der niedrigsten animalischen Natur des einzelnen ihren Anfang nimmt und sich nach oben zum höheren Göttlichen emporwindet. Genau in diesem Moment existiert Ihre bewußte Aufmerksamkeit der Wahrheit als ein Lichtpunkt irgendwo in dieser Energiespirale – vielleicht im unteren Quadranten, vielleicht im mittleren oder sich vielleicht sogar den Windungen der Spitze nähernd. Beachten Sie, daß sich die Spirale nach oben dreht, sich dann auf einer Ebene einpendelt und leicht zurückfällt, sich aber gleich wieder fängt und zu ihrer Aufwärtsbewegung zurückfindet. Sie nimmt dann ihre nach oben strebende Form wieder an, bildet ein neues Muster und beginnt wieder ihr Kreisen in rhythmischer Harmonie. So sieht auch das Leben in einem mystischen Sinne aus, und jedes Aufwärtskreisen ist eine neue Initiation oder eine Erweiterung des Bewußtseins. Wenn wir uns auf dieses Lebensmuster einstimmen, indem wir uns damit identifizieren, befinden wir uns im universalen Fluß und im Einklang mit den zyklischen Impulsen und den Energierhythmen.

Das Problem, das die meisten von uns haben, besteht darin, daß wir unsere Aufmerksamkeit fast ausschließlich auf die objektive Welt richten – auf die Welt der Wirkungen – und vergessen, daß unser Lebenszweck darin besteht, uns auf die aufwärtsgerichtete Spirale des Bewußtseins zu konzentrieren, also auf die Ursachen. Wenn wir in Perioden offensichtlicher Inaktivität in unser Leben eintreten, an die wir als Dürreperioden denken mögen, und das Gefühl haben, daß wir nichts zustande bringen, sollten wir uns daran erinnern, daß die Energiespirale ganz einfach ihre Schwingungsrate senkt, um sich auf eine neue und höhere Ebene der Aktivität zu begeben. Mir erzählte einmal ein Erwachter, daß jede Erfahrung der Zusammenziehung eine Ansammlung von Kraft bedeutet – Kraft, die fließen wird, entsprechend dem klarsten Bild, das wir in unserem Geist entfalten können.

Das bedeutet, daß selbst wenn unser Leben eingeschränkt erscheint, es keinen Grund gibt, besorgt zu sein. Und insbesondere sollten wir nicht die angsterregenden »Horrorfilme« über das, was alles passieren könnte, in unserem Geist durchspielen. Wir müssen uns der Spirale erinnern und daran, daß das innere Kräfte sammelt für einen mächtigen Sprung in eine neue Aktivität des größeren Guten, und wir benutzen unsere kreative Vorstellungskraft (»das klarste Bild«), um nur freudvolle Erfüllung in jedem Bereich unseres Lebens zu sehen. Und während der Zeiten erhöhter äußerer Aktivitäten sollten Sie wissen, daß sich das Pulsieren der Seele erhöht hat, um einen neuen Erfahrungs- und Wachstumszyklus zu offenbaren, manchmal ein anstrengendes Unternehmen des Aufbaus und der Entwicklung, um unsere Lebensqualität in höchstem Maße zu verbessern.

Wenn Ganzheit, Wohlergehen und Harmonie vorgezeichnet sind, wissen wir, daß wir uns im Rhythmus des Geistes befinden und auf noch höhere Stufen himmlischer Erfahrungen getragen werden. Aber wenn unsere Lebensform unsere Aufmerksamkeit auf Zeichen von Krankheit, Mangel und Konflikt lenkt, bedeutet es, daß wir zeitweise die Energiekurve verlassen haben – unseren Lebenszuschnittt – und im leeren Raum des Spiralwegs herumirren.

Der Engel der Kreisläufe und Lösungen wird uns helfen, wieder auf den richtigen Weg zu kommen. In den alten Schulen war dieser Engel als Jupiter bekannt (in der griechischen Überlieferung als Zeus) und wurde als Personifikation des zyklischen Gesetzes angesehen, der kausalen Macht der Expansion, und als Engel der Wunder. Wenn er nicht durch Ego-Projektionen, das heißt Gedanken wie »Das ist zu gut, um wahr zu sein«, »Das ist so gut, das kann nicht andauern«, »Ich bin mir sicher, daß irgendwas Schlimmes passieren wird«, blockiert wird, vermag Ihnen dieser Engel zu helfen, sicher auf Ihrem Weg zu bleiben, unabhängig davon, was in Ihrer Welt geschieht. Und er tut dies häufig, indem er eine Einstellungsänderung herbeiführt, Sie dazu befähigt, Ihren Weg zurück zum Energiestrom zu erspüren, sich mental wieder mit dem inneren Meister zu verbinden, und er erinnert Sie daran, daß Sie sich auf einer Reise ins Bewußtsein befinden. Er wird Sie inspirieren, sich wieder der göttlichen Präsenz zu überlassen und der allgewaltigen Ursache die Verantwortung für Ihre Lebenszyklen zu übertragen. Und er wird Ihnen das innere Wissen, daß jede Aufwärtsdrehung Ihr Bewußtsein erweitert, eingravieren, Ihnen die Lösung für Probleme, die auf der unteren Spiralkurve aufgetaucht waren, enthüllen und sie Ihrer endgültigen Vollendung näherbringen.

In den heiligen Akademien wurde der Engel der Kreisläufe und Lösungen, der in unserer Psyche entdeckt wurde, deshalb Jupiter genannt, um seinen mythischen Rang als Herrscher über das Schicksal und als Macht, im Leben des einzelnen Gutes zu bringen, zu ehren. Die Energie des Gleichgewichts, des Vertrauens und des Glaubens an eine positive Zukunft wird Ihnen erlauben, Wandel ohne Angst anzunehmen und sich in jeden neuen Zyklus mit größerem Selbstvertrauen und Mut hineinzubegeben. Erinnern Sie sich, daß jeder Wandel Teil der natürlichen Ordnung der Dinge ist, was bedeutet, daß Veränderungen in der Arbeit, räumliche Veränderungen, soziale Umorganisationen, Neugestaltungen des Familienlebens, Veränderungen von Partnerschaften und so weiter die Ergebnisse zyklischer Impulse sind. Diese Veränderungen sollten mit der Einstellung akzeptiert werden, daß Sie sich auf der spirituellen Spirale des Lebens befinden, wo es absolut nichts zu fürchten gibt.

Anfang 1982 wußte ich, daß mein Leben drauf und dran war, sich drastisch zu ändern, aber ich konnte keinerlei klare Richtung erkennen im Hinblick auf das, was ich als Mitschöpfer des Transformationsprozesses tun sollte. Obwohl wir die Quartus Foundation aufgebaut hatten, führten Jan und ich immer noch unser eigenes Geschäft. Unser Arbeitstag dehnte sich häufig bis in die Nacht aus. Ich bat beständig um Führung, und sie kam schließlich in einem Traum. Ein alter Mann, von dem ich nun glaube, daß er der Engel der Kreisläufe und Lösungen war, nahm mich mit zur Spitze von etwas, das er das höchste Gebäude der Welt nannte, und wies mich an hinunterzuspringen. Ich lugte über die Kante, bekam große Angst und sagte: »Es ist zu tief, ich fürchte mich.« Und er erwiderte: »Du mußt diesen Schritt machen.« Mit diesen Worten legte er die Arme um meine Schultern, und wir sprangen gemeinsam. Ich schwebte wie eine Feder – keine Panik, kein Kampf, nur große Leichtigkeit, Frieden und ein Gefühl der Freiheit. Am nächsten Morgen kamen Jan und ich überein, mit der Firma aufzuhören und unser Leben der spirituellen Forschung und Kommunikation zu weihen, das heißt, Bücher zu schreiben und anderen so gut wir konnten unseren Dienst zu erweisen. Jupiter hatte uns die Lösung, erfolgreich in den nächsten Zyklus überzugehen, gegeben: »Mach den ersten Schritt, und überlaß den Rest mir.« Und als wir das taten, was bedeutete, daß wir unsere Haupteinnahmequelle aufgaben, wurde uns die benötigte Versorgung schnell zuteil durch Angebote, Seminare und Workshops zu geben.

Zu Beginn eines weiteren Zyklus führte uns dieser Engel durch einen anderen wichtigen Wandel und ein wirklich expansives Stadium, einschließlich eines Umzugs von Austin nach Boerne, einer kleinen Stadt nordwestlich von San

Antonio. Es gab keinen einzigen Augenblick des Drucks oder der Besorgnis, als wir und alle Mitarbeiter der Quartus Foundation zusammenpackten und uns nach neuen Ufern umsahen. Wir bekamen Büros auf Walter Starckes Guadalupe River Ranch, und wir fanden alle innerhalb weniger Stunden perfekte neue Lebensbedingungen vor. Im August 1987 begannen wir, Workshops auf der Ranch abzuhalten, einschließlich einer jährlichen Mysterienschule.

Jupiter warnt uns auch, wenn sich die Spirale auf einer niedrigeren Schwingungsfrequenz befindet und wir uns nicht sorgfältig genug für das Aufsteigen des neuen Lebensmusters vorbereitet haben. Einmal erschien er Jan in römischen Gewändern mit einem Kranz auf dem Kopf und sagte: »Nero spielte Geige, während Rom brannte. Und für dich kann ich nur erweitern, was du mir zum Erweitern gibst.« Er verwandelte dann seine Erscheinung und bekam einen Kopf und Oberkörper wie ein Zentaur, was Streben und Ehrgeiz symbolisiert. Jan fühlte, daß er ihr sagte, sie solle aufhören, ihre Zeit zu vergeuden und daß sie in dieser Phase eine wichtige Gelegenheit, persönliche und geschäftliche Aktivitäten zu überprüfen und zu überdenken, ignorierte, die in der nächsten höheren Spiralwindung hervorgerufen werden würden. Zum Schluß sagte er: »Konzentriere deine Gedanken auf das, was du wirklich im Leben möchtest.« Durch diese Lektion wurde es ihr möglich, ihre Prioritäten neu zu ordnen, bestimmte Aktivitäten, die nicht produktiv waren, aufzugeben, ihre Bestrebungen neu zu stärken und sich für die kommende Expansion vorzubereiten.

Der Engel der Kreisläufe und Lösungen nimmt uns in einem sehr realen Sinne bei der Hand und führt uns sanft auf den gewundenen Weg, um den Herausforderungen zu begegnen und die Probleme des vorangegangenen Zyklus an jedem Schnittpunkt des Wegs nach oben zu lösen. Die Lösungen werden uns enthüllt, indem uns gezeigt wird, daß diese Probleme niemals von Anfang an existiert haben, sondern daß es sich um Mißschöpfungen des Geistes handelt. Wenn die Energie des jeweiligen Problems zurückgezogen wird, verschwindet auch die Erscheinung des Problems selbst. Wenn diese Energie von einem überaktiven Ego ausgestrahlt wird, werden wir egoistisch, eitel und hochtrabend, und wir maskieren unsere Zukunftsangst durch Arroganz. Unser Leben setzt sich dann als ein Wellenritt mit einer Überbetonung von Sicherheit und Status quo fort.

Ein Besuch des Engels im Dezember 1991 enthüllte, warum so viele Menschen Angst vor der Zukunft haben. Hier sind die Auszüge aus meinem Tagebuch:

»Während ihres Besuchs auf dem Planeten Erde bauen sich die Menschen einen besonderen Wohnort im Bewußtsein auf. An diesem Ort besitzen sie einen Namen, einen Körper und ein Gebäude sich überschneidender Erfahrungen, das sie Leben nennen. Ihr Motto lautet: ›Mach das Beste draus‹, was bedeutet, daß sie lernen müssen, mit den Karten, die ihnen zugeteilt wurden, zu leben und während ihres Aufenthalts in einem fremden Land so glücklich wie möglich zu sein. Sie entwickeln Räume von Annehmlichkeit, Zufriedenheit, Sicherheit und bestimmten Erwartungen – alles Schubladen, in denen sie sich zu Hause fühlen. Aber das Universum weiß nichts von Schubladen. Das Selbst kann nicht auf einen endlichen Raum eingegrenzt werden. Seine Ausdehnung ist unendlich, und seine Erfüllung kann nicht unterdrückt werden, und darum warnt es alle, von Besitz nicht besessen zu werden, ihr Leben nicht zu verhärten, offen zu bleiben und zu Veränderungen bereit zu sein, denn

Wandel ist die Natur des Lebens, und er wird sich durchsetzen, egal, was passiert. Die Persönlichkeit muß diesem Gang der Dinge zustimmen, flexibel zu sein, formbar, und sich der Art und Weise des Selbst, das durch den Nebel führt, anpassen. Das ICH BIN führt auf den Weg in die Zukunft mit der Laterne der Wahrheit, welche die wahre Bedeutung des Lebens widerspiegelt, und das ist das Wesentliche des biblischen Verses »Ich bin der Weg, die Wahrheit und das Leben«. Alle Seelen müssen die Wegkreuzung erreichen, an der sie bereit sind, von einem Moment zum anderen alles herzugeben, sich von allem, was bekannt und bequem ist, loszureißen, von Familie und Freunden Abschied zu nehmen und auf den neuen Horizont zuzugehen, selbst wenn sie ihn zu dieser Zeit noch nicht sehen können. Aber ich kann, und ich will allen helfen, diesem Licht zu folgen.«

Im Tarot ist diese Macht durch das Rad des Schicksals symbolisiert, eine Karte, die auf Freude, neue Gelegenheiten, Ausdehnung und Problemlösungen verweist. Es zeigt ein Rad mit acht Speichen, das buddhistische Symbol des Rads der Notwendigkeiten.

Aus astrologischer Perspektive benutzt dieser Engel die Energie des Jupiter bei seiner Transformationsarbeit. Diese Energie befindet sich auf dem Strahl von Liebe und Weisheit und versucht, Herz und Kopf, Verstand und Liebe, Wille und Weisheit des einzelnen zu entwickeln und in ein Zusammenspiel zu bringen. Er ist der Herrscher über die Expansion, der Übermittler von Wundern, und wie man sagt, daß alle, die bewußt mit der Energie des Jupiter arbeiten, auch in Einklang mit dem Gesetz der Versorgung sind.

Legen Sie nun für einige Augenblicke eine Pause ein, und

treten Sie in Kontakt mit diesem mächtigen Engel. Lassen Sie Fortuna Ihre Führerin sein, während Sie auf dem Weg nach oben zur Meisterschaft den Gipfel umkreisen.

Meditation

Der Engel der Kreisläufe und Lösungen ist mein heiliger Helfer, mein Führer auf dem Weg zur Erleuchtung. In meiner Einheit mit dem Geist Gottes, ICH BIN, betrachte ich Wandel als natürliche Ordnung der Dinge, als das Ein- und Ausatmen im göttlichen Prozeß der Manifestation. Ohne Zögern akzeptiere ich die Veränderungen in meinem Leben ganz und gar, wissend, daß in jedem Kreisen nach oben nur mein Bestes zum Ausdruck gebracht wird.

Ich stehe am Scheidepunkt des ewigen Jetzt, balanciert in Frieden und Macht, und lasse Gott seine Arbeit tun. Ich fühle die erhebende Aktion der allgewaltigen inneren Präsenz und weiß, daß sich mein Leben ausdehnt, mein Bewußtsein sich entfaltet, mein Wohlergehen sich vervielfältigt.

Während ich die Spirale des Lebens hinaufreise, weiß ich, daß die Aktivität meines Meisterselbst das perfekte Gesetz von Harmonie und göttlicher Ordnung ist und daß es nichts zu fürchten gibt. Das göttliche Bewußtsein, das ICH BIN, schreitet mir voran, um mir den Weg zu bereiten und bleibt bei mir als Schutzschild, und ich fürchte mich nicht.

Ich lasse nun alle Behinderungen los, alle Unsicherheiten und alle Ungewißheiten, und ich schreite voran mit Vertrauen und Mut, um das, was ich zu tun habe, zu vollenden. Ich gehe nun mit erhöhter Vision weiter in mein ewig sich ausdehnendes Universum.

Ich nenne mein Leben gut, sehr gut.

12

Der Engel der spirituellen Stärke und Willenskraft

Was geschieht, wenn eine unwiderstehliche Kraft auf ein unverrückbares Objekt trifft? Nichts, wenn Sie beides darstellen, die Kraft und das Objekt, das Sie auf der höheren Ebene des Lebens sind. Angenommen, es kritisiert Sie jemand heftig. Sollten Sie auf gleiche Weise antworten? Nein, und Sie sollten sich auch nicht über den verbalen Angriff aufregen. Sie stehen im Licht des Meisterselbst, das Sie sind, und wissen, daß die Übermacht im Innern Ihre Stärke und Ihr Schutzschild ist.

Unabhängig von den Dingen, mit denen wir an einem beliebigen Tag konfrontiert werden – die Kündigung einer Arbeitsstelle, die Auflösung einer Beziehung, der Verlust unseres Glücks, eine schlechte Diagnose beim Arzt –, wir müssen lernen, solche Enthüllungen mit der Einstellung »Nichts von alledem kann mich erschüttern« zu bewältigen. Wir werden zum unerschütterlichen Objekt, das dann die unwiderstehliche Kraft ausstrahlt, um die Einschüchterung, die Bedrohung und den Urteilsspruch auf dramatische Weise zu transformieren.

Shakespeare schrieb: »Feiglinge sterben viele Male vor ihrem Tod; der Tapfere schmeckt den Tod nur einmal.« Wie oft sind wir in unserem Leben schon »gestorben«? Ein Verlust an Kraft und der daraus resultierende Niedergang traten auf, weil wir nicht tapfer waren, nicht mutig, unerschrokken, kühn, wagemutig und furchtlos, eben nicht jene Eigenschaften besaßen, die die Kälte austreiben und das Feuer der Transformationsenergie in der Welt der Erscheinungen klären. Das ist die Energie, die jede Situation umgestaltet und neu entwirft in ein göttliches Szenario zum Besten aller Betroffenen.

Wo finden wir diese Macht, und wie werden wir eins mit der unwiderstehlichen Kraft und dem unerschütterlichen Objekt? Indem wir die Blockade, die wir dem Engel der spirituellen Stärke und Willenskraft auferlegt haben, durchbrechen. Ich spreche nicht davon, stark genug zu sein, um mit einer Situation »fertig zu werden«, oder einen unerschütterlichen Willen zu haben, der sagt: »Irgendwie werde ich das schon durchstehen.« Ich beziehe mich auf eine kausale Macht, die so fähig und mächtig ist, daß sie buchstäblich eine sogenannte bedrohliche Situation entmaterialisieren kann und die Wirklichkeit des göttlichen Standpunkts jenseits aller Schatten unverrückbar bestehen läßt.

Ich habe über die vergiftende Aktivität der Kritiksucht gesprochen – sowohl in Worten als auch in Gedanken – und über ihre Destruktivität, aber vielleicht habe ich die Tatsache noch nicht genügend betont, daß derjenige, der die Kritik übt, am meisten darunter zu leiden hat, nicht derjenige, der kritisiert wird. Das ist besonders dann der Fall, wenn der letztere sich auf dem spirituellen Weg befindet. Für mich ist ein kritisierender Geist ein feiger Geist, denn die Wurzel der Kritiksucht ist Ablehnung, die auf verletzten Stolz zurückgeführt werden kann und, noch tiefer gehend, auf der Saat der Angst gründet, der Angst des Ego vor Zurückweisung.

Es ist interessant, daß die negativen Charakterzüge eines Individuums, dessen Ego den Engel der spirituellen Stärke und Willenskraft blockiert hat, eine trotzige, respektlose Persönlichkeit einschließt. Und die Blockade wurde normalerweise durch spirituelle Schwäche verursacht, das heißt, durch einen Mangel an Verpflichtung, ein spirituelles Leben zu führen, und durch den Glauben, daß die Welt der Formen größere Freuden bereithält als die innere Welt des Geistes.

Kritiksüchtige sind nicht die einzigen, deren Machtzentrum versiegelt ist. Sie können jeden, der in einer sogenannten Krise »umfällt« in Betracht ziehen, oder jemanden, der die negativen Urteile und Schlußfolgerungen anderer übernimmt, oder jemand, der andauernd ohne ersichtlichen Grund hin und her schwankt und in den Kämpfen des Lebens gefangen zu sein scheint. Diese Bewußtseinszustände sind auch in der niederen Natur, mit wenig oder gar keinem Bewußtsein von dieser natürlichen Kraft im Innern, am Werk. Dann schauen wir auf die andere Seite der Medaille und erkennen diejenigen, die sich in dieses Machtzentrum hineinbegeben haben.

Vor einigen Jahren wurde einer meiner Freundinnen mitgeteilt, daß ihre Krankheit nicht operierbar sei, daß es für sie keine Hoffnung gebe. Das war für sie vollkommen unakzeptierbar, und sie sagte dem Arzt in unmißverständlichen Worten, wo er sich die Diagnose hinstecken solle. Dann ging sie nach Hause und wurde gesund. Ein Mann, für den ich arbeitete, Vizepräsident einer großen Gesellschaft, kam eines Morgens in sein Büro und mußte feststellen, daß ihm gekündigt worden war. Seine Aktenordner waren schon ausgeräumt worden, und seine persönlichen Habseligkeiten standen in Schachteln auf dem Schreibtisch. Er war vollkommen vor den Kopf gestoßen, aber anstatt sich auf den

Präsidenten zu stürzen, zentrierte er sich und erinnerte sich an das alte Sprichwort »Wann immer sich eine Türe schließt, öffnet sich schnell eine andere«. Innerhalb von vierundzwanzig Stunden wurde ihm eine Position in einer anderen Gesellschaft angeboten, dazu eine beträchtliche Gehaltserhöhung.

Es gibt zahllose andere Geschichten von Männern und Frauen, die standhaft blieben, während der Sturm tobte, und die entdeckten, daß jedes Unglück die Saat eines größeren Wohls in sich trägt: Ein geschäftliches Versagen führte zu großer Lebendigkeit in einer neuen Karriere; eine Scheidung brachte ein Paar dazu, ihre wahren Partner in einer neuen, freudvollen und liebevollen Beziehung zu finden; der Tod eines Geliebten führte zu einer Initiation ins kosmische Bewußtsein bei demjenigen, der zurückgelassen worden war. In jedem Fall brachte die Angelegenheit ruhige Stärke, großen Mut, starke gefühlsmäßige Beherrschung und die vollkommene Kühnheit, Gott zu vertrauen, unabhängig von scheinbaren Geschehnissen, zum Vorschein.

Nichts von allem ist für diejenigen unter Ihnen neu, die die Weisheitslehren und die Bibel, jenes Gesetzbuch der Meisterschaft, bereits studiert haben. In den alten Schulen wurde den Initianden die Kraft des Wagnisses gelehrt, indem sie sich im Kampf zu bewähren hatten. Durch die Macht von Stärke und Willenskraft sollten sie die Drachen der Einbildung erschlagen. Dann wurden sie in die letzte Schlacht geführt. Die Aufgabe war, dem Löwen der Persönlichkeit in der Höhle zu begegnen und ihn zu meistern, um dann wieder emporzusteigen als Sonnengott und Weltretter.

Ein Durchblättern der Bibel offenbart viele Passagen über die Energie von Stärke und Willenskraft, einschließlich der unglaublich mächtigen Botschaft in Philipper 4,13: »Alles vermag ich durch ihn, der mir Kraft gibt.« Überdenken Sie diese Aussage, und fühlen Sie ihre Macht.

Durch das *Fühlen* der Stärke (Entschlossenheit, Tapferkeit, Rückgrat) kommt das *Wissen* vom Willen (Zweck, Bestimmung, Lösung) – und diese Verschmelzung von Herz und Verstand ist die Tat einer ehrfurchtsgebietenden Energie vom höheren Geist im Innern, eines Strudels göttlicher Kraft, der durch einen Archetypus kosmischen Gesetzes gelenkt wird. Das ist der Engel der spirituellen Stärke und Willenskraft.

Diese lebhafte Energie wurde auch Tochter des flammenden Schwerts genannt, was den weiblichen Charakter ausdrückt. In jedem Fall ist dieser Engel eine Synthese von weiblichen und männlichen Energien, denn die Aspekte von Stärke und Willenskraft sind perfekt zu einer Macht oder Stärke gemischt. Wie uns die Weisheitslehren sagen, ist Stärke in sich passiv, während der Wille aktiv ist. Jedoch verleiht die Stärke der Kraft dem Willen Macht. Deshalb müssen wir diese Eigenschaften als Einheit betrachten, wenn wir mit dem Engel arbeiten, in dem Wissen, daß aus dem Gleichgewicht und der ruhigen Stärke (der Tochter)heraus, die Aktivität der Willenskraft stammt (das flammende Schwert).

In meinen Begegnungen mit diesem Engel erschien er als junge Frau von herrlicher Macht. Ihr pulsierender Lichtkörper erschien wie ein schmales kraftvolles Automobil, das zum Start bereitsteht. Ich fühlte, daß ich, wenn sie ihre Kräfte losließe, so mit Energie vollgetankt sein würde, daß selbst ein erderschütterndes Ereignis keine emotionale Welle bei mir auslösen könnte. Glücklicherweise mußte ich mich solch extremen Experimenten, um ihre Stärke und Bestimmtheit schätzen zu lernen, nicht unterziehen. Als ich 1985 in einer Radiodiskussion über den ersten Weltheilungstag und die weltumspannende geistige Verbindung in einer gemeinsamen Meditation für den Frieden, die für den 31. Dezember 1986 angesetzt worden war, sprach, war ich auf die Gehässigkeit, die viele Zuhörer bei ihren Anrufen über mich ergossen, nicht vorbereitet. Jan und ich wurden als Nachfolger des Satans bezeichnet und als Werkzeuge Luzifers, und als ich Mitglieder aller religiösen Glaubensrichtungen einlud, an diesem Tag zusammen zu beten, beschimpfte uns ein Mann als Antichrist und bedrohte uns körperlich. In solchen Augenblicken muß man zu der Energie der spirituellen Stärke und Willenskraft Zugang finden. Als die Feindseligkeit anwuchs, wuchs auch die Energie, die von der kausalen Macht ausging. Ich fühlte, wie mein Bewußtsein stärker und vitaler wurde und es mir ermöglichte, meine Wahrheiten ohne Angst oder Groll auszusprechen. Von diesem Tag an war unsere Entschlossenheit zu tun, was immer auch nötig sein sollte, um bei dem Verwandlungsprozeß in dieser Welt mitzuhelfen, auf ein neues Niveau angehoben worden.

Ich sollte den Schlüssel zur Macht dieser Energie bekommen, als ich meinen Freund Sako, einen kleinen japanischen Mann, sah, als er sich gegen den Angriff von zwei großen Burschen verteidigte. Sie warfen ihm eine Ladung von Beschimpfungen an den Kopf, und ich wußte, daß sie bald auch ihre Fäuste gebrauchen würden. Plötzlich stand der kleine Mann auf, schloß für eine Sekunde seine Augen, öffnete sie wieder und starrte dann beide Gegner intensiv an. Niemand sprach. Die Burschen gingen rückwärts auf die Tür zu, drehten sich um und verschwanden schleunigst. Ich fragte Sako, was er getan habe. Er antwortete: »Wenn ich mich klar als unbegrenzte Kraft und unbezwingbar sehen kann, so können das auch andere, die mit ihren Gefühlen zu kämpfen haben. Ich tat es, und sie sahen es.«

Ich kann mich an eine Zeit erinnern, in der Jan große Schwierigkeiten hatte, ein Dilemma loszulassen, das eine mentale und emotionale Verwirrung verursachte. Sie kam in mein Büro und bat mich, mit ihr zu meditieren, und nach wenigen Minuten geriet sie unter den Einfluß der Energie dieses Engels. Jan sagte: »Ich fühle einen beträchtlichen Energiestrom in meinen Rücken einfließen und hörte die Worte: ›Ich bin die Stärke Jehovas, mächtig in der Schlacht, um diejenigen zu schlagen, die mich entweihen würden.‹ Ich wußte, daß ich mich auf diese Stärke berufen konnte, um die Dinge in meinem Geist, die meine Wirklichkeit entehren konnten, niederzukämpfen, und ich tat es. Die Gefühle wurden schnell beruhigt, mein Geist wurde klar, und ich wußte, daß die Herausforderung vorüber war. Der Engel hatte die Mißschöpfung in meinem Geist nicht nur niedergerungen, sondern er hatte die Schlacht auch in der manifesten Welt gewonnen, denn die besorgniserregende Situation löste sich auf, und bald zeigte sich vollkommene Harmonie.«

Als ich eines Nachts von der hohen Mauer des Hauses eines Freundes fiel und einen steilen Hügel hinunterrollte, war mir klar, daß ich mir etwas gebrochen hatte, aber ich wußte auch, daß mich niemand hören konnte und daß ich Hilfe brauchte. Ich rief den Engel, und nach nur wenigen Sekunden spürte ich die rhythmische Wiederbelebung meines Energiefeldes, die mir die Stärke und Willenskraft gab, den Hügel hinaufzuklettern und Hilfe zu holen. Ich schaffte es ohne allzu große Schwierigkeiten, und als mir später in der Unfallstation gesagt wurde, daß ich mir Becken und Hüfte gebrochen hatte, zollte ich dankbar der Tochter des flammenden Schwertes meine Anerkennung dafür, daß sie in dieser angsteinflößenden Situation die Hand des Herrn gewesen war.

Lassen Sie uns für einen Augenblick das Wort »*Wille*« überdenken. Wir alle sprechen vom freien Willen und vom Willen Gottes, ohne zu erkennen, daß sie ein und dasselbe sind. Unser freier Wille ist unser freier Gebrauch des Willens Gottes, der in unserem göttlichen Bewußtsein konzentriert ist. Das bedeutet, daß unsere intuitive Führung, unsere wahren Bestrebungen und unsere liebevollen Absichten alle den Willen unseres Meisterselbst darstellen – und irgend etwas Geringeres zu akzeptieren als das Höchste und Größte in unserem Leben heißt, diesen Willen zu verleugnen.

Die Tarotkarte »*Kraft*« sagt uns mit ihrer Symbolik noch mehr über diesen Engel. Eine junge Frau stellt hier spirituelle Stärke dar, und das Bild (Rider-Waite-Deck) zeigt ihre Hände im Maul des Löwen, der symbolisch für den bei Petrus erwähnten Löwen steht: »Euer Widersacher, der Teufel, geht wie ein brüllender Löwe umher und sucht,wen er verschlingen kann« (I Petrus 5,8). Hier handelt es sich um eine direkte Anspielung auf die vom Ego dominierte Persönlichkeit, die vor dem Heraufkommen des Christusbewußtseins beherrscht und gemeistert werden muß. Diese Karte beinhaltet auch Befreiung, Erfolg, der durch beträchtliches Risiko erlangt wird, und Zähigkeit, Dinge zu vollenden.

In der Astrologie wird diese Energie vom Zeichen des Löwen repräsentiert, und der Engel der spirituellen Stärke und Willenskraft bedient sich der Löwenenergie, um dem Suchenden Begeisterung, Inspiration, Vertrauen und Vitalität einzuflößen. Er arbeitet auch auf der Ebene des Bewußtseins, um den Löwen der Aggression, des Übermuts und der Selbstgefälligkeit zu zähmen. Wenn wir uns dieser Energie des Engels öffnen, macht unsere Persönlichkeit der Individualität Platz, und es tritt etwas Neues hervor: der Löwe des Christus. Nun entfaltet sich der Geist der Universalität – mit der ausstrahlenden Kraft der emotionalen Festigkeit, des mentalen Willens und der physischen Kraft, die auf das Wohl aller gerichtet ist.

Für John Jocelyn ist der Löwe das Symbol der Stärke, die überall pulsiert und die alle Dinge zur Erfüllung bringt. Stärke, Macht und Willenskraft sind die Attribute dieses königlichen Zeichens. Für Torkom Saraydarian symbolisiert der Löwe den Geburtsort des Individuums, der mit dem Willen zum Erfolg und mit starker Selbstbestimmung ausgestattet ist.

Hier sind einige Auszüge aus meinem Tagebuch, die sich auf die Lehren dieses Engels beziehen und die mir eine neue Tiefe des Verstehens dieser kausalen Macht enthüllten. Ich werde nicht versuchen, diese Worte neu zu interpretieren, um größere Klarheit und Verstehen zu ermöglichen. Ich will Sie dies selbst tun lassen, und in diesem Prozeß werden Sie mehr lernen, als ich Ihnen jemals durch meinen Kommentar vermitteln könnte.

»Warum suchst du Kraft im Alleingang? Weil du versuchst, eine andere Kraft, die du als eine Wirkung wahrnimmst, zu überwinden und ihr zu widerstehen? Eine Wirkung in deinem Leben ist lediglich eine Schöpfung deines Geistes, die vielleicht erscheint, um dir zu drohen. Und es liegt in der menschlichen Natur, Bedrohungen zu bekämpfen, aber allem, was du bekämpfst, gibst du Energie, und alles, dem du Energie gibst, besteht weiter. Warum nicht das Hindernis deines Friedens beseitigen, indem du ihm seine Macht entziehst? Du tust dies, sobald du weißt, daß die einzige Macht des Universums in dir selbst liegt, nicht außerhalb. Deshalb hat alles, was du in deiner Welt siehst, nur durch deinen Beschluß Macht. Ändere den Beschluß, die Situation löst sich auf, und die Einschüchterung hat ein Ende.

Du hast zwar an die Worte ›Tretet an, bleibt aber stehen, und seht zu, wie der Herr euch Rettung verschafft‹ geglaubt; du hast mich jedoch oft nicht gerufen, um deine Position zu stärken. Ich bin ein Anker in wechselnden Fluten, das Halteseil in einem Sturm, und ich werde dich festhalten in deiner Widerstandslosigkeit und dich beständig im Licht der einen Macht, die in deiner Welt scheint, bewahren.

Du mußt nicht um Befreiung von den Nattern beten oder um die Harmonisierung irgendeiner Situation in deinem Leben, denn dies zu tun heißt, die Liebe, Weisheit, den Willen und die Macht Gottes zu leugnen, die auf ewig durch dich in Erscheinung treten. Das einzig wahre Gebet ist das der Dankbarkeit für das, was bereits existiert.

Die Situation, die dich stört – denke einen Augenblick über sie nach. Wisse, daß sie zum Besten aller gelöst werden kann, wenn du stark bist im Herrn und verstehst, daß deine Herausforderung für Gott kein Grund zur Sorge ist. Stark im Herrn zu sein heißt, sich leidenschaftlich im Selbst zu verankern, intensiv dem Einen im Innern ergeben, mit dem Willen zum Guten, nichts für das persönliche Selbst erbittend. Ich werde dir diese Stärke, diesen Willen und diese Selbstlosigkeit geben, die zusammengenommen die höhere Macht von jeglicher Verpflichtung befreit, um speziell für dich aufzutreten. Dann kann das Selbst die Geschäfte des Vaters übernehmen, ohne irgendeine Einmischung von deiner Seite. Und worum geht es bei diesen Geschäften? Es geht um das Selbst, um das Erfüllen des Selbst zur Ehre des Vaters. Wie erfüllt es sich? Indem es alles, was Gott für die Welt darstellt, ausstrahlt. Um die Welt zu erreichen, muß dieses Strahlen das Bewußtsein der Persönlichkeit durchdringen. Wenn jemand stark in Gott verankert ist, wird das Bewußtsein dieses Strahlen transformieren in das, was immer gebraucht wird, und was als Lösung des Problems wahrgenommen wird, wird enthüllt. Dies tut der Funke der Wahrheit im Bewußtsein. Bei den Erleuchteten ist es eine Flamme. Das Feuer der Wahrheit im Bewußtsein ist der Wächter von Jesaja und Jeremias, ist derjenige an der Pforte, der den unsichtbaren Strom in sichtbare Erfahrung umsetzt – um die Wahrheit des Seins zu beweisen.

Siehst du, was du tun mußt? Du mußt aufhören, nach einer höheren Macht zu schielen, um deine Welt zu erneuern, weil es nicht deine Welt ist; sie gehört dem Selbst, und das Selbst unterhält sie um ihrer selbst willen als Himmel auf Erden. Wenn du die Welt deines Geistes losläßt und stark im Herrn wirst, befreit dich die Wahrheit von allem, was weniger als die Wahrheit ist. Du lebst dann ohne Schwierigkeiten und Herausforderungen, denn du lebst nicht länger in deiner Welt – du hast die vierte Dimension betreten.«

Werden Sie sich dieser lebendigen Energie dieses Statthalters göttlicher Manifestation bewußt. Treten Sie in Kontakt mit ihr, und erkennen Sie ihre Natur. Seien Sie eins mit ihr, ruhig, im Gleichgewicht der Stärke, und nehmen Sie ihr flammendes Schwert auf als den göttlichen Willen zum Guten. Werden Sie zur unwiderstehlichen Kraft und zum unverrückbaren Objekt, zur Macht des furchtlosen Handelns.

Meditation

Ruhig, sanft, mit Leichtigkeit wende ich mich nach innen und werde empfänglich für das Licht und die Liebe des heiligen Selbst. Mit dem inneren Auge sehe ich das Licht mein gesamtes Energiefeld durchfluten und heilen, und ich fühle die Liebe, die mich bis zum Überfließen erfüllt.

Ich bin in Christus, und Christus ist in mir, und es gibt keine Trennung, denn es gibt nur das eine Licht, das eine Selbst, die eine Gegenwart – die Gegenwart der Liebe. Und aus diesem Meistergeist des Lichts und der Liebe fließt das unbesiegbare, allgewaltige, alles verschlingende Feuer von Stärke und Willen.

Es ist meine Stärke, mein Wille, und ich akzeptiere vollkommen die göttliche Energie des Muts, der Festigkeit, der Tapferkeit, des Strebens, der Entschlossenheit, der Lösung. Ich wage es, weil ich weiß, wer ICH BIN.

Und dem Engel der spirituellen Stärke und Willenskraft verpflichte ich mich zum spirituellen Weg des Lebens und zur Harmlosigkeit in Gedanken, Worten und Taten. Ich entscheide mich, den Löwen der Persönlichkeit zu zähmen und aus der Höhle als der Löwe Christi im Dienste der Welt emporzusteigen. Und ich lausche nun dem, was du mir offenbarst, was ich tun soll, um dir bei deiner herrlichen Arbeit zu helfen, meine göttliche Wirklichkeit zu erschaffen und zu bewahren.

Lauschen Sie nun in sich hinein.

Ich bin nun stark in der Machtfülle des Geistes, und ich bin furchtlos. Mein Denken ist fest und zielgerichtet, um nur das Gute zu sehen. Mein Herz ist furchtlos und kennt nur das Gefühl des Sieges. Nichts außer der direkten Handlung Gottes kann mich berühren. Und Gott ist mein allgewaltiges Selbst als strahlender Ausdruck. Ich kann alles durch die Stärke und den Willen Christi tun.

13

Der Engel der Entsagung und Erneuerung

Entsagung bedeutet »etwas aufgeben«, »loslassen«, »sich ergeben«.

Erneuerung wird definiert als »im Geiste wiedergeboren werden«, »im ursprünglichen Zustand seines Seins wiederhergestellt werden«. Dementsprechend müssen wir, wenn wir zu unserer wahren Identität erwachen wollen, etwas aufgeben, was oft mit einem Opfer verbunden ist. Aber wenn wir einmal aus dem Traum gerissen wurden, erkennen wir, daß es keineswegs ein Opfer war, nur ein Ersetzen des Geringeren durch ein Größeres.

Angefangen von der Zeit der ersten heiligen Akademien und der Wiederbelebung der Mysterien bis hin zu den Schriften des Neuen Testaments und später bei den Lehren der Geheimgesellschaften des siebzehnten und achtzehnten Jahrhunderts, bestand das erste Prinzip des Erweckungsprozesses in der Entsagung. Sie war die Grundlage der spirituellen Wiedergeburt und das Fundament des Selbst. Es handelt sich hier um einen so entscheidenden Akt, daß nicht eine einzige Mysterienschule, Religion, esoterische Lehre oder spirituelle Philosophie ihn in ihren traditionellen Disziplinen ausließ. Und jeder spirituelle Meister, von dem wir schriftliche Überlieferungen besitzen, betrachtete den Prozeß des Verzichtens als Bedingung der Meisterschaft.

In einer Schrift der Rosenkreuzer kommt zum Ausdruck, daß man nichts erstreben solle als die »lebendige Welt«. Damit ist das göttliche Selbst eines jeden Individuums – der Logos, Christus, das Wort Gottes, gemeint. Wenn nichts anderes zählt als die Verwirklichung dieser göttlichen Identität, absolvieren wir die Initiation der Entsagung.

Auch bei Alice A. Bailey finden wir die Forderung, jeglicher Anhaftung zu entsagen. Diese Lehren altersloser Weisheit basieren auf der Erkenntnis, daß man, *wenn man nichts hat, alles besitzt*. Dies ist das führende Prinzip des Engels der Entsagung und Erneuerung, und es muß unser Glaubensbekenntnis sein, wenn wir Freiheit erlangen wollen und alles sein wollen, wofür wir geschaffen worden sind. Ich selbst kann dieser Welt keinen Frieden bringen, noch kann ich die Massen nähren, die Kranken heilen, die Beziehungen harmonisieren oder die, die in den Fesseln von Schuld und Begrenzung leben, segnen. Nein, ich vermag das nicht – aber das heilige Meisterselbst, das die Wirklichkeit eines jeden von uns ist, kann es. Wir beginnen damit, indem wir unser begrenztes Verständnis der Existenz aufheben, indem wir uns von dem, was wir als Persönlichkeit betrachten, ablösen und uns mit dem Meisterselbst im Innern identifizieren, mit unserem göttlichen Bewußtsein. Bei diesem Vorgang des Identitätstausches geben wir alles auf, was von der Persönlichkeit erreicht wurde. Wir geben das gesamte Spektrum der niederen Natur zugunsten der höheren auf, denn die höhere kann nicht in die niedere eindringen, bis die niedere von allem, was sie war, vollständig geleert ist. Das Geringere muß für das Höhere geopfert werden, sonst kann die spirituelle Wiedergeburt nicht stattfinden. Wo fangen wir an?

Betrachten Sie folgende Liste von zwanzig Persönlichkeitsmerkmalen:

1. Die Neigung zu kritisieren.
2. Die Neigung, die Verantwortung für andere zu übernehmen, wo es nicht angebracht ist.
3. Die Neigung, jemand anderen für das eigene Wohlergehen verantwortlich zu machen.
4. Das Gefühl, daß man von einer anderen Person umsorgt und beschützt werden muß, was sich auch auf Punkt 3 bezieht.
5. Spiritueller Stolz und die Neigung, seine Spiritualität durch unerbetene Ratschläge oder spirituelle »Beratung« unter Beweis zu stellen.
6. Selbstsüchtige persönliche Ambitionen.
7. Selbstmitleid.
8. Das Gefühl der persönlichen Macht.
9. Ein Gefühl der Nichtigkeit.
10. Die Neigung, Erleichterung und Wohlbefinden durch Alkohol oder Drogen zu erlangen.
11. Die Neigung, sich Leidensgenossen zu suchen.
12. Von Beziehungen jeder Art gefühlsmäßig beherrscht zu werden.
13. Täuschung und Unehrlichkeit.
14. Furcht und Schuld.
15. Gefühle des Unwertseins.
16. Identifikation mit dem Körper als dem Selbst und einseitige Beschäftigung mit der physischen Form und ihren Bedürfnissen.
17. Das Schwergewicht auf die persönliche Sicherheit legen.
18. Gefühle von »Meine Wahrheit ist größer als deine« und »Meine Aufgabe ist großartiger als deine«.

19. Übersteigertes Sendungsbewußtsein.
20. Ein unspirituelles Bewußtsein ohne Vitalität, Feuer, Licht; ein Leben ohne Inspiration.

Die große Entsagung, der letzte Schritt vor der Erneuerung, findet statt, sobald Sie jede persönliche Eigenschaft, jeden Komplex erkannt, konzentriert betrachtet und aus Ihrem Bewußtsein gebannt haben, indem Sie ihn ins innere heilige Feuer geworfen und täglich an sich gearbeitet haben, um ohne diese verschmutzte Energie zu leben. Dazu braucht man Disziplin, aber mit jeder weiteren Loslösung gelangt immer mehr Licht des Selbst in die Persönlichkeit. Aus dem dunklen Verlies der niederen Natur hervorzukommen ist nicht immer ein weiches Gleiten nach oben, es kann ein hartes und anstrengendes Klettern sein. Aber vergessen Sie nicht: Sie sind nicht inkarniert, nur um Brot auf den Tisch zu stellen, Ihre Miete zu zahlen, für Ihre Sicherheit vorzuplanen – oder ein hilfloses Würmchen oder ein bedrohlicher Hai zu sein. Die heiligen Schriften und die stillen Stimmen sagen nur eines: Du bist hier, um im Geiste wiedergeboren zu werden und dann dieses strahlende ausfüllende Licht zum Wohle aller in der Welt zu teilen.

Wenn dies Ihre motivierende Absicht ist, findet etwas Wundervolles in den weltlichen Angelegenheiten des Lebens statt. Sie beginnen mit dem Prozeß des liebevollen Nichtanhaftens, und mit jedem Loslassen tritt an diese Stelle etwas Besseres. Und bald werden Sie feststellen, daß es natürlich ist, sich in Harmlosigkeit zu üben, daß es für alle Beteiligten erfüllend ist, dem anderen die Freiheit zu lassen, das Leben in vollem Maße zu erfahren, und daß auch Sie wirklich unabhängig sein können, ohne sich um Ihre Sicherheit zu sorgen. Sie werden entdecken, daß Sie nicht jedem alles beweisen müssen, und das Selbstmitleid, das Nichtigkeitsgefühl, die Furcht und das Schuldgefühl werden ebenso wie das Bedürfnis nach Flucht verschwunden sein. Sie werden sich über die hypothetische Anziehungskraft der dritten Dimension erheben, wenn Sie gewahr werden, daß Sie das Reich der reinen Energie sind, und mit diesem Verständnis werden Mangel und Begrenzung nur noch blasse Erinnerungen aus der Vergangenheit sein.

Der gesamte Prozeß der Entsagung und Erneuerung ist in meinem Buch *A Spiritual Philosophy for the New World* (Eine spirituelle Philosophie für die neue Welt) als Übungsprogramm zusammengefaßt. Es geht dabei darum, sich sechzig Tage lang der Aufgabe zu widmen, die Bindung des Ego aufzubrechen, indem jede mentale, emotionale und körperliche Anziehungskraft überwunden und alles, das Sie an das Rad von Kampf und Streben gebunden hat, losgelassen wird, um dann in die Energie und Schwingung der vierten Dimension einzugehen, nicht als menschliches Wesen, sondern als spirituelles Lichtwesen. Für die Hunderte von Männern und Frauen, die an diesem Initiationsexperiment 1988 teilnahmen, wurden die sechzig Tage zu einer lebenslangen Verpflichtung. Und obwohl ich den Engel der Entsagung und Erneuerung in jenem Buch nicht erwähne, war er in hohem Maße nützlich, um mir zu zeigen, daß die Aufgabe der Ego-Bindung nicht bedeutet, daß man die physische Welt als unspirituell ansehen muß. Es handelt sich vielmehr darum, das Absolute mit dem Relativen auszubalancieren und die Einheit von Geist und Materie mit dem einen Auge des göttlichen Bewußtseins zu betrachten. Es geht darum, als spirituelles Wesen in körperlicher Gestalt zu leben.

Lassen Sie uns dem Engel der Entsagung und Erneuerung gegenübertreten. Erinnern Sie sich: Er ist weder irgendeine Art von geflügeltem Wesen, das in Ihrem Energiefeld sitzt, noch eine Kreatur, die dem Geist eines Meisters einer uralten Mysterienschule entsprungen ist. Diese Engel sind lebendige Kräfte und bewußte, machtvolle Energien im Kausalkörper. Ihre natürliche Aufgabe ist, die Visionen,die Aktivitäten und die kreative Macht des göttlichen Selbst ins persönliche Bewußtsein hinein in der Form eines Lichtstrahls auszudehnen. Und das Licht dieses besonderen Engels ist dazu da, das Bewußtsein im Zustand der Ergebenheit zu halten, das heißt, uns zu helfen, alle Gefühle des Getrenntseins von der Meisterseele zu überwinden und die Persönlichkeit auf das Licht Gottes vorzubereiten. Wenn diese Energie durch Ego-Projektionen von Furcht, Verlust und Entzug blockiert ist, entwickeln wir eine Opfermentalität, eine mißtrauische und eifersüchtige Natur und ein Gefühl, jedem unterlegen zu sein.

In vielen der alten Schulen war dieser Engel als Neptun oder Poseidon bekannt. In der griechischen Mythologie gab Zeus, der die Erde regierte, Poseidon die Herrschaft über die Meere. Poseidon war der Bruder von Zeus, und wenn wir die Beziehung im Hinblick auf die Engel ansehen, erkennen wir, daß Glück und eine positive Zukunft direkt mit einer Klärung des Alten und dem Werden einer »neuen Kreatur« im inneren himmlischen Selbst verbunden sind. Nach einem Bibelwörterbuch wird Wasser als Element definiert, das alte irrtümliche Bewußtseinszustände im Individuum aufbricht und auflöst, so wie die Sintflut die alte Ordnung fortwusch und auflöste, deren Irrtümer die Individuen gemeinsam kreiert hatten. Wir sehen also, daß selbst zur Zeit der großen Mythen Poseidon (der Gott der Meere) mit der Entsagung in Verbindung gebracht wurde, indem er die Auflösung der falschen Strukturen leitet, die wir seiner Energie überlassen haben.

Als die Begründer der Mysterienschulen den Namen Poseidons annahmen, entwickelten sie ihre Lehren auf der Basis der Verwandlung der menschlichen Natur, durch ein Sterben des persönlichen Selbstgefühls und eine Wiedergeburt ins spirituelle Bewußtsein. Die Initianden wurden aufgefordert, sich die Eigenschaften ihrer wahren heiligen Identität ins Bewußtsein zu rufen, das ideale Selbst, und dann ihre niedere Natur mit ihrer höheren zu vergleichen. Jede Eigenheit des individuellen Wesens, die an dieses heilige Bild nicht herankam, mußte geopfert werden und auf dem Kreuz sterben, das den Engel der Entsagung und der Wiedergeburt symbolisiert.

Dieser Engel erschien in meiner inneren Vision als großer alter Mann, scheinbar sowohl Mitleid als auch Strenge zum Ausdruck bringend. Ich stimmte mich eines Tages auf ihn ein, als ich versuchte, eine bestimmte Situation zum Wohle aller zu klären. Er fragte mich: »Bist du willens, alle äußeren Formen fortzuspülen?«

Und ich sagte: »Ich würde lügen, wenn ich dies bejahte. Ich will nicht wirklich, daß die Sache aufgelöst wird; ich will es einfach der göttlichen Ordnung überantworten, zusammen mit den Gefühlen, die mich bedrängen.«

»Bevor du nicht bereit bist, etwas vollkommen gehenzulassen, kann es nicht wiedergeboren werden. Und die Gefühle, von denen du sprichst: Sind es nicht deine Gefühle darüber, wie andere fühlen werden, wenn du etwas aus ihrem Leben wegnimmst, von dem sie scheinbar abhängig sind?«

Ich erwiderte: »Ich möchte niemals etwas tun, das andere in irgendeiner anderen als rein positiven Weise berühren könnte.«

»Dann entscheide dich anders, und laß deine Handlung

wahrhaft zum Wohle aller gereichen. Du weißt, daß die manifeste Form und Handlung, von der du sprichst, nur eine Projektion deines Bewußtseins ist, und wenn du glaubst, daß sie zu deiner Freude und der Freude der anderen nötig ist, vertreibst du Gott wieder einmal aus deinem Leben – und auch aus ihrem, jedenfalls in deiner Wahrnehmung. Sei meiner Energie zugänglich; sei willens, mir alles zu unterwerfen, und tue es dann. Laß los, laß los! Glaube nicht, daß du dich auf eine Wirkung deines Denkens verlassen mußt oder daß du sie schützen und nähren mußt zu deinem oder dem Wohle der anderen. Jede Abhängigkeit von irgend etwas in der Welt der Erscheinungen muß aufgelöst werden.«

Ich sagte: »Aus dem Gefühl der Liebe zu anderen heraus werden wir manchmal hinsichtlich der richtigen Handlungsweise verwirrt. Ich vermute, daß von einer höheren Warte aus, zuviel Sorge ein Hindernis darstellen kann.«

»Fesseln der Persönlichkeit müssen gelöst werden, damit eine Bindung auf einer höheren Ebene entstehen kann, denn die Liebe eines Ego zu einem anderen ist nur ein Gefängnis für beide. In Wahrheit ist die einzige Verantwortung, die du hast, diejenige dir selbst gegenüber. Verantwortung einem anderen gegenüber zu unterstellen ist für alle begrenzend.«

»Ist die einzige Alternative in dieser Situation, mich zu ergeben?« fragte ich.

»Was würdest du tun, wenn dich jemand riefe und dich unter ähnlichen Umständen aufforderte, für ihn zu beten? Oder wenn er dich um Hilfe bäte, *jeglicher* Herausforderung zu begegnen? Du würdest dich nicht einen einzigen Moment auf die Person oder das Problem konzentrieren, denn es gibt absolut nichts, was du tun könntest! Du könntest weder Körper heilen noch Leute reich machen, noch eine Beziehung kitten oder eine Anstellung für jemanden finden – egal, wie intensiv du beten würdest. Niemand könnte es, denn Beten ist nicht für diese Dinge geschaffen worden. Statt dessen würdest du sofort in dich gehen, zu der einen Gegenwärtigkeit und Macht, nicht um irgend etwas von Gott zu erbitten, sondern um bewußt eins zu sein mit Gott in einer Haltung totaler Hingabe. Und in diesem Einssein kommt die Befreiung für alle, denn die Wahrheit Gottes zeigt sich. Alle Beteiligten werden je nach Bewußtseinsstand oder je nachdem, wieviel Erfahrungen sie wählen, Erleichterung verspüren. Aber es ist nicht länger deine Sorge, denn die kreative Aktivität des Geistes hat nun die Verantwortung übernommen.«

Er schien dann wesentlich größer zu werden und sagte: »Verliere alles, und laß alles gehen. Entleere dich von jeglicher Verantwortung jedermann gegenüber, entäußere dich aller Verpflichtungen, entbinde dich von allen Gefühlen, daß du irgend etwas für irgend jemanden lösen mußt. Laß die Welt, die du mit deinem Denken errichtet hast, los, und sei einfach – *sei in Gott*. Du wirst neues Leben erlangen und diejenigen, die nach dir greifen wollen, werden nur eine Quelle des Heils finden, und sie werden durch diese Erkenntnis wachsen.«

Im Anschluß an diese Begegnung mit dem Engel fühlte ich mich freier als jemals zuvor in meinem Leben, denn ich hatte schließlich verstanden, was gemeint ist mit: »Ich selbst kann gar nichts tun.«

Im Tarot wird dieser Engel als Gehängter dargestellt, Opfer, Hingabe, Entsagung, Wiederbelebung und Wiedergeburt symbolisierend. Das Bild des mit dem Kopf nach unten Hängenden kommentiert Manly Hall damit, daß der Mensch die Ordnung seines Lebens umkehren muß, um die Höhen der Philosophie zu erreichen. Er verliere dann seinen

Sinn für persönlichen Besitz, denn er verzichte auf das Gesetz des Goldes zugunsten des goldenen Gesetzes. Auch Paul Foster Case betont, daß die Hauptbedeutung dieser Karte in der Umkehr liegt, das heißt in der Umkehr der Gedanken.

In der esoterischen Astrologie entspricht dieser Engel Neptun, esoterisch als Urheber von Dingen bekannt. Dan Oldenburg, ein professioneller Astrologe, schrieb darüber in der Zeitschrift *Planet Earth* (Planet Erde). Einige Sätze möchte ich zitieren:

›»Erstens: Mitgefühl. Aber Mitgefühl sollte niemals so etwas wie ›Pflicht‹ sein. Das ist falsch. Laß das Leben wählen. Meine Erfahrung hat gezeigt, daß die Probleme ihren Anfang nehmen, wenn *ich* mich entscheide. Denn ich habe nicht das Wissen. Das Leben offenbart mir das Unbekannte ... Ein anderes Wort, das mit Neptun assoziiert wird, ist Hingabe. Hingabe bedeutet für mich nicht, meine Freiheit aufzugeben. Hingabe bedeutet, dem Leben zu gestatten, in Erscheinung zu treten. Wie sonst kann es irgendeine wirkliche Freiheit geben, bevor ich mich nicht dem Ganzen hingebe? Dies ist das Wesen Neptuns: Hingabe, Auflösung, Verschmelzung, Zusammenfließen, Eintauchen. Hingabe ist das Entscheidende. Es ist eine nichtmethodische Methode.«

Durch die Energie des Neptun erhält das Individuum seine zweite Initiation der zeitlosen Weisheit: die Reinigung der niederen Natur, wie sie durch die Taufe Jesu symbolisiert wird. Dies ist die Initiation, die das Individuum vom persönlichen Bewußtsein zum Christusbewußtsein umlenkt, und der Anfang des wahren Dienstes an der Welt. Ist es nicht an der Zeit, sich ganz Ihrer Taufe zuzuwenden? Dies ist das Fortwaschen von allem, das Sie an die Menschheit bindet, und diese Taufe erlaubt es dem Geist der Ganzheit, herabzusteigen und in die niedere Natur einzufließen, und Sie beginnen, die Eigenschaften des Meisterselbst zu leben. Erinnern Sie sich an das Prinzip dieses Engels: »Habe nichts, und du besitzt alles.«

Meditation

Im dynamischen Energiewirbel dieses Engels der Entsagung und Erneuerung entlasse ich alles, das mich an das Rad des Kampfes und des Strebens gebunden hat. Ich sage zum Engel: »Ich bin willens, das Geringere dem Höheren zu opfern, und ich halte nichts zurück. Ich versuche klar und rein zu sein in Vorbereitung auf das göttliche Licht, und ich frage dich: »Was kann ich tun, um dir zu helfen, die Erfahrung der Entsagung und Erneuerung in meinem Leben zu machen?«

Lauschen Sie nach innen.

Dies ist der Tag, an dem ich aufhöre, mich mit meiner Persönlichkeit zu identifizieren und die Persönlichkeiten anderer als tugendhaft oder als unehrenhaft zu verurteilen. Von diesem Augenblick an wird mein Bewußtsein auf das heilige Selbst gerichtet sein als die einzige Wirklichkeit meines Wesens, als die einzige Wirklichkeit eines jeden. In Wahrheit gibt es weder Männer noch Frauen. ICH BIN ist die reine Energie Gottes als individueller Ausdruck.

Und zur Präsenz Gottes, dem ICH BIN, sage ich:

»Ich nehme dein Licht an, dein Leben, deine Liebe. Ich lasse deinen Geist meinen Geist sein, deine Gedanken meine Gedanken, deine Vision meine Vision, deine Macht meine Macht. Ich suche nichts in dieser Welt, nur Gottes herrlichen Ausdruck durch mich.«

Ich bin nun in der Stille, und ich erkenne, daß nichts außer Gott existiert. ICH BIN, DER ICH BIN – das eine Licht, das eine Leben, die eine Liebe. Und ich bewahre den Geist dieses Einen und die Gedanken und die Vision und die Macht. ICH BIN der EINE.

Ich verweile nun in dieser Erfahrung.

14

Der Engel des Todes und der Wiedergeburt

Die Kraft dieses Engels ist – wie schon besprochen – eine Erweiterung und Verzweigung des Flusses der kausalen Macht von Entsagung und Erneuerung. Es ist, als ob der Engel der Entsagung und Erneuerung dem Engel von Tod und Wiedergeburt den nächsthöheren Unterrichtsstoff weiterreicht, um die Lektion, das Geringere durch das Größere zu ersetzen, zu vervollständigen. Alfred Douglas sagt, daß diese archetypische Energie das Los des Gehängten fortsetze. Nach Paul Foster Case stellt sie die wahre Bedeutung des Todes dar. Sie ist ein Tor zu einem erfüllteren Leben in der Realität. Also haben wir die Arbeit mit diesem Engel als nächste Stufe im Zuge der spirituellen Wiedergeburt zu betrachten.

Dieser Engel repräsentiert die Kraft der Metamorphose, und es ist seine Aufgabe, uns zu helfen, die falschen Gedankenmuster des Ego aufzulösen und unser Bewußtsein auf die abschließende Ausgießung der Gottesenergie vorzubereiten. Er ist der Kraft der Natur vergleichbar, die jedes Wesen dazu bringt, letztendlich vom Göttlichen aufgesogen zu werden, in dem es bereits existierte, bevor die Welt der Illusion geschaffen wurde. Wenn diese Energie durch die Furcht des

Ego vor dem »Tod« und dem Verschwinden der Persönlichkeit oder durch die Identifikation des physischen Körpers mit dem Selbst blockiert wird, werden wir uns dem Wandel widersetzen und die göttliche Spontaneität des Lebensflusses blockieren. Negative Ego-Projektionen können sich auch als dauernde Beobachtung des Körpers äußern, was zu einer Störung des Körpersystems führt.

Dieser göttliche Statthalter wurde von den Griechen als Thanatos, Gott des Todes, bezeichnet. Sein Bruder war der Gott des Schlafes, der bei den Griechen Hypnos, bei den Römern Somnus hieß.

Der Name Thanatos lebte auch in den frühen griechischen Mysterienschulen weiter, aber in den meisten dieser Akademien wurde diese Kraft als Meister des Todes bezeichnet. Der Initiator, der diese Rolle übernahm, prüfte die Schüler, indem sie durch die Todeserfahrung der Persönlichkeit hindurchgehen mußten, erweckte sie zur Wahrheit, und sie wurden als das göttliche Selbst wiedergeboren.

Dieser Engel stellt auch die achte Arbeit des Herkules dar: die Tötung der neunköpfigen Hydra: Herkules wurde beauftragt, den Kampf mit diesem schrecklichen Untier aufzunehmen. In Alice A. Baileys Werk *Die Arbeiten des Herkules* lesen wir, welche Unterweisung Herkules erhielt: »Ein Wort des Rates nur darf ich dir geben... Wir erheben uns, indem wir niederknien. Wir siegen, wenn wir uns ergeben. Wir gewinnen den Kampf durch Ergeben.« Als Herkules der Bestie begegnete, schwang er seine Keule und hieb ihr einen ihrer Köpfe ab, aber sofort wuchsen ihr zwei neue an gleicher Stelle nach. Als der Kampf in Wasser und Schlamm weiterging, wurde das Monster immer stärker. Dann erinnerte sich Herkules, daß ihm sein Lehrer gesagt hatte: »Wir erheben uns, indem wir niederknien.« Seine Keule von sich werfend, kniete Herkules nieder, packte die Hydra mit bloßer Hand und hob sie über sich. Nun hing sie in der Luft und damit verringerte sich ihre Kraft. Kniend hielt Herkules die Hydra hoch über sich, so daß die reinigende Luft und das Licht ihre Wirkung tun konnten. Das Monster, stark in der Dunkelheit und im trüben Schlamm, verlor bald seine Macht, als die Sonnenstrahlen und der Windhauch es berührten, und es wurde besiegt.

Obwohl wir uns unser Ego nicht als neunköpfige Hydra, die in einem stinkenden Morast lebt, vorstellen müssen, stellt diese animalische Natur die Ansammlung sämtlicher Persönlichkeitsmängel dar, all unserer Inkarnationen in körperlicher Gestalt. Im Mythos steht Herkules (der Sohn Gottes, der auch Sohn des Menschen war) symbolisch für jemanden auf dem Weg zur Disziplin, als Sucher nach Wahrheit, der tun wird, was getan werden muß, um das höchste Ziel der Selbstverwirklichung zu erreichen. Beachten Sie, daß die Bestie, sobald sie mit einer Waffe (symbolisch für Zorn und Furcht) angegriffen wird, ihre abgeschlagenen Arme ersetzt und vervielfacht, und sie stärker wird, solange Herkules weiter im Morast kämpft. Das sagt uns, daß, wenn wir auf das Ego mit seinen streitsüchtigen Gefühlen setzen, wir nur seine böswillige Natur verherrlichen, und indem wir auf seinem Territorium kämpfen – im Schlamm des niederen Bewußtseins –, wird unsere Kraft, es zu überwinden, zersplittert. Im Umgang mit diesem niederen und unerlösten Anteil unserer Natur müssen wir uns daran erinnern, daß »wir uns erheben, indem wir niederknien«, was darauf hinweist, daß Demut der Schlüssel ist, gepaart mit Geduld und Verzeihen, die Stolz und Zorn ersetzt haben. Auf diese Weise werfen wir unsere Feindseligkeit weit von uns und erheben die selbst geschaffene Gedankenform in das reinigende Licht des Geistes, wo sie ihre Macht verliert und der Sieg davongetragen wird. Wir erobern, indem wir uns ergeben; wir erlangen Perfektion, indem wir unsere Mängel aufgeben. Der Engel von Tod und Wiedergeburt ist die kausale Macht, die uns helfen wird, diese heroische Aufgabe zu vollenden.

Wir werden uns diesem Engel gleich wieder zuwenden, lassen Sie uns jedoch zuerst den Begriff des *Todes* klären, ein Wort, das bei vielen Angst und Zittern hervorruft. In Wahrheit ist das, was wir Tod nennen, nichts als ein Eingang in ein herrliches Leben der Freude, der Erfüllung, des Friedens und der Freiheit, egal ob die Erfahrung physisch oder mystisch erlebt wird. In jedem Fall handelt es sich um einen ununterbrochenen Fluß von Lebendigkeit, aber mit einem Unterschied: Mit Ausnahme der sofortigen Erhöhung des Bewußtseins, die aus der Erfahrung herrührt, vom fleischlichen Körper befreit zu sein, ist physischer Tod nichts anderes als ein Wandel der Gestalt. Wir bewahren das Bewußtsein, das Verstehen und das Wissen, das wir während unseres Aufenthalts auf Erden erlangt haben, und nehmen unsere Neigungen und Interessen mit uns, wenn wir von einer Ebene auf die andere übergehen.

Auf der nichtphysischen Ebene setzen wir unsere Entwicklung fort, und zwar schrittweise durch die Erweiterung unseres Bewußtseins, das uns zu unserem letzendlichen Ziel führt; zum Erinnern und Erwachen zu unserer wesenhaften Wirklichkeit, der göttlichen Identität.

Der wesentliche Vorstoß, den die Mysterienschulen leisteten, bestand darin, dem Initianden zu helfen, seine Persönlichkeit sterben zu lassen und das Göttliche in ihm zu erwecken. Im Kern sagte die Lehre, daß eigentlich die physische Geburt den Tod darstellt und daß die wahre Geburt die Verwirklichung und Befreiung des spirituellen Selbst ist. Weiter hieß es, daß jemand, der das Spirituelle vernachlässigt und statt dessen ein rein materiell ausgerichtetes Leben wählt, eigentlich schon zu Lebzeiten tot ist und Wiedergeburt und das Verlassen der Sinnenwelt nur durch den Akt des Sterbens erreicht.

Die Initianden früherer Zeiten versuchten keineswegs, »heilig« zu werden und für den Rest ihres Lebens als Mönche in Kutten umherzuwandeln und Gebete zu murmeln. Sie suchten Freiheit von den Fesseln der physischen Welt, so daß sie in dieser Welt *weiterleben* und an ihrer Transformation teilhaben konnten. Ihr Anliegen war die Erweckung der ganzen Menschheit, aber sie wußten sehr wohl, daß dieses Hinausgleiten aus der Traumwelt im inneren Bewußtsein eines jeden Individuums ansetzen muß, also fingen sie bei sich selbst an, genauso, wie Sie und ich es tun müssen.

Das Konzept von Tod und Wiedergeburt wurde am besten von Jesus in seiner Initiation der Kreuzigung und Auferstehung zum Ausdruck gebracht. Er lehrte uns, daß wir in unserer niederen Natur sterben müssen, um als das Meisterselbst, das wir in Wahrheit sind, zu leben. In der Kreuzigung (das zehnte Tor zur Meisterschaft) muß die niedere Natur sterben, damit sich die höhere ganz und gar manifestieren kann. Es ist das Aufgeben der Persönlichkeit, ein Ersetzen des menschlichen Bewußtseins durch das göttliche. Es ist das Aufgeben sowohl der objektiven als auch subjektiven Ebenen des Bewußtseins.

An diesem Punkt unserer Evolution findet dann ein phänomenales Experiment statt. Seit dem Akt der Entsagung haben wir aus einer höheren Schwingung heraus gewirkt, einer größeren Bewußtheit des göttlichen Selbst im Innern. Aber bei der Kreuzigung wird dieses Verständnis schwächer, denn das persönliche Bewußtsein nimmt die Identität seiner Quelle an. Das eine Bewußtsein blendet sich aus, während das andere eingeblendet wird, und für einen kurzen Moment verläßt uns die göttliche Gegenwart, und wir könnten sehr wohl ausrufen: »Mein Gott, warum hast du mich verlassen?« Aber sobald das volle Verständnis unserer Göttlichkeit eintritt, wird das »der Vater und ich sind eins« zur Wirklichkeit. Wir sind im alten Selbst gestorben und können nun wiedergeboren werden und in die Auferstehungs-Erfahrung eintreten.

Lassen Sie uns diese Vorstellung von Tod und Wiedergeburt nun unter praktischem Gesichtspunkt betrachten. Wenn wir aufhören, uns als Teil der physischen Welt der Formen zu identifizieren, die emotionalen Fesseln an unsere äußeren Wirkungen durchbrechen und die mentale Illusion, etwas »da draußen«, das nicht existiert, zu sehen, von uns weisen, schieben wir die verschiedenen Schichten der Persönlichkeitsmuster, die unsere gefangene Herrlichkeit umgeben haben, beiseite. Und wenn unsere göttliche Natur, unser *wirkliches Sein* durchbricht, verändert sich unser Leben so dramatisch, daß die Erde wie der Himmel erscheint. Die Probleme, Herausforderungen, Versuchungen und Nöte, die unsere niedere Natur erfahren hat, sind verschwunden, denn wir leben nicht länger aus unserer niederen Natur heraus. Alle Wünsche, Ansprüche und Bedürfnisse werden von unserem spirituellen Selbst übernommen und manifestiert, entsprechend der höheren Vision, die immer mehr bedeutet, als wir es uns in unserem begrenzten Bewußtsein vorstellen können. Mangel, Begrenzung, Unerfülltheit, Nichtigkeit, Konflikt, Verzweiflung, Furcht und Schuld »sterben«, und wir werden in das auferstandene Leben von Herrschaft und Meisterschaft wiedergeboren.

Wie kommen wir zu diesem mystischen Tod, zu dieser Wiedergeburt? Die einfachste Art und Weise, diese Frage zu beantworten, lautet: Wenn wir unseren Anteil dazu beitragen, wird der Geist den Rest tun – und unser »Anteil« kann grundlegend in vier Schritten zusammengefaßt werden:

1. Wir setzen unser Vertrauen mehr auf die unsichtbare spirituelle Welt als auf die sichtbare materielle Welt. Das bedeutet, daß wir aufhören müssen, der materiellen Ebene der Wirkungen Macht zu verleihen, und unsere Autorität, die uns durch göttliches Recht zusteht, einfordern.
2. Wir reißen uns von den emotionalen Anziehungskräften, die uns in unserem Leben fesseln, los. Wir übergeben alles dem göttlichen Geist im Innern, einschließlich jener Wünsche, die uns herunterziehen, denn in Wahrheit bekommen wir das Recht, daß unsere Wünsche erfüllt werden nur, wenn wir die Wünsche der höheren Macht hingeben.
3. Wir überantworten sämtliche Energien unsers Egos dem heiligen Selbst im Innern, heben symbolisch die niedere Natur in das Licht des Geistes.
4. Wir entwickeln unsere Kraft der Intuition durch Meditation, wo sie größer ist als die falschen Wahrnehmungen durch die verfälschenden Augen der Persönlichkeit.

Wenn wir vollkommen aufrichtig und bereit sind, das Geringere gegen das Größere auszutauschen, wird das heilige Selbst die alte Persönlichkeit sanft auflösen und diese niedere Energie ersetzen. Ich möchte nicht den Eindruck vermitteln, als sei dies ein Prozeß, der über Nacht stattfindet, denn es bedarf einiger Vorbereitung, bevor diese Verschmelzung stattfinden kann. Es muß nicht nur der alte Wein und alles, was er repräsentiert, ausgeleert werden, sondern es muß auch ein ganz und gar neuer Weinschlauch vorbereitet werden, bevor etwas Neues eingefüllt werden kann. Paulus sagte: »Täglich sehe ich dem Tod ins Auge« (1 Korinther 15,31) – und genau das müssen wir tun, um den letzendlichen Sieg sicherzustellen. Erinnern Sie sich: »Wenn jemand nicht von neuem geboren wird, kann er das Reich Gottes nicht sehen« (Johannes 3,3). Und: »Wer aber sein Leben um meinetwillen verliert (für den Christus im Innern), wird es gewinnen« (Matthäus 16,25).

Indem wir täglich dem Tod ins Auge blicken, brechen wir das Anhaften des Ego und beginnen den Aufstieg zum höheren Bewußtsein. Bis zu einem gewissen Grad sterben wir jedesmal, wenn wir die Anziehungskraft der niederen Natur in uns sterben lassen, wenn wir uns an den geheimen Ort in unserem Bewußtsein zurückziehen und die Gegenwart Gottes, in der wir uns befinden, erspüren und fühlen. Wir lockern den Griff der niederen Natur, wann immer wir mit dem Meisterselbst in Verbindung treten und das innere Licht sehen, die Liebe fühlen und wissen, daß wir die Wirklichkeit erleben. Wir befinden uns jedesmal im Wiedergeburtsprozeß, wenn wir uns von Erscheinungen abwenden und uns weigern, über Gesundheit, Versorgung, Karriere oder Beziehungen sorgenvoll nachzugrübeln.

Im Tarot wird dieser Engel vom Tod dargestellt. Nach Paul Foster Case bedeutet diese Karte Wandel, Bewegung und Transformation. Sie symbolisiert demnach die Macht, die unser Bewußtsein von den Begrenzungen, die seinen freien Ausdruck behindern, befreit.

In der esoterischen Astrologie bezieht sich dieser Engel immer auf das Zeichen Skorpion, um die Persönlichkeit umzuformen und den selbstsüchtigen Wünschen, Bestrebungen und dem Stolz ein Ende zu bereiten. Er verstärkt das spirituelle Streben im Menschen, während die bindenden emotionalen Anhaftungen des Lebens zerstört werden. Im Skorpion geht es um Tod und Auflösung, dann um Erneuerung und Neugeburt. Skorpion steht auch symbolisch für den verlorenen Sohn, der schließlich zu seines Vaters Haus zurückkehrt, wie für die große Feier, die dann folgt.

Während Sie die Verwandlung und Neuorientierung Ihrer menschlichen Energien durchmachen, rufen Sie diesen Engel, Ihnen beizustehen. Dem Durchschnittsmenschen erscheint dieser Engel oft furchterregend, aber den Aspiranten, den Jüngern und Initiierten ist er derjenige, der willkommen ist wie ein Sonnenaufgang. Treten Sie nun in Kontakt mit ihm, und bitten Sie ihn, Ihnen bei dem letzten Schritt des Loslassens und Annehmens beizustehen. Bitten Sie ihn, Ihnen Ihr Reservoir noch unbesiegter Persönlichkeitseigenschaften und bindender Ego-Anhaftungen zu offenbaren, und stimmen Sie zu, diese unter Kontrolle zu bringen. Sich auf diese Energie und Macht des Engels beziehend, gehen Sie noch einmal zurück, und lesen Sie die oben genannten vier Schritte ein zweites Mal durch. Bestärken Sie sich in Ihrer Verpflichtung, Ihr gegenwärtiges Leben zugunsten der größeren Erfahrung wahren Lebens zu verabschieden.

In einer früheren Begegnung mit diesem Engel entdeckte ich, daß ich zögerte, den »Hydra«-Teil meiner Persönlichkeit zu kreuzigen, denn wir hatten zusammen einiges geschaffen, an dem ich mich in dieser Welt erfreute. Ich glaubte, daß das Erdrosseln des Ego bedeutet, daß vielen dieser Gestaltungsformen und Aktivitäten für immer der Boden entzogen würde.

Nachdem der Engel mir die Quelle meines Widerstandes gegen die Todeserfahrung gezeigt hatte, sagte er: »Du mußt deine Vorstellung, was es bedeutet, in der Welt zu leben, ändern. Hier in Freude, Frieden und Freiheit zu leben bedeutet nicht, die Dinge der Welt aufzugeben; es bedeutet, deine Abhängigkeit, dein Verlassen auf diese Dinge aufzugeben und deine Aufmerksamkeit auf das ICH BIN im Innern zu richten, die einzige Ursache und Macht, und die Dinge auf natürliche Weise in Erscheinung treten zu lassen. Die Dinge, die nicht mit der höheren Ordnung in Einklang stehen, werden sterben und durch diejenigen ersetzt werden, die es sind, ohne irgendein Opfer oder Leiden von deiner Seite. Bedenke auch, daß das Ego an der Energie der Liebe nicht teilhat, also kann sich das Reich nur durch solche Energie manifestieren. Ist der Himmel auf Erden es nicht wert, alle Barrieren zu vernichten? Erinnere dich, daß es so etwas wie den Tod nicht gibt, nur einen Wandel der Energie.«

Heißen Sie diesen »Sonnenaufgang« nun willkommen, und schließen Sie dieses Kapitel mit der folgenden Meditation ab.

Meditation

Wenn ich in mich gehe und über die herrliche Gegenwärtigkeit des ICH BIN meditiere, wird mir klar, daß der einzige Tod, den ich jemals erfahren werde, das Aufgeben des Alten und der Empfang des Neuen sein wird. Ich bin bereit, das nun zu tun. Ich bin willens, den letzten Schritt zu vollziehen.

Ich fürchte mich nicht länger, mein Menschsein aufzugeben und mein Christussein anzunehmen, denn ich weiß, daß ich, während ich mich durch den Nebel taste, zur Brücke des Lichts gehe, die du, mein Schild und

Beschützer, bist. Wenn ich durch Feuer schreite, werde ich nicht verbrennen, wenn es Gewässer gibt, werden sie mich nicht überfluten. Wenn mich Feinde umzingeln sollten, werden sie mich nicht finden, denn ich werde in dir verborgen sein.

Ich gehe nun den Weg zur Brücke. Es herrscht Dunkelheit, aber ich fürchte mich nicht. Meine Fehler scheinen mir zuzuwinken, aber ich habe kein Auge für sie. Und nun sehe ich das Licht, das die Nacht durchdringt, und der zarte Umriß der Brücke wird sichtbar. Ich gehe ohne Unterlaß auf das Licht zu.

Während ich die Brücke betrete, sehe ich DICH, meine göttliche Wirklichkeit, und mit jedem Schritt kommen wir uns näher. Wir halten auf der Mitte der Brücke an, und ich sehe dich in aller Pracht, ein reiner Lichtkörper Gottes, die Fülle des universellen Seins verkörpernd.

Ich mache nun den letzten Schritt. Langsam beginnen wir, ineinander zu verschmelzen ... Und ich fühle das Licht und die Liebe und das Leben. Göttliches Licht fließt in mich hinein. Ich werde zu Christus. Ich bin von seiner Präsenz erfüllt.

Es ist geschehen. Es gibt kein Gefühl der Trennung mehr. Die Dualität von Ich und Du, ist nur noch ein Ich, der Eine. Ich BIN der EINE.

Ich ruhe nun in dem einen ICH BIN.

15

Der Engel der Geduld und des Annehmens

Der glühend-goldene Zug donnert über die Gleise, fliegt durch die Kurven und nimmt jede Steigung des Berges mit Leichtigkeit. Kosmische Kraft ist seine Energie, und so zieht er mit höchster Geschwindigkeit davon. Dieser Zug kann nicht gestoppt, aus der Spur gehoben oder umgeleitet werden. Wir sind in diesen Zug im Moment unseres Hinuntergehens in das materielle Bewußtsein eingestiegen und werden ihn nicht verlassen, bevor nicht die Endstation erreicht ist.

Was hat es mit diesem Zug auf sich? Es ist der Plan, der Zweck, die Vision und der Wille Gottes. Es ist der göttliche Prozeß des individuellen Wiedererwachens und der Erkenntnis von jeder Seele auf jeder Ebene und an jedem Ort. Das Ziel heißt: fünftes Reich Gottes, das reine Sein, wo nur Liebe und Frieden existieren. Die Ankunftszeit: Sobald ein Blitz anzeigt, daß das kollektive Bewußtsein von der christlichen beziehungszweise spirituellen Botschaft durchdrungen ist und der Planet Erde geheilt und in Harmonie gebracht wurde. Alle Menschen an jedem Ort, in jeder Dimension und auf beiden Seiten des Schleiers fahren in diesem Zug. Selbst jede manifeste oder nichtmanifeste Form der unteren vier Reiche ist in ihm zu finden. Denn es ist der Zug des Lebens.

Alle Individuen, die man Menschen nennt, haben einen Fensterplatz inne. So auch wir, und durch die Scheibe beobachten wir die Welt der Formen wie ein vorbeiziehendes Gemälde. Die Bewegung des Zuges, die uns an den Objekten vorbeigleiten läßt, nennen wir Zeit. Und die Formen, die wir sehen, existieren nicht in Ewigkeit, sondern nur kurze Zeit, und sie werden als illusionär betrachtet. Lassen Sie uns durch einige der Waggons des Zuges schreiten.

Während wir uns nach vorn in Richtung der universellen Lokomotive, die das Ganze zieht, bewegen, bemerken wir, daß die Menschen entspannt, heiter, mit einem Lächeln auf den Lippen und einem lustigen Augenzwinkern dasitzen. Wenn wir ihren Unterhaltungen zuhören, spüren wir nicht einmal einen Schatten von Ungeduld, Angst oder Zorn. Im Gegenteil: Wir vernehmen Worte der Zuversicht, des Vertrauens und Annehmens der Wunder des Lebens. Intuitiv wissen diese Menschen, daß der Wille Gottes Leben und Liebe ist – ein Leben, das in Ganzheit und Fülle, fröhlich, kreativ und jubelnd gelebt wird, wobei Liebe und gute Beziehungen den Grundton abgeben. Es gibt in ihnen keine Zukunftsangst, da sie Gott vertrauen, und durch ihre Hingabe und Ergebenheit für das heilige Ich im Innern haben sie ebenso gelernt, ihrem Bewußtsein zu trauen, und sie erkennen, daß sie ein Kanal sind, durch den Gott in ihrem Leben aktiv wird. Wird diese Harmonie im Denken und Fühlen in ihrer individuellen Welt uneingeschränkt widergespiegelt? Lassen Sie uns aus dem Fenster schauen und es prüfen.

Nein, die Dinge sind noch nicht perfekt, da sich die Erscheinungen nicht immer auf derselben Zeitschiene befinden wie das Bewußtsein. Es gibt immer noch Anzeichen dafür, daß die Natur durch den Menschen zerstört wird, und wir sehen Kriminalität, Drogensucht und Kindesmißbrauch um sich greifen. Die erschütternden Nachrichten in ihren Zeitungen scheinen sich wenig von denen der spirituell weniger hoch Entwickelten zu unterscheiden.

Wir hatten vergessen, daß auch in der Welt derjenigen, die sich in diesem Leben der Meisterschaft nähern, die planetarische Schwingung weiterhin mehr mit dem menschlichen Kollektivbewußtsein übereinstimmt als mit dem Christusbewußtsein, was die Psalmen 46 und 91 so ausdrücklich beschreiben:

»Darum fürchten wir uns nicht, wenn die Erde auch wankt, wenn Berge stürzen in die Tiefe des Meeres, wenn seine Wasserwogen tosen und schäumen und vor seinem Ungestüm die Berge erzittern.... Er rettet dich aus der Schlinge des Jägers und aus allem Verderben... Du brauchst dich vor dem Schrecken der Nacht nicht zu fürchten noch vor dem Pfeil, der am Tag dahinfliegt, nicht vor der Pest, die im Finstern schleicht, vor der Seuche, die wütet am Mittag. Fallen auch tausend zu deiner Seite, dir zur Rechten zehnmal tausend, so wird es doch dich nicht treffen.«

Das sind herausfordernde Situationen, doch die Menschen in diesem Teil des Zuges glauben dem Versprechen Gottes und leben in ruhigem Gleichmut, ohne sich darüber Sorgen zu machen, was »da draußen« geschieht. Sie wissen, daß sie unter göttlichem Schutz stehen und daß die unsichtbare Welt hinter den Erscheinungen Kraft und Machtfülle sammelt, so daß sie bald durch den Schleier der Materie bricht und die Wahrheit des Seins enthüllt. Doch bis dahin fahren sie in dem göttlichen Zug, erfüllt von Frieden und Heiterkeit.

Selbst wenn der Zug steil die Bergstrecken hinabstürzt oder scharfe Kanten fährt (die die Lebenszyklen symbolisieren), passen sie sich schnell den neuen Bedingungen an und zeigen weiterhin ein von Zuversicht und Vertrauen geprägtes Verhalten.

Lassen Sie uns nun zum hinteren Teil des Zuges gehen und für einen Moment in dem Waggon eine Pause einlegen, in dem die spirituellen Aspiranten sitzen. Wir sehen einige glückliche Menschen, aber da gibt es auch traurige Gesichter, Augen voller Tränen und hängende Schultern zu sehen, die von Verzweiflung und Vergeblichkeit zeugen. Lassen Sie uns einigen ihrer Gedanken lauschen:

»Ich weiß wirklich nicht, was ich tun soll. Ich bete, spreche Affirmationen und meditiere, aber mein Körper schmerzt, der Stapel unbezahlter Rechnungen wird immer höher, und mein ganzes Leben scheint mir zu entgleiten.«

Irgendwie hören wir zwar die Stimme eines Engels, der inmitten des Energiefeldes dieses Menschen zu sprechen scheint, aber das Individuum ist so mit seinen Problemen beschäftigt, daß die Worte in den herumwirbelnden Schleifen seines Denkens verlorengehen. Die Stimme sagt:

»Du nimmst eine Lüge wahr. Du spürst Trennung von der Ganzheit, vom Überfluß, von der Erfüllung, aber das ist unmöglich. Dir wurde alles gegeben, als dir dein Selbst gegeben wurde, und innerhalb des Ich, das du bist, ist alles zu finden, was du jemals benötigen oder wünschen könntest. Du hast das Himmelreich, weil du das Himmelreich bist. Indem du dich dieser Wahrheit beraubst, erfährst du eine Leere, eine Täuschung, die angst macht und die eine noch größere Verletzbarkeit in deinem Leben erzeugt. Ich bin die Energie, die dich befähigt, dem göttlichen Wirken zu vertrauen und ein Leben zu führen, in dem du das Gute, Wahre und Schöne annehmen kannst. Werde meiner bewußt. Und durch den Kanal deiner Achtsamkeit will ich dir zeigen, daß alles, was in deinem Leben passiert, nur die Handlungen des göttlichen Willens, Plans und Zwecks sind.«

Der Passagier hörte diese Worte nicht, aber sie waren nicht verloren. Und wir lauschten nun den Gedanken einer anderen Person am anderen Ende des Ganges:

»Trotz aller Anzeichen einer positiven Veränderung ist meine Meinung, daß die Erde bald zur Hölle geht, und es erfüllt mich mit Schrecken, daran zu denken, daß meine Kinder auf einem vergewaltigten und geplünderten Planeten aufwachsen müssen. Auch wenn ich dem spirituellen Pfad verpflichtet bleiben möchte, zweifle ich daran, daß die Welt sich irgendwann wirklich verändern wird. Manchmal scheint alles so hoffnungslos zu sein.«

Und wieder spricht der Engel:

»Gottes Plan für diesen Planeten und alles Leben auf ihm ist sehr gut und hat schon immer als Gottes Ideal für die Evolution des individuellen Bewußtseins existiert. Er ist konzentrierter Wille und konzentrierte Kraft sowie die göttliche Vision der Expansion, und das wird heute von allen Menschen gespürt. Die Energie und Kraft des Plans wird zu einer vollständigen Neuausrichtung von Werten in der Menschheit führen und den Zweck hinter den verschiedenen schwierigen Lebenserfahrungen enthüllen. Die Auseinandersetzung mit diesem Plan in euren Köpfen und Herzen, in den Gedanken und Gefühlen aller Seelen, wird jedem Individuum erlauben, der menschlichen Denkweise zu entkommen. Der Plan wird sich dann auf der Erde materialisieren und eine Form annehmen; Frieden und Fülle werden dann die Richtungen der Welt sein. Darin liegt die Bedeutung des Gebets. Die Entwicklung des Plans ist der göttliche Prozeß, dem ihr ganz und gar trauen müßt. Übt Geduld, und zwar nicht im Sinne von endlosem Leiden, sondern im Sinne von Beharrlichkeit und Hartnäckigkeit, denn das Gute wird ganz sicher in dieser Welt enthüllt, es läßt sich nicht zurückhalten. Lebt in einer Haltung der Annahmebereitschaft, aber nicht in dem Sinne, daß die Dinge so hingenommen werden, wie sie erscheinen, sondern in der Haltung, Ordnung, Schönheit und Freiheit zu empfangen, denn diese werden sich manifestieren.«

Wenn wir nun zu unseren Sitzen zurückkehren, wollen wir überlegen, ob wir etwas gelernt haben. Zunächst ist festzuhalten: Wenn wir uns ehrlich dem Spirituellen verpflichten, wird es unser Leben regieren, und wir brauchen uns keine Sorgen mehr zu machen, egal wie schwierig eine Situation auch erscheinen mag. Und woran erkennen wir, daß wir alles dem Herrn und unserem inneren Meister selbst übergeben haben? Wir können es am Grad unserer Geduld ablesen, denn wir wissen nun, daß jede Aktivität von Gott abgestimmt ist, und wir können es am Grad unserer Annahmebereitschaft ablesen, womit gemeint ist, unser Wohl entgegenzunehmen, auch wenn es noch nicht ganz sichtbar ist. Wir sollten uns auch fragen, ob wir eingewilligt haben, unsere Bedürfnisse vom göttlichen Selbst stillen zu lassen statt vom Ego der Persönlichkeit.

Ich möchte eine Erfahrung mit Ihnen teilen, die mir in meinem Leben sehr viel bedeutet: Ich kann keinesfalls weder durch einen Unfall aus dem Zug fallen, noch absichtlich aus ihm herausgestoßen werden, was immer ich auch denken, sagen oder tun mag. Es gibt tatsächlich nichts, was ich jemals tun könnte, um eine Vertreibung aus diesem geheimen Raum des Höchsten zu rechtfertigen. Und das gilt für jede Seele im Universum. Wir neigen dazu, uns selbst anzuklagen, wenn die Dinge aus dem Gleichgewicht geraten, und wir forschen nach der spirituellen »Sünde«, nach der metaphysischen Ursache und der emotionalen Blockade. Wir erwägen Rückführungen in vergangene Leben, wir denken an Karma und an die Schuld, die mit Strafe ausgeglichen werden muß.

Vieles von dem ist Unsinn. Sie haben manchmal schlechte Tage, und die habe ich auch. Sie erlebten eine finanzielle Klemme, auch das kenne ich. Sie haben an spiritueller Übersättigung gelitten, ich auch. Und Sie haben sich so jenseits der Spiritualität gewähnt, daß Sie daran dachten, diesen Pfad aufzugeben und sich nach etwas Einfacherem umzusehen. Das habe ich auch gemacht. Es gab Zeiten, in denen die Tür zu meinem Meditationsraum nicht aufzuschließen war, in denen Affirmationen mich langweilten und in denen ich nur das eine wollte: mit Gusto den hedonistischen Erdling zu spielen – was ich als Form der Rebellion gegen den ganzen spirituellen »Kram« empfand.

Raten Sie, was mein Meisterselbst zu alledem sagte. Es klang ungefähr so: »Also das ist nun wirklich nichts Besonderes. Es handelt sich nur um einiges an alter Energie, das an die Oberfläche steigt, um umgewandelt zu werden. Hör auf, dir darüber Sorgen zu machen, wo und wie du vom Pfad abgekommen bist. Kümmere dich lieber weiter um das Leben. Sei einfach nur du selbst, egal was das für ein Selbst gerade heute ist. Niemand führt eine Liste darüber, wie viele Male du einen Anflug von Zorn, Angst oder Unsicherheit gefühlt hast. Und du wirst nicht aus dem Universum katapultiert, nur weil du nicht jeden Moment auf der Höhe bist. Hör also auf, so schwer danach zu streben, spirituell zu sein. Du bist es ja schon. Jeder ist es, also entspanne dich, und genieße die Fahrt.«

Was mir klar wurde, war, daß Gott mich erschaffen hat, mich liebt, mich annimmt, so wie ich bin, mir gegenüber unendliche Geduld zeigt und es für mich unmöglich ist, den göttlichen Prozeß zu unterbrechen. Ich kann den Zug nicht verlassen, und auch Sie können das nicht. In Wahrheit kehren wir alle zusammen nach Hause zurück. Wenn Sie also das nächste Mal vom Gefühl der Sinnlosigkeit überwältigt werden oder die Dinge nicht so gut laufen, dann seien Sie geduldig mit sich, und akzeptieren Sie die Tatsache, daß es keinen Sinn hat, sich über Ihre Probleme Sorgen zu machen, denn alles wird gut ausgehen. Entspannen Sie sich, und genießen Sie die Fahrt.

Sie haben einen heiligen Helfer, der Ihnen zur Seite steht, dem göttlichen Prozeß zu vertrauen, mit Zuversicht in Ihre Zukunft und die der Welt zu blicken und den Willen und Plan Gottes als herausragend anzuerkennen. Es ist der Engel, der auf diese Dinge spezialisiert ist: der Engel der Geduld und des Annehmens.

Der Engel ist weiblicher Natur. In der griechischen Mythologie war er als Iris bekannt, als Göttin des Regenbogens und Botin der Götter. Sie übermittelte die Befehle der Götter an die Menschen und reiste zu diesem Zweck auf dem Regenbogen herab. Man kannte sie auch als Königin des Himmels; sie sei ein ständiger Kurier für die Königin der Götter gewesen, jene Wächterin über die Mysterien, die wir archetypisch als Iris bezeichnen und Engel der kreativen Weisheit genannt haben. Doch lassen Sie uns zunächst die Charakteristika betrachten.

Der Regenbogen repräsentiert den Kanal oder die Passage zwischen dem Reich des göttlichen Bewußtseins und der Persönlichkeit. Und diesen Pfad benutzt Iris, um die Botschaften herabzubringen. Der Regenbogen ist das Zeichen des

Bundes mit Gott, wie in der Genesis (9,13–15) beschrieben. Der Engel der Geduld und des Annehmens ist demnach auch der Engel des Bundes, das heißt, daß die Welt eines einzelnen nicht von Negativität überschwemmt werden kann, wenn die Qualitäten dieser kausalen Macht verkörpert sind. Und welches sind diese Qualitäten? Es handelt sich um den Sinn für Verhältnismäßigkeiten im Leben, gepaart mit der Fähigkeit, auf dem spirituellen Pfad zu bleiben, auch wenn das Leben zwischen den positiven und negativen Polen hin und her schwingt. Es ist die Qualität der Mäßigung, die in allen Dingen praktiziert wird und die Fanatismus auflöst, ungeachtet der Leidenschaft oder Hingabe, die für etwas empfunden wird. Es ist die Kraft, die dazu befähigt, eine spirituelle Richtung konzentriert einzuschlagen und dem Lebensplan zu folgen, der sich entfaltet und stets größere und anspruchsvollere Ziele enthüllt und erstrebenswert macht. Könnte eine Welle von Pessimismus und schlimmster Befürchtungen eine solche Person überschwemmen? Nicht wenn dieser Engel sie überschattet.

Der Name Königin des Himmels spricht auf die weibliche Oberherrschaft über die rechte Gehirnhälfte des Persönlichkeitsbewußtseins an. Sie steht für das Empfinden spiritueller Wahrheit in einem Individuum, dessen Aufmerksamkeit und Verständnis in erster Linie auf höheren Werten basiert. Als Bote der Götter liegt die Hauptaufgabe dieses Engels stets in dem Empfangen und Weitergeben der spirituellen Wahrheit der Königin der Götter – der Weltenmutter oder des dritten Aspekts der Dreieinigkeit, des Heiligen Geistes.

Dieser Engel repräsentiert den Wirbel der Energien von Geduld und Annehmen, die in das Denken und Fühlen des Individuums einziehen sollen. In den frühen Tempelschulen verstand man unter Geduld mehr, als nur zu erdulden und fähig zu sein, eine Gegebenheit oder Situation auszuhalten. Sie wurde als Kraft der Ausdauer, als Standhaftigkeit, Entschlossenheit und Entschiedenheit angesehen, die sehr effektiv zum Einsatz gebracht werden konnte, sobald der Initiand einen Sinn für das Verhältnis zwischen Idee und Aktion entwickelt hatte, das heißt für die Balance zwischen innerer und äußerer Welt.

Das Wort »annehmen« meint das Einwilligen und Übereinkommen mit Gott, daß Einzelwesen göttlich sind, und das Anerkennen, daß das Selbst Ausdruck Gottes ist. Dieser Engel sagte einst zu Jan: »Der letzte Akt der Hingabe ist das Annehmen, das Annehmen der Präsenz Gottes im Innern als Selbst. Durch dieses Akzeptieren läßt die Persönlichkeit der Individualität den Vortritt.« Iris erinnert uns nicht nur daran, wer und was wir sind, sie schenkt uns auch die Hartnäckigkeit, auf dem spirituellen Pfad zu bleiben, bis wir Verwirklichung erfahren oder das Verständnis unserer wahren Identität in unserem Bewußtsein heraufdämmert. Wenn die Energie blockiert ist, meist aufgrund von Zukunftsangst und mangelndem Vertrauen in den göttlichen Prozeß, fällt es dem einzelnen schwer, sich neuen Situationen anzupassen. Er entwickelt eine Neigung, mit fast jedem Streit anzufangen, und agiert aus dem Gefühl der Sinnlosigkeit heraus verschwendungssüchtig und extravagant.

Im Tarot wird dieser Engel durch die Karte »Mäßigkeit« symbolisiert, die die Qualitäten von Geduld, Anpassungsfähigkeit, Gleichgewicht und Mäßigung betont. Auch der Initiand hat den Mittelweg zwischen den Extremen zu finden.

Astrologisch gesehen, kanalisiert dieser Engel die Energie des Zeichens Schütze. In ihrem Werk *Esoterische Astrologie* weist Alice A. Bailey auf die hohe Bedeutung dieser Energie hin, denn sie steht für intuitive Wahrnehmung, durch die der einzelne seine Richtung findet und sich letztlich in die Ordnung des göttlichen Gedankens einfügt.

Rufen Sie nun den Engel der Geduld und des Annehmens an, und schließen Sie Freundschaft mit der Königin des Himmels. Sie wird Sie auf den Pfad reinen Denkens erheben und Sie lehren, was Optimismus wirklich bedeutet. Ich weiß, daß sie mir geholfen hat, Ziele zu formulieren und sie mit echter visionärer Kraft und einem neuen Sinn für Zweck und Hingabe anzustreben. Auch Sie werden ihre offene und zielstrebige Art der Kommunikation lieben. Sie wird Sie keineswegs verzärteln oder über Ihre Irrationalitäten und emotionale Ausbrüche hinweggehen, auch wird sie sich an keiner Stelle übermäßig nachsichtig zeigen. Sie spricht aus, wie die Dinge stehen, und das ist es, was sie zu einem so verläßlichen Verbündeten auf der spirituellen Reise macht.

Meditation

Es gibt nur eine Präsenz, eine Kraft, eine Ursache in diesem Universum, in dieser Welt und in meinem Leben. Es ist der Geist des lebendigen Gottes, der überall präsent ist. Dieser Geist hat sich durch mich individualisiert. Er ist es, der ich bin. Er ist es, was ich bin. Ich schaue in mich und spüre diese machtvolle Präsenz, und ich bin mir nun vollauf des Meisterselbst bewußt, das ich in Wahrheit bin.

In der Stille meines Wesens finde ich perfekte Balance. Ich ruhe ausgeglichen in der Mitte des Pfades zwischen Unsichtbarem und Sichtbarem, bin Meister der

Gegensatzpole und sehe die heilige Einheit zwischen Geist und Materie. Ich nehme die unsichtbare Domäne des Himmelreiches wahr, und ich sehe den manifest gewordenen Himmel auf Erden. Ich sehe meinen Pfad durch das innere Licht erhellt, der sich vom geheimen inneren Ort hinaus in die Welt der Form und Erfahrung erstreckt.

Ich bin voller Geduld und entschlossen, meinen Weg zu gehen und meinen Platz zu erfüllen. Dann bin ich bereit, neue Pläne auszuführen, in der Weise, wie sich meine Zukunft entfaltet. Ich nehme auf meinem Weg alles in Dankbarkeit an, was mir entgegenkommt, denn ich weiß, daß das Wirken Gottes die einzige Kraft in meinem Leben ist, und ich vertraue dem göttlichen Prozeß. Ich schreite voran, stets im Licht meines heiligen Selbst wandelnd und begleitet von dem Engel, der mich auf allen meinen Wegen behütet.

16

Der Engel der Materie und Versuchung

Der Versucher: »Das ist auch der Teufel, der Satan.« Könnte ein Engel möglicherweise mit Satan in Verbindung gebracht werden? Um einem Mißverständnis vorzubeugen, lassen Sie uns einen kurzen Blick auf die Kontroverse in bezug auf diesen Gegner Gottes werfen.

Ein christlicher Fundamentalist, der in einer Fernsehsendung auftrat, hielt mein Buch *Deine Zukunft ist jetzt* in die Höhe und sagte, daß es sich hier um »Satans Handbuch« handele. Wir hören auch, daß Gläubige sagen, die Christenheit basiere auf dem unentwegten Konflikt zwischen Gott und Satan, und die meisten anderen Religionen seien nichts anderes als satanische Kulte. Ein Pfarrer aus San Antonio wird in einem Zeitungsartikel mit den Worten zitiert, daß es eine unheilsame Beschäftigung mit dem Satan gäbe und daß die Menschen dem Satan mehr Macht verleihen würden als Gott. Und in dem gleichen Artikel spricht ein Philosophieprofessor davon, daß die Menschen ihren Glauben an Satan dazu benutzen würden, die Verantwortung für ihr Leben abzugeben.

In einer anderen Zeitung wird die Meinung vertreten, daß der Gott, der von den New-Age-Anhängern verehrt werde, nichts anderes sei als Satan höchstpersönlich. Ein dem New Age aufgeschlossenes Bibelwörterbuch definiert »Satan« als Geisteszustand eines Menschen, der an seine Unabhängigkeit von einer schöpferischen Quelle glaubt.

Orthodoxe Christen brachten diesen Versucher auch mit Pan in Verbindung, obwohl Pan in der Mythologie traditionell als der Gott der Wälder und Wiesen auftritt, der die Herden beschützt und mit den Nymphen tanzt. Einige Extremisten haben ihn sogar Janus genannt, was interessant ist, denn der erste Monat des Jahres ist nach diesem römischen Gott benannt.

Wer ist nun also dieser große Versucher mit Namen Satan, Teufel, Luzifer, Pan oder Janus? Könnte es eine andere Wesenheit geben, die die gleichen Namen trägt? Ist die ursprüngliche Bedeutung in einem Meer von Bezeichnungen und Synonymen untergegangen, die sich alle auf das Übel beziehen? Sie werden es wissen, wenn Sie dem Engel der Materie und Versuchung persönlich begegnen. Aber bevor wir ihm von Angesicht zu Angesicht gegenübertreten, möchte ich mit Ihnen besprechen, wie man in dieser Welt, aber nicht von dieser Welt sein kann, wie man mit seinen Füßen auf der Erde und mit dem Kopf im Himmel leben kann, was eine der wichtigsten Lehren dieses Engels darstellt.

Vor einigen Jahren besuchten Jan und ich ein Planungstreffen einiger New-Age-Leute für ein kommendes Seminar, und ich muß zugeben, daß wir uns völlig fehl am Platze vorkamen. Einige der Teilnehmer schwebten nahezu unter der Decke (symbolisch gesprochen), ein anderer thronte im Lotossitz auf dem Deckel eines Flügels, während zwei weitere in einer Ecke knieten und sich gegenseitig in die Augen starrten. Und das sollte eine Geschäftskonferenz sein! Wenn ich sage, daß diese Leute nicht in dieser Welt weilten, meine ich das urteilsfrei (sie würden zustimmen), die Dinge wurden auch nicht besser, als wir anfingen, die Vorbereitungen für das Programm zu diskutieren. Alles, was sich auf »Materielles« bezog, wurde sowohl subtil als auch direkt angegriffen. Ich vermute, ich hätte sie fragen sollen, für was sie den Planeten Erde hielten.

Das Materielle zu verdammen ist eine Gefahr für den spirituellen Weg, weil einige Leute glauben, sie könnten den Prozeß des Erwachens beschleunigen, indem sie die Angelegenheiten dieser Welt verleugneten. Sie versuchen, dem Leben zu entkommen, indem sie vorgeben, daß alles »da draußen« nur eine Illusion, also nicht real sei. Das führt häufig zu einem abgehobenen Bewußtsein und einer gewissen negativen Konformität, was eine Person für den Dienst in unserer Welt im wesentlichen nutzlos macht.

Bei einer anderen Gelegenheit gingen wir zu einer Party, auf der sich nur »Traditionalisten« tummelten. Und wieder fühlten wir uns fehl am Platz. Männer und Frauen schienen nach Geschlechtern getrennt zu sein. Ich gesellte mich für einige Zeit der Gruppe der Männer zu und lauschte den Gesprächen, die sich darum drehten, wie man in der Firma Karriere macht und welche neuesten Heldentaten vollbracht worden waren. Diese Durchschnittsbürger befanden sich ganz sicher *in* dieser Welt, mit den Füßen am Boden, aber zum größten Teil steckten ihre Köpfe im Nebel. Das Leben war für sie ein Dschungel, und nur die Stärksten überlebten, um noch größere materielle Freuden in der physischen Welt zu suchen.

Irgendwo zwischen dem Campingplatz im All und dem Dschungeldorf befindet sich diese große Versammlung von Wahrheitssuchern und Lichtträgern, die versuchen, sowohl die unsichtbare als auch die sichtbare Welt zu umspannen, denn nur dann wird ihre Mission erfüllt sein. Sie suchen nach spirituellen Werten, ohne daß sie sich dabei materiell ständig Sorgen zu machen brauchen. Sie finden es keineswegs schwierig, die beiden Gegensätze zu vereinen – den Gipfel des Lichts und das Tal der Schatten. Es ist diese Gruppe, der der Engel von Materie und Versuchung seinen größten Dienst erweist.

Im Laufe der Jahre haben mir meine exoterischen (die äußere Welt betreffend) Forschungen und meine esoterischen (die innere Welt betreffend) Untersuchungen ein tieferes Verständnis vermittelt, was es bedeutet, in dieser Welt, aber nicht von dieser Welt zu sein. Jeder von uns ist ein göttliches Individuum aus dem Lichtreich, aber wir dürfen die Wahrheit nicht übersehen, daß wir durch unsere Inkarnation auf der Erde in eine Erfahrungsform eingetreten sind, um Karma schneller abzuarbeiten, das Wiedererwachen zu beschleunigen und das Leben zu genießen, während wir das tun. Einfach ausgedrückt: Wir sind spirituelle Wesen in zeitweiliger physischer Gestalt, die in einer materiellen Welt leben, um sich daran zu erfreuen. Manchmal vergessen wir diesen letzten Teil. Ich mußte daran in einem Traum erinnert werden, von jemandem, den ich hinterher als Engel erkannte. Er sagte:

»Lebe aus Lust am Leben, und stirb aus Lust am Sterben. Nichts anderes spielt wirklich eine Rolle.

Spiele mehr, aus Spaß am Spiel. Liebe mehr, aus Spaß an der Liebe. Berühre, halte und küsse denjenigen, der Licht in dein Leben bringt, aus Spaß daran. Warum mit Bedauern zurückschauen?

Lache, singe und tanze, aus Lust daran, wie ein sorgloses Kind, denn es gibt wirklich kein Morgen, nur ein Heute.

Sei unkonventionell und nonkonformistisch, ein bißchen verrückt, aus Freude daran.

Sei ein fröhliches Selbst, das in eine ausgelassene Welt hineinblickt, aus Freude. Unabhängig, was passiert, es wird geschehen, aus Freude.

Vertraue der Gegenwart und Macht Gottes, aus Freude daran. Gib dich der Aktivität Gottes in jedem Aspekt deines Lebens hin, aus Freude.

Tue alles im Leben aus reiner Freude daran. Nichts anderes zählt wirklich.«

Die Botschaft klingt, als ob sie von jemandem käme, dem das Spielen und Tanzen mit den Nymphen Spaß macht.

In dieser Welt zu leben bedeutet mehr, als abgehoben zu sein und seine Verantwortungen zu vernachlässigen, und es bedeutet sicherlich mehr, als nur nach dem Geld zu jagen. Es ist auch mehr, als das Leben lediglich irgendwie zu bewältigen und nur zu hoffen, und mehr, als einfach nur zu existieren und auf den Tod oder auf bessere Zeiten zu warten. Es bedeutet, ganz und gar lebendig zu sein und dynamisch mit Interesse, Inspiration und einem Sinn für Abenteuer in der physischen Gestalt zu leben. Emerson zum Beispiel glaubte an die Existenz der materiellen Welt als Ausdruck des Spirituellen und daran, daß die Gesetze beider eins sind. Und Jesus leugnete sicher nicht die Welt der Formen und Erfahrungen. Ihm gefielen Feste und das Feiern und die Kameradschaft von Männern und Frauen. Er liebte das Land, die Berge und das Meer. Er schätzte die Einsamkeit der Wüste und den Lärm der Menge und arbeitete unermüdlich in den Dörfern und Städten. Vollkommen im »Programm« dieser Welt lebend, zahlte er sogar Steuern.

Einigen wir uns darauf, daß wir spirituelle Wesen in physischer Gestalt sind, mit den Füßen auf dem Boden und dem Kopf im Himmel. Unser Geist ist auf die spirituelle Wirklichkeit gerichtet, zumindest bis zu einem gewissen Grad. Ein Teil von uns ist in der dritten Dimension geerdet, und ein anderer schwebt in der vierten, doch wir sind weder vollkommen im Materiellen verwurzelt, noch segeln wir völlig losgelöst in der Spiritualität. Unser tatsächlicher Standort befindet sich zwischen zwei Welten, wo das Feuer des göttlichen Selbst die niedere Natur transformiert. Jesus vermittelt uns diese Erfahrung mit seiner Versuchung durch den »Teufel«.

Die Alten nannten diese Versuchung auch Initiation, die ein Leben lang andauern konnte, wenn der Schüler gegen das Loslassen des Nicht-Selbst Widerstand leistete. Wenn die Prüfungen bestanden waren, wurde der einzelne auf die Einweihung in die höhere Natur und das bewußte Einssein mit dem Geist vorbereitet. Was sind das für Prüfungen, und wer leitet sie? In den alten Schulen waren es Prüfungen des persönlichen Bewußtseins des einzelnen. Fragen, um zu klären, ob der Schüler für die nächste Ebene der Initiation reif war. Sie wurden von einem Meister vorgegeben, der häufig Janus genannt wurde. Janus war in der römischen Mythologie der Gott der Schwelle, der Ein- und Ausgänge. Weil ein Mensch symbolisch durch eine Tür geht, wenn er etwas Neues beginnt, wurde Janus auch zum Gott des Anfangs der Dinge.

Mit der Zeit wurde diese Gestalt von den Religionslehrern als Teufel, Satan oder Luzifer bezeichnet. »*Teufel*« kommt aus dem Griechischen und bedeutet »Verleumder«, das heißt einer, der falsche Behauptungen ausspricht, und wir können davon ausgehen, daß ein Teil der Prüfungen die Konfrontation mit falschen Aussagen beinhaltete, die als solche vom Schüler korrigiert werden mußten. »*Satan*« kommt aus dem

Hebräischen und bedeutet »Gegner«, das heißt, die Lehrer werden diese Rolle übernommen haben, um die Schüler aufzurütteln. Und *»Luzifer«* stammt aus dem Lateinischen und bedeutet *»Lichtbringer«*, was mit Sicherheit auf die erleuchtende Kraft eines Meisters hindeutet.

In M. P. Halls Buch *The Secret Teachings of All Ages* (Die geheimen Lehren aller Zeitalter) ist ein faszinierender Bericht über die Unterhaltung zwischen Adam und der Schlange (dem Teufel) im Garten Eden enthalten. In der Geschichte hat Adam die Schlange als Versucherin angeprangert, und er ruft schließlich aus: »Ich wende mich von dieser Herrschaft ab!«

Die Schlange antwortet: »Siehe, o Adam, die Natur deines Gegners!« Die Schlange löst sich in einem blendend hellen Licht auf, und an ihrer Stelle steht ein Engel mit herrlichen goldenen Gewändern und großen scharlachroten Flügeln, die sich von einer Ecke des Himmels zur anderen ausbreiten. Bestürzt und voller Ehrfurcht fällt Adam vor der göttlichen Gestalt in die Knie.

»Ich bin der Herr, der gegen dich gerichtet ist und deshalb das Heil vollendet«, fährt die Stimme fort. »Du hast mich gehaßt, aber durch die Zeitalter hindurch wirst du mich preisen, denn ich habe dich aus der Sphäre des Demiurgen entlassen; ich habe dich gegen die Illusion der Weltlichkeit gewendet, ich habe dich von Wünschen reingewaschen; ich habe in deiner Seele die Unsterblichkeit erweckt, an der ich selbst teilhabe.«

Den Initianden galt dieser Engel daher nicht als Teufel, sondern war ein Repräsentant der kausalen Macht, den wir heute als Engel der Materie und Versuchung innerhalb unseres eigenen Energiefeldes erkennen. Und die abgehaltenen Prüfungen beinhalteten Feststellungen oder Fragen, um den

Grad spiritueller Reife des einzelnen für die nächste Stufe der Einweihung zu ergründen. Bevor wir diesem heiligen Helfer begegnen, lassen Sie uns die hervorstechenden Punkte dieser grundlegenden Lektion durchgehen. Wie bereits gesagt, sind wir spirituelle Wesen, die in der physischen Welt leben. Wir stammen aus der vierten Dimension, und der größte Teil unseres Wesens ist auf dieser Ebene geblieben; mit unseren mentalen, emotionalen und physischen Körpern ragen wir jedoch in die dritte Dimension hinein. Unser Ziel ist es, die Erfahrungen auf der physischen Ebene zu genießen, ohne dem Materiellen in die Falle zu gehen. Das bedeutet, daß wir leben, lieben und lachen sollen, ohne uns die gefühlsmäßige Fessel von Furcht, Schuld, Gier und Sorgen anzulegen. Unsere Rolle in dieser Welt besteht darin, alles zu besitzen, ohne Reichtümer aufzuhäufen, das heißt, uns an einem Überfluß an Geld zu erfreuen, ohne mit dem Geldscheffeln zu beschäftigt zu sein; ein erfülltes Leben zu führen, ohne uns für dieses Leben abzurackern; Ganzheit zu haben, ohne uns zu sehr auf den Körper zu konzentrieren; gute Beziehungen zu pflegen, ohne selbstsüchtige Leidenschaften zu entwickeln.

Wir sollen alle Dinge wissen und gleichzeitig erkennen, daß wir nichts wissen. Wir sollen alles tun mit dem Wissen, daß wir nichts tun. Wir sollen ohne spirituelle Selbstgefälligkeit materiell befriedigt sein. Wir sollen richtig handeln, ohne fanatisch zu werden, und Verantwortung tragen, ohne ein persönliches Gefühl der Pflicht überzubetonen. Im wesentlichen bedeutet es ein Leben auf der Erde als Zeuge des Himmelreiches, der Macht und der Glorie des göttlichen Selbst, das als Gestalt und Erfahrung auftritt, wobei wir den Bedürfnissen der niederen Natur keinen Gedanken schenken. Ein schwieriger Auftrag? Natürlich, und darum haben wir eine besondere Kraftschwingung in unserem Energiefeld, die uns beisteht.

Im Tarot wird dieser Engel mit der Karte »Der Teufel« symbolisiert und astrologisch vom Steinbock vertreten. In den Lehren der Mysterienschulen wurde dieser Engel nicht nur als Prüfer, sondern auch als Beschützer des Schülers angesehen, denn er nimmt Maß und zeigt unentwegt das Wachstum des Bewußtseins an. Wenn nötig, flößt er dem Prüfling Gedanken der Vorsicht und Diskretion ein. Das geschieht, um ihn auf dem Mittelweg zu halten, ihn in die Lage zu versetzen, sich am Rande des Materiellen zu bewegen und gleichzeitig das Bewußtsein der Ursache im Innern zu wahren. Andernfalls könnte der Aspirant in den Tiefen des Materialismus versinken.

Wenn eine besondere Erfahrung nötig ist, um ein größeres Verständnis zu erzeugen, könnte dieser Engel das Bewußtsein »versuchen«: um Uneffektivität und Gefahren spiritueller Überheblichkeit oder eines Retter-Komplexes aufzuzeigen; um die Gefahren zu offenbaren, wenn man sich auf falsche Wahrheiten verläßt, um eine äußere Bedingung zu beeinflussen; oder um einzuschreiten, wenn man mit Hilfe der Manipulation des Ego nach den Schätzen der Welt trachtet. Ich kann ein Lied davon singen. Bevor ich die Energie und Aktivität dieses Engels entdeckte, wurde ich viele Male versucht, und dies geschah normalerweise in Situationen, in denen ich über die Grenzen meines spirituellen Verständnisses hinaus in Aktion getreten war.

Nachdem ich zum Beispiel eines Morgens eine meditative Übung für Überfluß gemacht hatte, kam ein Mann in mein Büro und bot mir ein »unfehlbares« Geschäft für mein Unternehmen an, das großen Reichtum in relativ kurzer Zeit versprach. Es war ein höchst verlockendes Angebot, und zu meinem späteren Bedauern nahm ich es an. Zweifellos war mir dieser Mann als Antwort auf meine Gebete von Gott gesandt – oder so ähnlich dachte ich. In Wirklichkeit war es eine hervorragende Prüfung meines Bewußtseins von Gott als meiner einzigen Versorgungsquelle. Eine Prüfung meines Verständnisses der Wahrheit des Überflusses, denn wenn der Geist uns nährt, gibt es keine Möglichkeit des Verlusts oder der Unruhe. Ich lernte diese Lektion auf die harte Tour.

Bei einer anderen Gelegenheit wurde Jan und mir ein beträchtliches Geschenk in der Form von Land angeboten, das wir als Antwort auf unsere Gebete hinsichtlich des Aufbaus eines spirituellen Zentrums betrachteten. Die Prüfung war: Ist es uns bewußt, daß die einzigen Geschenke diejenigen sind, die von innen kommen, und daß sie immer ohne Zwang gegeben werden? Obwohl es so scheint, daß es Menschen sind, die sich großzügig verhalten, werden die körperlichen Wesen ganz einfach vom Geist wie Instrumente benutzt, um das Geschenk *ohne zusätzliche Fesseln* darzubieten. Uns wurde schnell die Verpflichtung, die mit unserem Angebot verbunden gewesen wäre, klar, und wir lehnten freundlich ab. Wir hatten die Prüfung bestanden.

Der Engel der Materie und Versuchung arbeitet mit uns, um unsere persönlichen Begrenzungen offenzulegen, so daß wir uns wieder auf die eine Präsenz und Macht im Innern ausrichten können. Es ist diese Energie, die uns befähigt, verständnisvoll zu sagen: »Ich lebe, doch nicht ich lebe, sondern Christus in mir.« Es ist das Wissen, daß das ICH BIN größer ist als ich, und wir lassen *dieses* ICH BIN durch uns leben. Wenn die Energie dieses Engels blockiert ist – normalerweise aufgrund der völligen Ausrichtung auf Wirkungen und des Schwankens zwischen dem tiefen Wunsch nach Dingen und einer übertriebenen Furcht, sie nicht zu bekommen –, wird der einzelne übermäßig von diesen Wünschen besessen. Er lebt nur in der Welt der Wünsche mit einem engen Geist und einem schwachen Charakter.

Im Tarot symbolisiert die Karte »Der Teufel« die Nichtigkeit der niederen Natur, indem sie einen Mann und eine Frau zeigt, die in ihrer animalischen Natur beide am Sitz des Teufels angekettet sind. Die Karte beschreibt die Falschheit und Verblendung des Ego und die Bindung an äußere Erscheinungen.

Dieser Engel hat an der Energie des astrologischen Zeichens Steinbock teil, um uns zu helfen, eine angemessene Bewußtseinsstruktur aufzubauen. Torkom Saraydarian schreibt dazu:

»Die Steinbockenergie ist eine sehr machtvolle Energie, und durch die Zeitalter hindurch arbeiteten die großen Söhne des Lichts mit ihr und brachten so große revolutionäre Veränderungen auf unseren Planeten. Die Energie des Steinbocks bringt nicht nur materiellen Segen, Wohlstand und Überfluß ins Leben, sondern auch spirituellen Segen, neue Ideen, Kontakt mit höheren Frequenzen, neue kreative Ausdrucksformen und Sichtweisen und ein erweitertes Bewußtsein. Der Hauptzweck der Steinbockenergie besteht darin, Männer und Frauen zur Umgestaltung und zu wahrer Erleuchtung zu führen.«

Bitten Sie Ihren heiligen Geist, Sie mit dieser kausalen Macht in Kontakt zu bringen, oder wenn es Ihnen nun angenehm ist, mit diesem Engel auf der inneren Ebene zu arbeiten, rufen Sie ihn ganz einfach herbei und kommunizieren Sie mit ihm wie mit einem besonderen Freund. Erinneren Sie sich, er funktioniert wie ein »Alarmsystem«, um Ihren Kampf im spirituellen Reich verankert zu halten, während Ihre Füße in der sanften Brandung angenehmer Erfahrungen auf der physischen Ebene baden. Wenn Sie aus seinen Prüfungen lernen, werden Sie davor geschützt sein, zu weit in die tiefen Gewässer des Materiellen abzuschweifen, und Sie werden auf den heiligen Gipfel erhoben werden.

Meditation

Da ich den Engel der Materie und Versuchung rufe, sehe ich sein Licht vor mir, und ich gehe voll Vertrauen auf das Licht zu. Und nun steht der Botschafter des kosmischen Gesetzes vor mir. Ich drücke meine Dankbarkeit für seine Führung und für seinen Schutz in meinen eigenen Worten, auf meine eigene Art und Weise aus, dafür, daß er mir hilft, in dieser Welt zu sein, wenn auch nicht von dieser Welt, und eins zu sein mit dem göttlichen Denken.

Ich lausche nun seinen Worten. Ich höre. Ich verstehe.

Ich umarme den Engel voller Wertschätzung und gehe dann tiefer in mein Bewußtsein, um meinem Meisterselbst zu begegnen. Und in seiner Anwesenheit erwäge ich folgende Gedanken:

Ich bin das Instrument, durch das sich das ICH BIN ausdrückt, und ich stelle mich unter die Obhut des heiligen Einen im Innern, mehr als auf irgend etwas anderes in der Welt. Ich verstehe, daß die einzige Verantwortung, die ich im Leben trage, darin besteht, mir meines göttlichen Selbst bewußt zu sein, und daß dieses Selbst dann alle meine Verpflichtungen durch mich übernehmen wird. Mir ist klar, daß, solange es ein Gefühl des menschlichen Seins gibt, ich mich nicht auf dieses Gefühl verlassen darf, um mich von Mangel und Begrenzung zu befreien. Ich muß mich vollkommen auf den inneren Christus verlassen, der auf ewig die Energie alles Guten in meine Welt ausstrahlt.

Ich lebe nun als offener Kanal für dich, mein Herr und Meister, ohne spirituelle Überheblichkeit, ohne mich auf falsche Wahrheiten zu verlassen, um meine Welt zu ändern, ohne Verzerrung der Wirklichkeit. Ich werde in Einheit mit dir leben, während ich auf Erden wandele, jeden Augenblick meiner Reise genießend in dem Wissen, daß das Erwachen bald stattfinden wird. Und ich werde als derjenige auftreten, der sagt: »Der, der mich sieht, sieht den Vater.«

Ich lausche nun den Worten meines heiligen Selbst.

17

Der Engel des Mutes und der Ausdauer

Wenn wir die Namen der Engel durch ihre mythologischen Entsprechungen ersetzen, sehen wir den Engel des Mutes und der Ausdauer als Sohn des Engels der Kreisläufe und Lösungen und des Engels der kreativen Weisheit. Diese Mischung der Essenzen von (erstens) der Energie des Glücks, der Wunder und der Fähigkeit, in einer vollkommen positiven Haltung in größere Zyklen vorzudringen, und (zweitens) der Energie der kreativen Weisheit und einer fein abgestimmten intuitiven Natur erzeugt (drittens) die Energie der Standfestigkeit, des Mutes, die Wahrheit des Seins zu leben und in diesem Bewußtsein zu verharren, unabhängig von äußeren Erscheinungen.

Es sind Jupiter und Isis, die Mars hervorbringen. Wenn Sie also mit den Engeln gearbeitet haben – besonders mit den beiden oben erwähnten –, könnte die Kraft des Mutes bereits in Ihrem Bewußtsein pulsieren.

Die Mythen erzählen uns auch, daß der Engel des Mutes und der Ausdauer (Mars) und der Engel des Überflusses (Venus) ein Liebespaar wurden und eine Tochter bekamen: Harmonia, was »Harmonie« bedeutet. Diese Gestalt entspricht allerdings nicht dem Engel der Ordnung und Harmonie, der im neunten Kapitel behandelt wird. Diese Verbindung zweier machtvoller Energiemuster erschafft jedoch eine Energie, die aus dem Chaos Ordnung hervorzubringen vermag, zumindest zeitweise. Wir hatten diesen Zusammenhang nicht erkannt, bis Jan während einer Meditation mit diesen Engeln die Botschaft erhielt, daß Mars und Venus sich in Liebe vereinigen sollen. Als sie fragte, warum, wurde ihr gesagt, daß die Mischung dieser Energien Frieden und Fruchtbarkeit in eine Situation tragen würde. Das erschien sonderbar, vor allem weil Mars traditionellerweise als der Gott des Kriegs bekannt ist, aber Jan brachte den Hinweis auf den Krieg mit dem Prinzip der Harmonie in Verbindung, die durch die Lösung eines Konfliktes entstehen kann. Zu gewissen Zeiten mag dieses Prinzip als spirituelle Notwendigkeit betrachtet werden, um uns aus der Kontrolle des Ego und aus emotionalen Zugzwängen zu befreien – und in diesem Fall, um den gefangengehaltenen Überfluß friedlich zum Vorschein zu bringen. Es wurde ihr mitgeteilt, daß Mars die Energie ist, die sich nach außen wendet, die erobert und die die aktive oder dynamische Energie darstellt, die in die passive Substanz der Venus eindringt, um die harmonische Lösung eines Problems ans Tageslicht zu bringen. Wir werden noch ein klareres Bild davon erhalten, wenn wir die wahre Bedeutung von Mut und Ausdauer verstehen.

»Hab Mut«: Diese Aufforderung aus der Apostelgeschichte (23,11), die in ihrer Anwendung universell zu verstehen ist, erhält für unsere Reise zum Berggipfel große Bedeutung. Aber Mut zu haben ist meist leichter gesagt als getan, denn wir wissen vielleicht gar nicht, was damit gemeint ist. *»Mut«* kommt aus dem Lateinischen und bedeutet »Herz besitzen«. *»Herz«* ist aus dem Wortstamm von *»Glauben«* abgeleitet, was bedeutet »an ein Prinzip zu glauben«. Um Mut zu haben, müssen wir also tapfer, wagemutig und furchtlos sein, mit einem Herzen, das von unerschütterlichem Glauben an ein Prinzip erfüllt ist. Aber, und dies ist eine wichtige Ausnahme, das Prinzip, an das geglaubt werden soll, muß ein *spirituelles Gesetz* sein, andernfalls könnte sich das genaue Gegenteil von Mut in unserem Leben manifestieren.

Ganz ehrlich, woran glauben Sie? Worüber Sie am meisten nachdenken, worauf immer Ihre Aufmerksamkeit am meisten konzentriert ist, darin sind Ihre Glaubensvorstellungen eingebettet. Wenn Sie übermäßig um Ihre Sicherheit und Ihren Schutz besorgt sind, glauben Sie an ein Gesetz des Risikos und des Zufalls – an ein Universum, das keinen Schutz bietet –, und das ist es, was Sie erhalten werden. Wenn Sie mehr Not als Überfluß in Ihrem Leben sehen, dabei die unsichtbare, allmächtige Substanz vergessen und nur die Spitze des Eisbergs als die ganze Wahrheit betrachten, glauben Sie an ein Gesetz des Mangels. Ihr Herz wird dann Furcht zum Ausdruck bringen, das Gegenteil von Mut. Dieser Furcht werden Sie in Ihrem Leben größte Aufmerksamkeit schenken, um sie mit den anderen begrenzenden Mustern in Ihrem Bewußtsein in Übereinstimmung zu bringen.

Ich hatte einmal eine Bilokationserfahrung, ein Gefühl, daß ich mich zu gleicher Zeit an zwei verschiedenen Orten befand, bei der ich einem alten Mann begegnete, der mich andauernd fragte: »Was *siehst* du?« Eigentlich sagte er: »Erhebe deinen Blick, gehe nur auf der höheren Straße, folge nur dem göttlichen Bild, denn nur dann wirst du tapfer genug sein, das zu tun, was du tun sollst.« Von einer höheren Warte aus gesehen, gibt es nur Furchtlosigkeit und Unerschrockenheit; wenn man nach unten schaut, gibt es nur Schüchternheit und Kleinmut.

Was sehen Sie in Ihrer Welt? Worauf richten Sie Ihre Aufmerksamkeit? Wohin sehen Sie? Wir folgen stets unserer Vision; wir bewegen uns immer auf das Bild zu, das wir hauptsächlich in unserem Geist bewahren; wir jagen andauernd den Gefühlen nach, die an unserem Herzen nagen; wir werden zu dem, worüber wir nachdenken. Das ist das Gesetz! Wenn wir uns krank fühlen, geben wir dem Körper diese Richtschnur und fangen an, den Zeichen der Schwäche zu folgen, indem wir niederblicken und nur Krankheit und Leiden sehen. Wenn wir zu Hause oder am Arbeitsplatz einen Konflikt erleben, konzentriert sich unser Geist auf diese Energie, und wir werden in Wut und Chaos hineingezogen. Wenn wir einsam sind, begeben wir uns ganz in diesen Schatten und fallen in noch tiefere Depressionen. Wenn es keine Erfüllung gibt, fahren wir auf dieser Schiene, bis wir schließlich arbeitslos sind.

Seinen Mut zusammenzunehmen bedeutet *aufzuschauen* und der höchsten Vision bis zum Berggipfel zu folgen. Das heißt, an Gott und das heilige Meisterselbst im Innern zu glauben – an unser alles versorgendes, alles beschützendes, immer heilendes, immer funktionierendes wesentliches Sein, das uns sagt: »Folge mir, fürchte dich nicht, komm zu mir, sei guter Stimmung, lerne von mir, habe keine Angst, ich bin immer bei dir.« Höchste Vision meint, die Wahrheit mit dem inneren Auge zu sehen und an ihr festzuhalten, was auch passieren mag. Wir übergeben alles dem Höchsten im Innern und schreiten voran mit jedem Atemzug, dem Selbst vertrauend. Das ist es, was »sich ein Herz nehmen« im Geiste bedeutet, was uns den Mut gibt, voller Zuversicht in jede Höhle des Löwen zu steigen.

Nehmen Sie den Mut, den Sie besitzen, und wenden Sie den Blick von den Erscheinungen fort und hin zur Wahrheit. In der einen oder anderen Weise wurde uns von Geburt an beigebracht, unsere Augen auf den Boden zu heften, damit wir den Schlaglöchern ausweichen und alle Umwege auf der gewundenen Straße des Lebens überschauen könnten. Wir wurden aufgefordert, vorsichtig zu sein, Fremden zu mißtrauen, auf unsere Sicherheit und Gesundheit zu achten, uns anzupassen, keine Wellen zu schlagen, nichts zu riskieren und beliebt zu werden. Wir wurden mit so vielen »Du sollst« und »Du sollst nicht« programmiert, daß viele von uns sich im Kreis drehten, um einen Ausweg aus diesem Irrgarten zu finden.

Und dann, eines Tages dämmerte in unserem Bewußtsein ein kleines Licht, das das erste Stadium unseres Erwachens signalisierte. Und wir betrachteten den Geist als den Weg zur Freiheit. Wir wurden zunächst Metaphysiker, um Parkplätze zu finden, gefolgt von einer Reihe von Demonstrationen, die perfekt in die Unterhaltungen bei Cocktailpartys eingestreut werden konnten, später gefolgt von einem Meiden genau jener Leute, weil wir nicht zu Erklärungen gezwungen werden wollten, warum all die Ansprüche, die wir vorher erhoben hatten, sich nicht haben einlösen lassen. Und wir ließen unseren Mut sinken, weil wir nicht in unserem Herzen auf spirituelle Prinzipien zentriert waren, auf die universellen Gesetze, die uns die Tapferkeit und Kühnheit verleihen würden, ohne einen Hauch von Sorge durch die schwierigen Zeiten zu gehen. Aber irgendwie bewegten wir uns weiterhin auf diesen fernen Stern zu, und im Rückblick erkennen wir, daß Ausdauer der Schlüssel dazu war.

Und dann erreichten wir ein anderes Stadium unserer spirituellen Entfaltung. Als wir begannen, ins vierdimensionale

Bewußtsein einzudringen, schien unsere dreidimensionale Welt von uns abzufallen. Die alten Glaubensvorstellungen und irrtümlichen Denkmuster kamen an die Oberfläche, um transformiert zu werden. Die Schlacht war im Gange, aber mit der Verpflichtung auf eine höhere Ebene des Lebens, wurde eine kausale Macht in unserem Bewußtsein aktiviert, um uns zu spirituellen Kriegern zu machen und uns Tapferkeit und siegreiche Bestimmtheit zu verleihen. Lassen Sie uns diesem Statthalter kosmischer Kraft begegnen, der nun in unserem Energiefeld am Werke ist.

Der Engel des Mutes und der Ausdauer versorgt uns mit der Macht echter Entschlossenheit und der Energie der Standfestigkeit, die Wahrheit des Seins zu leben, unabhängig von der Schlacht und den Konflikten, die um uns herum toben. Wenn die Energie dieses Engels blockiert ist, wird der einzelne schnell ärgerlich und kann sich aus den geringsten Anlässen heraus sehr feindselig und widerstrebend zeigen. Die Blockade kann durch eine Unfähigkeit, sich an neue Bedingungen anzupassen, erzeugt werden sowie durch das Urteilen über Erscheinungen. Bei den sensitiveren Menschentypen können auch die Wahrnehmung von Schmerz und Leid in der Welt und der falsche Gebrauch von Einfühlungsvermögen den Energiefluß abschnüren.

In vielen der heiligen Akademien nahm der Initiator die Rolle des Archetypen an, der Ares oder Mars genannt wird, und es war seine Rolle, sein »Himmelfeuer«, den Schülern zu übermitteln und sie von der Herrschaft der Persönlichkeit zu befreien. Der Vorgang basierte auf dem Schüren einer Art Rebellion im Bewußtsein durch starke Stimulation der niederen Natur – um buchstäblich eine Konfrontation zwischen der Persönlichkeit und dem, was das Individuum selbst als sein höheres Selbst wahrnimmt, hervorzurufen.

Aufgrund dieses Kampfes der Werte wurde dem Schüler klar, daß nur die hohe Straße es wert ist, beschritten zu werden, und daß die niedere Natur in die Flammen der Reinigung geworfen werden muß.

Wie viele Male sind Sie durch solch eine Initiation hindurchgegangen? Sie wissen, was zu tun richtig ist, aber der Weg zu Ihrer Linken scheint eine schnellere Lösung anzubieten, und die Erregung des Augenblicks scheint alle möglichen negativen Folgen auszugleichen. Und so geht der Kampf weiter. Gedanken wie: »Ich habe ein Recht, so zu leben, wie ich will« oder: »Das Ziel heiligt die Mittel« versorgen die Waffen der Wünsche mit weiterer Munition. Und auch die vorweggenommenen Schuldgefühle, selbst auf unbewußter Ebene, erzeugen Wut, die an der nächstgelegenen Autoritätsfigur – am Geist Gottes im Innern, der mit der Stimme des Bewußtseins spricht – ausgelassen und dann auf jedermann nach außen projiziert wird, der den falschen Ton trifft. Bei Alice A. Bailey sagt der tibetische Meister Djwhal Khul, daß der Schüler in dieser Situation seine physische Natur, seine emotionale Natur und seine mentalen Prozesse in den Himmel tragen müsse. Es ist die Energie des Engels des Mutes und der Ausdauer, die uns befähigt, unsere niedere Natur auf höhere Ebenen zu heben.

Es gibt auch Zeiten, in denen wir wissen, was zu tun ist, und es auch tun sollten, aber ein Mangel an Mut uns in einem passiven Zustand verharren läßt. Vielleicht ist es die Furcht, daß wir jemanden verletzen könnten, und der Glaube, daß, wenn wir die Situation einfach ignorierten, sich das Problem von selbst lösen würde. Aber dieser Engel wirkt für den Herrn, und wenn die Absicht in Ordnung ist und in Übereinstimmung mit dem Besten für alle, wird er fortfahren, so lange zu stoßen, anzustacheln und das Feuer zu schüren, bis Sie es schließlich auf sich nehmen, in Aktion zu treten. Jan und ich wußten lange Zeit, daß die Zahl der Mitarbeiter der Quartus Foundation in Relation zu den Einnahmen zu groß war und reduziert werden sollte, aber wir zögerten, weil wir meinten, daß wir die Aufgabe hätten, uns um diese schönen Seelen zu kümmern. Wir konnten sie doch nicht einfach an die Luft setzen und sie für sich selbst kämpfen lassen. Ich vermute, daß wir vergessen hatten, daß sie Gottes Kinder waren und daß das Meisterselbst eines jeden niemals arbeitslos sein kann oder Mangel und Begrenzung leidet. Jan war in dieser Situation der Führung zugänglicher als ich, und als sie die Antwort empfing, was getan werden mußte, war sie einverstanden, sofort zu handeln. Das war alles, um die Energie des Mutes hervorzuholen. Sie berief eine Belegschaftssitzung ein, skizzierte einen Plan, und die Leute, die daran beteiligt waren, profitierten nicht nur von ihrer Entscheidung, sondern wunderten sich, warum sie so lange damit gewartet hatte. Harmonie erfüllte das Büro, und die Veränderung erfolgte in Liebe und Frieden.

Im Tarot wird dieser Engel als »Der Turm« dargestellt und als Licht der klaren Vision präsentiert, das dem Sucher die wahre Natur seines Seins offenbart, was ihm zuvor aufgrund der Fesseln seines Bewußtseins verborgen war. Der Turm symbolisiert Irrtum und Ignoranz, doch im Lichtstrahl spirituellen Verstehens bricht er auseinander. Die vom Turm fallenden Gestalten spiegeln das Selbstbewußtsein und das Unterbewußtsein wider. Das Schlaglicht des Überbewußtseins kehrt also alle unsere Vorstellungen vom persönlichen Bewußtsein um und zerstört unsere falschen Glaubensmuster.

Astrologisch gesehen, nutzt dieser Engel die Energie des

Mars für seine Machtausübung. Er mag die Leidenschaft anregen und uns fest in eine militante Haltung drängen, um uns die spirituelle Wirklichkeit zu beweisen, und meist geraten wir damit in eine erhebliche Auseinandersetzung mit unserem Ego. Die Marsenergie kann die Verletzlichsten in fanatischen Idealismus und furchterregende Konflikte stürzen, aber die positive Absicht besteht immer darin, den einzelnen aus der Herrschaft des Ego zu befreien und ihm Mut zu machen, weiterhin den Weg des Lichts zu gehen. Wenn die notwendige Reinigung stattfindet, wird das Licht klarer Vision empfangen, der Turm der Ignoranz wird vom Licht der Wahrheit aufgebrochen und der Prozeß des Erwachens beschleunigt sich wie nie zuvor.

Eine gute Freundin von mir hatte eine interessante Erfahrung, als sie mit diesem Engel und dem Engel des Erfolges zusammenarbeitete. Hier ist ihre Geschichte, die auf ihren Tagebuchauszügen basiert:

»Manchmal wacht man auf und findet seine Welt vollkommen verändert vor. Die Welt deines Nachbarn scheint die gleiche wie am Tag zuvor zu sein, aber die eigene ist plötzlich ganz anders. Heute ist solch ein Tag, denn ich habe mir gestern selbst die Gelegenheit gegeben, einige der Unausgewogenheiten in meinem Leben wieder ins Lot zu bringen. Manchmal waren die Schöpfungen meines früheren Bewußtseinszustandes schmerzvoll zusammengebrochen, und ich mußte mich entscheiden, welche Welt ich nun erschaffen sollte, um die von mir abgefallene zu ersetzen. Inmitten des Schmerzes fordern die schreckenerregenden Ängste volle Aufmerksamkeit von den gutgewebten Mustern unseres menschlichen Geistes. Ich könnte diese Situation aus der Perspektive des alten Bewußtseins betrachten oder aus der Perspektive meiner eigenen erweiterten Achtsamkeit. Es ist eine Sache, die subjektive Natur des kosmischen Bewußtseins zu erfahren, über seine Wonne zu meditieren oder gebildet darüber zu schreiben, und eine andere, dieses Bewußtsein in das eigene Denken zu integrieren. Wenn du anfängst, dies zu tun, kannst du darauf wetten, daß sich deine Welt verändert.

Seit einigen Monaten hatte ich unmittelbar mit den Engeln gearbeitet, und es war an der Zeit, nach Hilfe zu suchen. Anstatt einen langen Prozeß der allmählichen persönlichen Kontaktaufnahme mit ihnen zu durchlaufen, wurde mir schlagartig ihre Präsenz als meine eigene Präsenz bewußt. Ich konnte tatsächlich mein erweitertes Bewußtsein fühlen, wie es gegen die verbliebenen Schranken meines eigenen persönlichen Selbst drückte. Der Druck kam sowohl von innen wie von außen. Ich konnte die Stimmen unterschiedlicher Engel vernehmen, aber sie erschienen mir nicht in den vorgestellten Gestalten meines objektiven Geistes. Sie blieben unsichtbar innerhalb meines eigenen Bewußtseins.

Ich kannte den vertrauten Tonfall meines Engels des Mutes und der Ausdauer, da diese Marsenergie mich ermutigte, meine Zielrichtung zu bewahren und die Erscheinungen nicht zu verurteilen, denn so wie es aussah, stand es mit meinen Finanzen nicht zum besten, und meine Beziehungen zerbrachen. Alles, was ich mit meinen elementaren spirituellen Kräften manifestiert hatte, veränderte seine Gestalt, aber ich mußte darüber lachen, denn meine eigene dominante Marsenergie konnte lange Zeit nicht zur Ruhe kommen. Mein eigenes, sich ausdehnendes Bewußtsein hatte die Energien von Mars und Saturn (Engel des Erfolges) viele Monate lang verwendet, um diese dramatische Gelegenheit zu erschaffen, meine Welt zu transformieren. Diese zwei kausalen Mächte hatten zusammengearbeitet, um meinen bewußten Geist zu zwingen, Entscheidungen zu treffen. War ich dabei, im Himmelreich zu leben und weiterhin nach meinem höchsten Gut zu streben, oder wollte ich mich eine Weile ausruhen in der Bequemlichkeit eines Lebens zwischen den zwei Welten?

Nun, ich kann einfach nicht stillsitzen. Und der Erfolg auf einer Ebene ist nicht der gleiche wie auf einer anderen. Diese Energie hatten äußere Veränderungen geschaffen, die Ungleichgewichte in meinem Leben ans Tageslicht brachten, also verband ich mich nun mit diesen beiden Engeln, um die alten Formen loszulassen, die Manifestation eines früheren Bewußtseinzustandes gewesen waren. Obwohl dies offensichtlich die Erscheinungen meiner Welt zerstörte, wußte ich, daß dies eine Gelegenheit war, in ein weitaus erfüllenderes Leben einzutreten. Früher hätte ich gebetet, meditiert und nach Affirmationen gesucht, um meine äußere Welt zu erschaffen. Aber nun konzentrierte ich mich einfach auf die ICH-BIN-Präsenz im Innern, und die Engel umarmten mich, als ich die neue Bestimmung, das neue Wagnis einging. Plötzlich erhielt ich die Botschaft. Ich war viel zu sehr darum besorgt gewesen, was ich tun sollte, wann, wo und mit wem. Alles, was ich wirklich getan hatte, war, um mich herum Berge aufzutürmen, um meine verzerrte Version der Wirklichkeit zu rechtfertigen, und als sich meine Vision aufklärte, brauchte ich diese Dinge nicht mehr, um mich zu schützen.

Da ich meinen Blick auf das Subjektive gerichtet hielt, gab es nicht länger zwei Welten, und es gab keinen Gedanken an ein Wann, Wo und Wer. Die Formen selbst waren nicht von der Ursache getrennt. Der Mensch des Wandels löste sich auf, und die Angst flog aus dem Fenster. Die Gestalten erschienen nur unter den Begriffen ihres subjektiven Zwecks, und ich wußte, daß ich fähig war, meine Welt aus meinem subjektiven Bewußtsein heraus zu objektivieren. Meine gesamte Welt änderte sich über Nacht. Gott erschien nun *als* Gott, und es war nun klar, daß meine Funktion darin bestand, bewußter Mitschöpfer zu sein. Ich mußte mich nicht dagegen wehren, in der Welt zu leben, ich mußte nur beginnen, mir meine Welt aus der Perspektive der Einheit zu erschaffen. Und dank der Engel sah ich das, was einst ausgesehen hatte wie eine auseinanderfallende Welt, als die erfolgreiche Transformation des Bewußtseins.«

Als Vorbereitung für die Meditation treten Sie in Kontakt mit dem Engel – dieses himmlische Feuer –, und fragen Sie, was Sie beide tun können, um zu Ihrem Besten zusammenzuarbeiten. Vereinigen Sie sich, lauschen Sie, und schreiben Sie die Antworten in Ihr Tagebuch. Treten Sie dann in Kontakt mit dem Himmel.

Meditation

Meisterselbst ICH BIN, ich erkenne und achte dich als die einzige Aktivität, die in meinem Leben und allen meinen Angelegenheiten am Werke ist. Es gibt keine andere Macht, nichts, das mich in der äußeren Welt beeinflussen kann, denn du bist die eine Kraft, die einzige Macht. Nichts anderes existiert. Ich weiß, daß du auf ewig als die heilige Sonne, als das Licht des Himmels und der Erde scheinst, und ich fühle deine Strahlen auf mir, in mir und durch mich.

In den Wellen deiner gleißenden Strahlen liegt die

höchste Vision meines Lebens. Laß mich sehen, wie du siehst, so daß ich dein Wissen teile.

Im Funkeln deines Lichts ruht die Ganzheit und Perfektion meines Körpers. Laß mich diese Gesundheit, diese Vollständigkeit fühlen, wie du sie in Wahrheit siehst.

In der leuchtenden Energie deiner Gedanken ist der kreative Ausdruck meines Lebens begründet, in dem ich in Liebe und Erfüllung zu dienen vermag. Laß mich durch deinen Geist verstehen, daß ich die Gelegenheit freudvollen Lernens ergreifen kann.

Im immerwährenden Fluß deiner herrlichen Substanz ruht die Fülle, die mein göttliches Erbe ist. Laß mich diese ewige Versorgungsquelle wahrnehmen, da du der Zeuge bist, daß dies in meinem Leben Wirklichkeit ist.

Du dehnst dich auf ewig aus und erscheinst als alles, was ich jemals brauchen oder in dieser Welt wünschen könnte. Laß mich dies durch die Macht deines Wissens verwirklichen und frei sein.

Bewahren Sie diese Vision fest in Ihnen, dieses Gefühl, dieses Verstehen. Erkennen und verwirklichen Sie die Wahrheit, und machen Sie sie zu Ihrem Glaubensbekenntnis. Und von dem verborgenen Ort in der Höhe werden Ihnen all der Mut, all die Tapferkeit und Kühnheit zufließen, die Sie jemals brauchen werden, um den Kampf des Lebens unbeschadet aufzunehmen.

18

Der Engel des Dienens und der Synthese

Seit jeher haben die Mystiker erklärt, daß der Schüler in die Bedeutung des Dienens eingeweiht sein muß, um für das spirituelle Selbst bereit zu sein. Wir sehen dies auch am Beispiel der Rituale der Freimaurer. Hier wird der Tempel der menschlichen Seele symbolisch von drei Meistern erbaut, die Weisheit, Liebe und Dienen personifizieren, und wenn er nach dem Gesetz des Lebens errichtet wurde, weilt darin der Geist Gottes.

Nun können wir verstehen, warum das Dienen in unserem Leben so wichtig ist: Es ist einer der primären Grundbausteine, um einen angemessenen Ort zu schaffen, wo das Meisterselbst empfangen wird. Wir sollten außerdem beachten, daß das Wort »dienen« nicht bedeutet, ein Diener zu sein, noch beinhaltet es Knechtschaft. Vielmehr löst es folgende Fragen aus: »Was besitze ich und was kann ich tun, um aus dieser Welt eine bessere zu machen? Wie kann ich anderen am besten helfen, ohne ihre Unabhängigkeit anzutasten? Welche Möglichkeiten sehe ich, um Kooperation, Einheit und einen Sinn für Brüderlichkeit zu fördern?« Die alten Schulen beantworteten solche Fragen und zeigten den Schülern, wie sie der Welt am meisten dienlich sein konnten, indem sie sie die wahre Bedeutung von Harmlosigkeit, Integration, Idealismus und universeller Freundschaft lehrten.

Der Dienst an der Welt ist auch die Initiation, die sich auf die achte Pforte zur Meisterschaft bezieht; vorausgegangen sind dabei:

1. Die Geburt der Wahrheit im Bewußtsein.
2. Der Schutz der Wahrheit vor dem Ego.
3. Das Verstehen des spirituellen Gesetzes.
4. Die Taufe oder Reinigung der emotionalen Natur.
5. Das Überwinden der Versuchungen.
6. Die Verwandlung – die Auflösung der Illusionen, um die Wirklichkeit zu enthüllen.
7. Das Hervorrufen unserer spirituellen Kräfte.

An diesem Punkt sind wir bereit, durch das achte Tor zu schreiten und als ein Eingeweihter des Dienens initiiert zu werden. Und was folgt? Die letzten Tore, die zur Meisterschaft führen, sind: die Umgestaltung, das heißt die Integration der niederen in die höhere Natur; die Kreuzigung, das Opfer der integrierten niederen Natur symbolisierend; die Auferstehung, die das Leben repräsentiert, das als das Bewußtsein des Meisterselbst dargestellt wird, und schließlich der Aufstieg und die völlige Verschmelzung mit dem Willen Gottes. Wir sehen also, daß wir nur durch Dienen das höchste Ziel der Herrschaft erreichen können.

In den alten Akademien wurde der Engel des Dienens als perfekte Mischung männlicher und weiblicher Energien betrachtet, und der Meister, der sich in diese Schwingung versetzte, trug ein blaues Gewand, das Hingabe und Idealismus symbolisierte. Sein Unterricht konzentrierte sich darauf, in den Schülern ein Ausströmen der Liebe für alles

Menschliche zu erwecken, sie dazu anzuregen, ein Ideal zum Wohle des Ganzen zu entwickeln sowie einen Aktionsplan, um die Ideen umzusetzen. Der Meister wußte, daß die Transformation erst in einem Bewußtsein, das im Dienen und in der Selbstvergessenheit verankert war, stattfinden würde. Jedes Gefühl des Getrenntseins und der Abgeschiedenheit würde sich auflösen und durch ein Gefühl der Einheit mit allen Menschen ersetzt werden – einer Verbundenheit mit der ganzen planetarischen Familie. Und während die Barrieren entfernt wurden, um die Außenwelt als unteilbares Ganzes sehen zu können, fand eine ähnliche Reaktion im Innern statt, denn wenn ein spirituelles Prinzip auf einer Ebene angewendet wird, wird es auch auf einer anderen zum Gesetz. Wie oben, so unten; wie unten, so oben. Wenn der Initiand erkannt hatte, daß diese Barrieren und Getrenntheiten in einem kosmischen Sinne nicht existieren können, daß alles aus einer allgegenwärtigen Essenz besteht, erhob sich eine neue Dämmerung auf der inneren Ebene, die zur mystischen Hochzeit und Erfüllung führte. Durch ein Bewußtsein des Dienens begegnen sich die Persönlichkeit und das Selbst und werden eins. Und durch die Hochzeit entsteht eine bewußte Einheit mit Gott.

Vielleicht kann der Engel des Dienens auf der physischen Ebene bis zu Ganymed zurückverfolgt werden, der nach einer griechischen Legende der Sohn eines Gottes war. Als Zeus ihn auf dem Berg Ida entdeckte, war er derart von der Schönheit Ganymeds beeindruckt, daß er ihn zum Olymp trug, um ihn zum Mundschenk der Götter zu machen.

Betrachten Sie den Kelch des Mundschenks als das Symbol des Heiligen Grals, der die lebendigen Wasser des ewigen Lebens enthält sowie den Becher Christi bei Markus 9,41: »Wer euch auch nur einen Becher Wasser zu trinken gibt, weil ihr zu Christus gehört – wahrlich, ich sage euch: Er wird nicht um seinen Lohn kommen.« Und die Götter, denen der Kelch gereicht wird, sind in Psalm 82,6 identifiziert: »Wohl habe ich gesagt: Ihr *seid* Götter, ihr alle *seid* Söhne des Höchsten.« Wir selbst sind also gemeint, die planetarische Familie der Seelen, die versucht, die göttliche Identität zu verwirklichen.

Können wir nun erkennen, daß Ganymed den Wasserträger des Wassermanns darstellt, ebenso das Leben und die Macht des Engel des Dienens und der Synthese? Es ist die Energie des Wassermanns, auf die sich dieser Engel bezieht, und wenn sie über uns ausgegossen wird, erwachen wir zu der Inspiration des Dienens. Wir fühlen den Geist des Altruismus und hören den Ruf nach kosmischer Freundschaft aller Seelen. Das Wort *»Altruismus«* ist in diesem Zusammenhang wichtig. Es bedeutet Selbstlosigkeit und wurde um 1800 von dem französischen Philosophen Auguste Comte geprägt als Gegensatz zu Egoismus, Eitelkeit und Arroganz. Wir treten in dieses Bewußtsein des Altruismus ein, wenn wir die Botschaft des Johannes wahrhaft verstehen: »Das ist mein Gebot: Liebt einander, so wie ich euch geliebt habe. Es gibt keine größere Liebe, als wenn einer sein Leben für seine Freunde hingibt« (15,12–13).

Wissen, daß Dienen der göttlichen Verschmelzung und dem spirituellen Erwachen vorausgeht, bemühen wir uns, in unserer Vision universeller zu werden, unser Denken zu erweitern und demokratischer in unseren Handlungen zu werden. Und Synthese wird zu dem alles überragenden Thema unseres Wirkens.

»Synthese« bedeutet das Zusammenfügen der Teile oder Elemente, um ein Ganzes zu bilden. In *Die Strahlen und die Einweihungen* von Alice A. Bailey lesen wir, daß Synthese heute den Trend aller evolutionären Prozesse bestimmt und alles auf größere Vereinigung, in Richtung Verschmelzung hinarbeitet, zum Beispiel in Form von internationalen Beziehungen, globalen Planungen, Brüderlichkeit, ökonomischen Bündnissen, Glaubensgemeinschaften und humanitären Organisationen, die sich gegen Teilung, Trennung und Isolation wenden.

Wenn Jan und ich in unseren Büchern und Seminaren die Leute bitten, »ihr Stück des Puzzles« zu finden, sprechen wir auch von Synthese, das heißt, es geht darum, unsere individuellen Beiträge zusammenzuführen, um das große Bild, den Plan, zu gestalten. Jeder von uns kann für den großen Entwurf dieser Welt etwas anbieten.

Mit dem Ziel, ein Ganzes zu bilden, schreiten wir voran, um entsprechend unseren Fähigkeiten und Möglichkeiten zu dienen. Der Engel des Dienens und der Synthese begleitet uns an unserer rechten Seite. Wie bereits festgestellt, benutzt dieser Engel die Energie des Wassermanns. T. Saraydarian erläutert dies:

»Sein charakteristischer Zug ist die Liebe zu allen menschlichen Wesen, ein Gefühl kosmischer Verwandtschaft mit der gesamten Menschheit… keiner ist ein Fremder oder Außenstehender… alle Ungleichheiten der Rasse, Farbe, Nationalität, des Glaubensbekenntnisses oder der Kaste verschwinden… Der Wassermann ist das Matrixzeichen, das die Kräfte aller anderen Zeichen des Zodiaks empfängt, zusammenfügt und ausbalanciert. Die Macht des Wassermanns verleiht immer die Fähigkeit, die alten, trennenden verkrusteten Einflüsse im Menschen und auf dem Planeten zu zerstören und Kräfte, die neue Dinge, Ideen, Lehren und Prozesse in Gang bringen, freizusetzen. Sie trennt von der

Vergangenheit, um die Zukunft neu zu gestalten, während das Gegenwärtige jedoch lebt.

Im Tarot wird dieser Engel von der Karte »Der Stern« symbolisiert, die Schönheit, Wahrheit, universelles Verstehen, Hoffnung und Glaube verspricht. Im Rider-Waite-Deck zeigt sich ein junges Mädchen, das Wasser aus zwei Krügen gießt. Der große Stern über ihrem Kopf ist Sirius, der die Energie der Freiheit verströmt, und die sieben kleineren Sterne beziehen sich auf die sieben Chakren, die Energieverteilungszentren in unserem ätherischen Körper.

Dieser Engel ist verbunden mit der Hoffnung im Bewußtsein des Aspiranten und mit der Macht des Glaubens im Schüler. Lassen Sie uns für einen Augenblick auf diesen Glauben konzentrieren, denn es ist schwierig für wirkungsvolle Weltdiener, ohne ihn auszukommen. Jesus sagt: »Dir geschehe nach deinem Glauben.« Und: »Wenn du nur so viel Glauben hast wie ein Senfkorn ... wird dir nichts unmöglich sein.« Diese Feststellungen scheinen eine Bedingung zu beinhalten: *Wenn* du glaubst, wirst du die Antworten auf deine Gebete erhalten. Paulus erläutert, was Jesus meint, indem er sagt, daß der Glaube die Substanz der Dinge sei, auf die man hoffe, der Beweis der Dinge, die nicht gesehen werden könnten. Glaube ist also Substanz. Und Substanz ist kreative Energie, die Kraft der Schöpfung. Deshalb ist der Glaube die universelle Energie, aus der alle Dinge geboren, genährt und unterstützt werden. Die kreative Kraft in uns allen ist der Beweis der erhörten Gebete, noch bevor wir die fertigen Ergebnisse sehen können.

Der Glaube ist die aktive Kraft, das Leuchten des ICH BIN. Es ist die Gedankenenergie des einen Heiligen im Innern, das sich selbst erkennt und sich seiner Macht zum Sein und zum Handeln bewußt wird. Es fragt: »Ist irgend etwas zu schwer für mich? Stellt irgendein Dienst an der Welt ein zu schwieriges Problem für mich dar?« Und es antwortet: »Ich bin allmächtig.« Wer spricht diese Worte? Ihr Selbst! Und Ihr Kontakt mit Ihrem Selbst bringt Sie in Einheit mit dem Glauben, der Berge versetzen kann.

Erinneren Sie sich daran, daß nur Energie existiert; es gibt nichts anderes. Alles, was man sieht oder nicht sieht, alles Sichtbare und Unsichtbare, Materie und Substanz, alles ist reine Energie. Sie ist der Ursprung jeglicher Form. Gehen Sie mit Bewußtsein in diese wirkungsvolle Welt reiner Energie, und sehen Sie mit Ihrem inneren Auge das weite Energiefeld, das Sie umhüllt und Ihr Bewußtsein stimuliert, um sich durch Sie zu manifestieren. Sie leben und bewegen sich in einem Ozean der Energie Gottes oder spiritueller Energie, und sie sollten diese Energie in Ihren Meditationen bewußt kanalisieren – so wie es Ihr Glaube vorschreibt. Dies wird den Weg öffnen, den Plan zu sehen, Ihre Ideale zu stärken, und Sie ermutigen, in Liebe und Inspiration zu dienen.

Die Aufgabe dieses Engels besteht darin, uns zu erwecken, daß wir den *Glauben* aktiv wirken sehen, und uns absolutes Vertrauen in die Welt der Energien zu vermitteln sowie uns zu helfen, in dieser Welt zu leben und Meister unseres Schicksals zu sein. Wenn der Einfluß des Engels durch Furcht und Verzagtheit blockiert ist, werden wir zu tatenlosen Träumern, zu Planern ohne Kraft. Aber das ist nicht der Fall bei denen, die den Ruf vernommen haben und den Kelch des Lebenswassers der durstigen Menschheit reichen. Sehen Sie die Millionen von Menschen, die in Friedens-, Umwelt- oder politischen Interessengruppen oder sozialen Vereinigungen tätig sind. Beachten Sie das Gewicht der öffentlichen Meinung, das mobilisiert wird, um Weltressourcen zu nutzen, um den Hunger zu überwinden, die Kranken zu heilen, Frieden zu stiften, für die Heimatlosen zu sorgen und Gerechtigkeit zu fördern.

Im persönlichen Rückblick wird mir klar, daß der Engel der Ordnung und Harmonie uns zwar die Idee des Weltheilungstages gab, es aber der Engel des Dienens und der Synthese war, der den Boden des Bewußtseins bereitete und der mit uns täglich arbeitete, um Hoffnung in soliden Glauben an einen erfolgreichen Ausgang dieses Unternehmens zu verwandeln. Dies war auch der Engel, der während der international stattfindenden gemeinsamen Meditation am 31. Dezember 1986 sprach: »Dies ist nur der Anfang. Es muß jedes Jahr weitergehen, bis der Letzte ins Licht tritt.« Wir können diesen Engel in empfänglichen Bewußtseinszuständen sein Werk beschleunigen sehen, um überall die Einzelheiten eines neuen Weltbildes zusammenzufügen.

Betrachten Sie sich niemals als zu bedeutungslos für den Dienst an der Welt. Jedesmal wenn Sie Ihr Scherflein in der Form guter Gedanken und Worte beitragen, tun Sie etwas zum Wohle der Welt. Folgendes wurde mir bei einer Unterhaltung mit diesem Engel vermittelt:

Ich fragte: »Was kann ich tun, um mich mehr an dem Dienst an der Welt auszurichten und in meiner Arbeit hilfreicher zu sein?«

»Was betrachtest du als die *Welt?* Fang mit dem kleineren Kreis innerhalb des größeren an, deiner persönlichen Welt, und konzentriere deinen Dienst darauf.«

»Von welcher Art von Dienst sprichst du?« fragte ich.

»Liebevolle Aufmerksamkeit für die emotionalen, mentalen und spirituellen Bedürfnisse derjenigen, die sich in deinem unmittelbaren Umkreis befinden. Heiterst du die Menschen auf, oder drückst du sie nieder? Hörst du zu, oder doziertst du? Entzündest du die Flamme der Freude und trägst zum Glück eines anderen bei, oder läßt du diese Gelegenheiten an dir vorübergehen unter dem Deckmantel der Geschäftigkeit? Du mußt an jeden Tisch Frieden bringen und nur Becher servieren, die mit Verständnis, Vergebung und Liebe gefüllt sind. Der innere Kreis ist das allerschwierigste Übungsfeld für das Dienen, wegen der Paradoxie von Familienleben und Verurteilungen. Denn der Dienst an den Vielen kann nicht aufgenommen werden, bevor er nicht mit den Wenigen fest gegründet wurde. Fang an, indem du nur die Wahrheit des Einen siehst in denjenigen, die dir am nächsten stehen, und laß die Vision wachsen, um alle Bewohner der Welt zu umfassen.

»Es ist, als ob wir Frieden und Freude in unsere unmittelbare Umgebung bringen, in dem Wissen, daß dies ein Teil des Ganzen ist, und uns dann in immer größeren Kreisen ausdehnen, um diejenigen, denen wir begegnen, zu heilen und zu harmonisieren.«

Er sagte: »Und verlasse keinen Kreis, bevor du nicht ein Beispiel für die Würde des einzelnen gegeben und die Bedeutung wahrer Brüderlichkeit aufgezeigt hast. Alle Seelen sehnen sich nach dem Gefühl des Selbstwerts und der Verwandtschaft.«

»Wenn du auf die Welt als Ganzes blickst, woran siehst du, ob eine Person anders ist als die anderen?«

»Finde das heraus, was dir die größte persönliche Befriedigung verschafft, und entwickle deine Begabung durch Tun, um diese Gabe zum allgemeinen Guten zu verwenden, aber nicht notwendigerweise aus einer globalen Perspektive heraus. Jede Aktivität geht an dem Punkt des individuellen Beitrags in den Fluß des Lebens ein, denn der Strom ist universell. Deshalb beeinflussen die Handlungen einer Person in gewissen Maße jede andere. Du schreibst gern. Jemand anderer findet seine Freude daran, ein Unternehmen zu sanieren und einen höheren Grad an Produktivität zu erreichen. Ein anderer malt gerne und bringt Kunstwerke hervor, die die großartige Schönheit der Welt widerspiegeln. Andere könnten lehren, singen, verkaufen, reparieren, herstellen; es macht keinen Unterschied, solange der einzelne aus einer bestimmten Aktivität seinen Genuß zieht, denn es liegt in der Freude des Tuns, daß die Ströme anschwellen, die Wellen Zeit und Raum überwinden und der Dienst erfüllt ist.«

Ich fragte: »Gibt es höhere Formen des Dienens, zum Beispiel eine Arbeit, die eine größere Zahl von Menschen beeinflußt?«

»Wahrhaftig, die größte Form des Dienstes an der Welt besteht darin, dein Leben in Übereinstimmung mit der spirituellen Wahrheit zu leben, denn dann wird jeder Dienst, den du tust, das Schicksal der gesamten Menschheit beeinflussen.«

Folgen Sie nun der Meditation, und gehen Sie in sich. Treten Sie dann mit dem Engel des Dienens und der Synthese in Kontakt, und entwickeln Sie einen Dialog, der locker geführt wird, aber alle Fragen berührt, deren Beantwortung Ihnen hilft, ein wahrer Diener in dieser Welt zu werden. Zeichnen Sie anschließend die Kommunikation in Ihrem Tagebuch auf.

Meditation

Ich bewege mich in meinem Bewußtsein hinauf und hinab, um die Anwesenheit meines Herrn und meines Meisterselbst zu spüren, und ich bade in der Liebe und im Licht des Höchsten.

Geliebtes göttliches Selbst, ich weiß, daß du die Quelle jeglicher Aktivität in meiner Welt bist, und wenn ich bewußt eins mit dir bin, bin ich eins mit dem, was ich zu tun habe. Du kennst jede Einzelheit meines Lebens, denn es ist dein Leben im Ausdruck meiner Einheit mit dir, und es ist deine Wahrheit und dein Weg, dem ich folgen will. Zeig mir im Licht der höheren Vision, wie mein Dienst beschaffen ist.

Ich erkenne nun, daß ich nicht aus mir selbst gelebt habe, und voller Liebe mache ich mich nun auf, alle zu umarmen und auf die höhere Schwingung einzustimmen, ohne Ambitionen oder Anhaftungen, um in Zusammenarbeit mit dem großen Plan zur Verwandlung der Welt tätig zu werden. Und ich fange an, wo ich stehe, und nähre die Wasser des Lebens.

Nur das heilige Selbst, das ICH BIN, in allen anderen sehend, tausche ich Unvollkommenheit gegen Ganzheit, Zwietracht gegen Harmonie, Unbefriedigtsein gegen Erfüllung – für mich selbst und für alle anderen. Ich richte nun jegliche Aktivität meines Lebens nach der Vision und dem Willen des glorreichen Selbst, des ICH BIN, aus, und ich lebe mit der höchsten Frequenz liebevollen Dienens: freudvoll, friedvoll und siegreich.

Ich bin die Macht des Glaubens, und ich lasse meinen Glauben vor allen scheinen, so daß sie meinen guten Dienst sehen können und den Geist Gottes preisen, der als jede Seele lebt. Ich will meinen Kelch nun jedem reichen, der mir auf meinem Weg begegnet.

19

Der Engel der Imagination und Befreiung

Bei der nun folgenden Beschäftigung mit der kreativen Kraft der Imagination sollten Sie sich bewußt sein, daß ich nicht über spielerische Übungen spreche, die einen etwas glauben machen sollen, auch nicht über Phantastereien oder unwirkliche Behauptungen. Im Zusammenhang dieser Ausführungen sollte Imagination als präzise Schöpfung von Gedankenformen, von substantiellen mentalen Bildern verstanden werden, sowie als Fähigkeit, diese Bilder zu benutzen, um Energie zu kanalisieren und die Realität unserer wahren Natur zur Manifestation zu bringen.

Als Napoleon sagte, daß die Imagination unsere Welt regiere, sprach er eine esoterische Wahrheit aus, denn Imagination ist die Macht, die die Welt erschuf. Als Ausdrucksformen des höchsten Wesens besitzen auch wir die Macht, eine Welt zu imaginieren, Gutes oder Schlechtes zu erschaffen. Alles in unserem Leben ist die sichtbare Manifestation unserer Gedankenformen, die wir bewußt oder unbewußt produziert haben. Wenn Krankheit, Armut und Zwietracht unsere Welt regieren, so ist dies die Art und Weise, wie wir unsere Kraft der Imagination einsetzen: durch eine falsche Handhabung der mentalen Substanz. Wenn sich Ganzheit und Harmonie zeigen, werden unsere Gedankenformen unter Anwendung spiritueller Gesetze geschaffen und in die Welt der Erscheinungen ausgedehnt, um unsere Aufgabe zu erfüllen.

In den Weisheitsschulen der Antike wurde den Schülern gelehrt, abstrakt zu denken, Gedankenformen zu bilden, die sich auf keine besonderen äußeren Umstände oder materielle Objekte bezogen. Sie sollten Farben, Formen und Symbole sowie die fließende Bewegung von Energie, Macht und Kraft mit dem inneren Auge sehen. Die Meister lehrten die Kunst *intuitiver Wahrnehmung*. Sie trainierten die Schüler, die innere Welt des spirituellen Reiches kraft kreativer Imagination zu erkennen. Dahinter stand die Idee, eine innere bildhafte Sensitivität auf der Grundlage spirituellen Verstehens, weniger auf der Grundlage von Eindrücken vorher mit physischen Augen gesehener Dinge, zu entwickeln. Diese Anweisung half, die Macht der zweckhaften Visualisierung zu entwickeln, die Erschaffung *konstruktiver* Gedankenformen, und die Projektion dieser vorteilhaften Einflüsse ins physische Leben hinein. Die Welt des einzelnen würde sich auf diese Weise nicht nur dramatisch ändern, um den göttlichen Zustand widerzuspiegeln, sondern er oder sie würden auch aufhören, anderen als destruktive Kraft gegenüberzutreten. Djwhal Khul, der tibetische Meister, der die Schriften von Alice A. Bailey inspirierte, warnt darüber hinaus in *Eine Abhandlung über Weiße Magie* explizit vor dem falschen Gebrauch von Gedankenformen.

Den Aspiranten wurde also die Kunst der Visualisierung durch abstraktes Denken beigebracht und auch, wie man Gedankenformen aufbaut, die auf spirituellen Ideen beruhen, um die ehrfurchtgebietende Macht des Geistes, der Gutes bewirkt, nutzbar zu machen. Lassen Sie uns, um diesen Prozeß besser zu verstehen, eine Übung durchführen, in der wir unser inneres Auge benutzen. Rufen Sie zur Einstimmung vor ihr geistiges Auge das Bild einer brennenden Kerze, und betrachten Sie von nahem das tanzende Feuer der Flamme. Sehen Sie nun die Flamme, wie sie sich von der Kerze trennt und die Form eines riesigen Feuerballs annimmt. Schicken Sie ihn durch ein offenes Fenster, und sehen Sie zu, wie er gegen den Himmel schwebt. Nun stellen Sie sich einen gigantischen Wasserfall, ähnlich wie die Niagarafälle, vor, der vom Himmel kommt, und sehen Sie, wie der Feuerball mit dem Wasserfall zusammenstößt und eine Dampfwolke bildet. Fahren Sie nun fort, indem Sie sich eine große Windkraft vorstellen, und visualisieren Sie die Energie des Windes, wie sie über das Land fegt. Sehen Sie nun, wie der Wind die Erscheinung von Licht annimmt, und sehen Sie, wie das Licht sich über den Nachthimmel bewegt. Als Teil dieses Prozesses sollten Sie auch Ihren Geist bitten, Ihnen zu zeigen, wie Liebe und Schönheit in einem abstrakten Sinne aussehen. Wenn Sie einmal ein Gefühl dafür bekommen haben, wie sich eine Qualität ausdrückt, und zwar als Eigenschaft, nicht so sehr als Form, beginnen Sie, abstrakt zu denken. Und nun zur Übung.

Entspannen Sie sich, gehen Sie in sich, und sehen Sie vor Ihrem geistigen Auge einen großen Kreis, der einen kleineren Kreis umschließt. Nun stellen Sie sich vor, daß das ganze Universum, die ganze Fülle des Reichs Gottes mit äußerster Kraft gegen den äußeren Kreis drückt. Visualisieren Sie die dynamischen Energieschübe, die den äußeren Ring bombardieren, und sehen Sie, wie die Kraftwellen buchstäblich daran abprallen, unfähig, in den Kreis einzudringen. Es ist diese harte, unpassierbare, unaufbrechbare Barriere, die errichtet wurde, um die Gesamtheit des Seins zurückzuhalten. Die

Schwingung in unserem Bewußtsein hat die Fülle des göttlichen Reiches daran gehindert durchzubrechen.

Das Meister-ICH-BIN strahlt alles, was den Himmel repräsentiert, gegen die äußere Schale des Kreises, aber wir haben sie in ihrer Fülle nicht akzeptiert, und deshalb kann sie den Ring nicht durchbrechen. Jesus sagte: »Und siehe, ich stehe vor der Tür und klopfe an«, was meint, daß der innere Christus gegen die Tür unseres Bewußtseins drückt, aber bevor wir nicht eine Öffnung für diese ausgesperrte Herrlichkeit kreiert haben und das vollendete Reich Gottes annehmen, wird unser heiliges Selbst fortfahren, gegen diesen Rand auch in der nächsten Welt einzuhämmern.

Was sollen wir also tun? Wir öffnen die Tür durch richtiges Imaginieren. Das ist der erste Schritt, der die Verbindung zum Meisterselbst im Innern herstellt. Wenn wir dieses heilige Ich erblicken, es mit intuitiver Wahrnehmung als das Licht der Welt sehen, das wir sind, und es aufmerksam betrachten, darüber nachsinnen und meditieren, bauen wir eine *bewußte* Brücke zwischen Persönlichkeit und Selbst. Wir sehen mit dem geistigen Auge die goldenen Strahlen der Wahrnehmung und Anerkennung, die sich von unserem objektiven Bewußtsein direkt in das Überbewußtsein ausdehnen. Es ist ein Lichtfluß, der das persönliche Aurafeld mit dem göttlichen Licht des Meisterselbst verbindet, und wir sehen ihn klar als heilige Brücke, die die Barriere überspannt und uns sicher mit dem unbegrenzten Sein verbindet. Schauen Sie auf die Lichtbrücke, und verwirklichen Sie sie in Ihrem Geist. Sie ist *real,* denn Ihre Gedankenenergie hat sie auf der inneren Ebene erbaut!

Sobald die Brücke einmal besteht und der Kanal offen ist, sehen Sie das intensive schöne Licht Ihres heiligen Selbst über die Brücke auf Sie zukommen, den Strahl der Aufmerksamkeit, den Sie hinaufgerichtet haben, herunterfließend. Betrachten Sie nun die zwei Kreise, die Sie auf den Bildschirm Ihres Geistes gezeichnet haben. Identifizieren Sie sich mit ihnen als Ein- und Ausgänge Ihres Bewußtseins, und lassen Sie sie sich mit Ihnen verschmelzen, bis Sie und die Kreise eins sind. Sehen Sie in Ihrer Imagination das goldene Licht Christi den größeren Kreis Ihres Bewußtseins überfluten, und spüren Sie das Licht im Herzen Ihrer fühlenden Natur konzentriert. Lassen Sie Ihre Vorstellung den Verbindungsstrom auf und ab bewegen, seien Sie sich des Ich-Bin-Bewußtseins oben bewußt und sehen Sie die dynamischen Energien des Reiches wie Billionen von Feuerfunken in Ihre Herzzentrum herabregnen. Füllen Sie sich, füllen Sie sich, füllen Sie sich... Lassen Sie Ihre Fühlnatur von diesem Licht von oben überfluten.

Durch Ihre kreative Imagination empfangen, akzeptieren und verkörpern Sie das Schatzhaus Ihres Meisterselbst. Sie haben die Tür zur göttlichen Herrlichkeit geöffnet, und Sie besitzen nun die Fülle des Reichs Gottes. Aber um diese Fülle als Form oder Erfahrung in der äußeren Welt zu manifestieren, muß eine andere Brücke gebaut werden, die vom Rand des kleinen Kreises aus zum größeren Kreis reicht. Beim ersten Schritt arbeiten wir mit dem Prinzip »Wie oben, so unten«, das heißt mit einem *vertikalen* Fluß der Energien. Nun müssen wir das Gesetz von »Wie innen, so außen« verstehen, das heißt das *horizontale* Ausstrahlen. Der göttliche Fluß vom Absoluten zum Relativen ist ein L-förmiger Prozeß, der vertikal und horizontal verläuft. Überdenken Sie diese Vorstellung einen Augenblick lang.

Sobald der vertikale Strahl in Ihrem Geist einmal vollständig ist, ist das Himmelreich gekommen, und nun ist es an der Zeit, die vierdimensionale Kraft in die dreidimensionale einzubringen, die Zeit, in der das Himmelreich auf Erden voll zum Ausdruck kommt, wie es zuvor im himmlischen Reich der Fall gewesen war. Sobald das Reich Gottes und das ICH BIN eins sind, machen Sie eine kurze Pause, und sagen Sie dann still: »ICH BIN… ICH BIN… ICH BIN«, und fühlen Sie die heilige Präsenz, die in Ihrem Herzen verankert ist. *Fühlen* Sie es. Es ist das Reich Ihres Selbst, das sich in Ihre mentale und emotionale Natur ausgedehnt hat. Und nun ist es bereit, sich noch weiter in die dreidimensinale Welt der Form auszudehnen.

Sehen Sie mit Ihrem inneren Auge, wie sich Ihr Herzzentrum öffnet, um die leuchtende Sonne des großen ICH BIN zu offenbaren, und sehen Sie das unfaßbare Strahlen. Sehen Sie die goldene Substanz, die von Ihnen ausströmt und Ihre Welt überflutet. Seien Sie sich bewußt, daß im Innern des Stroms der Strahl der Ganzheit fließt, der Strahl des Überflusses, der Strahl der Harmonie und jeder andere Strahl, der bisher in Ihrem Leben gefehlt hat. Sehen Sie, wie sie alle vorwärts strömen, wie ein Blitzen, das jede Begrenzung durchbricht und in vollkommene Erfüllung verwandelt. Nutzen Sie Ihre Vorstellungskraft!

Durch diese Geistestat werden Sie nicht nur zum Schöpfer, indem Sie die Wahrheit über Ihr Wesen offenbaren. Sie werden auch zum Befreier, indem Sie die alten Bilder und Muster hinausschleudern und sich selbst von der Vergangenheit befreien. Wie oben, so unten; wie innen, so außen. Erinnern Sie sich an das L. Visualisieren Sie die Energie, wie sie machtvoll herabfließt, intensives Licht ausstrahlend. Sehen Sie es, wie es von oben nach unten und von innen nach außen strömt, in dem Wissen, daß die *Energie dem Gedanken folgt*.

Betrachten Sie nun Ihre sogenannte objektive, konkrete

Welt. Können Sie mit Ihrer kreativen Vorstellungskraft die alten Verbote und Begrenzungen davonströmen sehen? Können Sie die spirituellen Energien am Werke sehen in einem himmlischen Kraftfeld des Geistes, der Intelligenz und Macht, das Ihre Welt umgibt? Können Sie sehen, wie alles in Ihrem Leben auf ein göttliches Niveau gebracht wird? Können Sie sich Ganzheit anstelle von Krankheit, Überfluß anstelle von Mangel, Erfüllung anstelle von Nutzlosigkeit vorstellen? Bleiben Sie darauf konzentriert, bis Sie alles klar sehen können. Diese meditative Übung zum All-Guten, das aus dem Herzen des göttlichen Selbst herabströmt, hinaus in die Welt der Erscheinungen, zusammen mit der inneren Wahrnehmung, daß alles ganz, reich und harmonisch gemacht wird, wird Ihr Leben vollkommen verändern. Erinnern Sie sich, daß die Vision, die Sie entwerfen, dasjenige ist, das zu Ihnen in Form und Erfahrung zurückkommt; also kontrollieren Sie Ihre Gedanken, bauen Sie sich Ihre Vorstellungsbilder auf, und sehen Sie sie durch die höhere Vision. Um Ihnen dabei zu helfen, steht ein wunderschöner Engel im Hintergrund Ihres Bewußtseins.

Die Aufgabe des Engels der Imagination und Befreiung besteht darin, dem einzelnen zu helfen, die Vision seines inneren Auges zu stärken, im Gegensatz zum Sehen mit körperlichen Augen, und die Seele von der Herrschaft der Persönlichkeit zu befreien. In späteren Schulen wurde gelehrt, daß dieser Engel die Fähigkeit benutzt, uns zu zeigen, daß das, was wir sehen – mehr noch als das, was wir denken –, Macht schenkt, daß wahre Vision die einzig wirkungsvolle Kraft ist, und daß die Vision das Verbindungsglied zwischen Himmel und Erde darstellt. Wenn die Energie durch den falschen Gebrauch der Imaginationsfähigkeit blockiert ist (Todesvisionen, die sich nach unten statt nach oben richten), wird der Betroffene jemand sein, der als unaufrichtig und unzuverlässig gilt. Er wird eine ängstliche Person sein, die Täuschung benutzt, um ihre Ziele zu erreichen, die Düsterkeit und Verhängnis prophezeit, weil sie in ihrer emotionalen Natur unkontrolliert empfindlich ist.

In den alten Akademien war der Engel der Imagination und Befreiung in verschiedenen Ausprägungen bekannt: als der erleuchtete Pfad, als spirituelle Befreiung und als das Auge des Traums. Letztere Bezeichnung bezog sich mehr auf positive Erwartungen als auf Visionen im Schlaf oder Träumerei. In einigen Schulen nahm dieser Engel – und der Meister, der diesen Archetypus repräsentierte – den Namen Diana (im Griechischen Artemis) an. Einige Forscher sagen, daß Hekate – die Göttin der Geister – auch ein Name war, der in den Initiationsriten verwendet wurde. Ich glaube, daß Hekate die Schatten auf dem Mond repräsentiert, die niederen Aspekte dieser archetypischen Energie. Sie steht für die negative Seite, die die unerwünschten psychischen Kräfte aus den unsichtbaren Welten anzieht, wogegen Diana die höhere Qualität symbolisiert: die Bilder erzeugende Natur des Schöpfergottes im individuellen Selbstausdruck. Ich ziehe den Namen Diana für diesen Engel auch deshalb vor, weil die Mythologie uns lehrt, daß sie die Göttin des Mondes war. Die astrologische Energie dieses Engels entstammt den Fischen, ein Wasserzeichen, das von Neptun regiert wird, der bildererzeugende Planet. Der Engel benutzt diese Energie für seine Arbeit, um die spirituelle Vision zu stärken und die Befreiung anzuregen. Die Fischeenergie stand traditionell für den Tod der Persönlichkeit und das Wiederauftauchen der Seele als beherrschender Faktor im Leben. Dementsprechend kanalisiert der Engel diese Energie, um dem Individuum zu einem erweiterten Bewußtsein und einem

Verstehen des Meisterselbst zu verhelfen und um die höhere Vision dieses Selbst zu erkennen. Fische hebt als Wasserzeichen die Reinigung, die für die Vision notwendig ist, hervor. Es wird gesagt, daß das Zeichen Fische den Füßen zugeordnet ist, sie sind das Symbol der Richtungsgebung. Am Anfang des Fischezeitalters wusch Christus die Füße seiner Jünger und gab ihnen damit einen intuitiven Ausblick auf den Weg, auf dem sie ihr spirituelles Ziel erreichen würden. Wir sehen also, daß dieser Engel dem Beispiel von Christus folgt und die Fischeenergie nutzt, um das Bewußtsein zu reinigen, die höhere Natur zu befreien und das innere Auge zu öffnen, um den wahren Weg und Plan zu erkennen.

Im Tarot wird dieser Archetypus von der Karte »Der Mond« dargestellt, die das Leben der Imagination und spirituellen Befreiung symbolisiert. Eine ihrer Eigenschaften ist göttliche Einsicht. Bei P. F. Case lesen wir, daß der Weg des Erfolges der Weg der Umkehr sei. Dies werde vom Mond symbolisiert, der die Sonnenstrahlen zur Sonne zurückreflektiert. Das ist ein interessanter Gedanke, weil in der Mythologie Diana als die Zwillingsschwester von Apollon gilt, dem Gott der Sonne, der auch als Archetypus der Wahrheit bekannt ist. Das zeigt uns, daß Diana (Mond), wenn sie ohne Ego-Projektionen wirken kann, zur Einbildungskraft der Realität werden kann. Obwohl sie die Wahrheit nicht als Absolutes repräsentiert, ist sie der heilige Spiegel, der uns befähigt, den erleuchteten Pfad der Wahrheit in seiner Widerspiegelung zu erkennen und unsere Macht der Imagination zu benutzen, um die göttliche Wirklichkeit in die Welt der Erscheinungen auszudehnen.

Wenn wir uns blockiert und vollkommen phantasielos in unserem Denken fühlen, müssen wir nur diesen Engel rufen. In einer Begegnung mit ihm, sagte er, ich solle mir eine

Stunde Zeit nehmen und alles aufschreiben, was mir in den Sinn komme, ohne eine Bedeutung darin zu suchen. Ich sollte vielmehr die Phantasie wild wuchern lassen. Er sagte: »Schreibe die größten Absurditäten in einer völlig frei fließenden Weise nieder. Dies wird den Griff der Ego-Gedanken, die deinen Geist bedrücken, lockern und dich für kreative Gedanken von einer höheren Warte aus befreien.« Ich tat es, und das Ergebnis dieser Reinigung war ein entspannter Geist mit einem neuen Fluß des Verstehens und einer erhöhten Fähigkeit, abstrakt zu denken. Der Engel wußte, wovon er sprach.

Sie können Ihrem Leben mit der Kraft der kreativen Imaginationsfähigkeit eine Wendung geben, und Sie beginnen damit, indem Sie mit dem Engel der Imagination und Befreiung Kontakt aufnehmen. Bauen Sie eine Freundschaft zu ihm auf und öffnen Sie die Kommunikationskanäle, so daß Sie die Führung, die für Sie richtig ist, um Ihren Geist zu befreien, Ihre Gefühle zu reinigen und sie aus höchster Sicht zu erkennen, erhalten können. Gehen Sie dann zurück, und studieren Sie das abstrakte Imaginieren, wie es die L-Form beinhaltet, und üben Sie das Sehen mit dem inneren Auge. Sobald Sie die Energie in Aktion sehen (und fühlen), verwenden Sie einige Minuten darauf, nach oben zu blicken, herunterzustrahlen und den ganzen Prozeß des Ausstrahlens zu beobachten. Brechen Sie die Kreise auf, und öffnen Sie die Türen. Fangen Sie nun an, im Reich Gottes zu leben. Es ist Ihr wahres Heim, in dem Sie alles besitzen, und Sie besitzen es jetzt!

Meditation

Im höchsten Aspekt meines Wesens bin ich das lebendige Reich Gottes, und mit meinem geistigen Auge schaue ich auf und erkenne das überfließende Reservoir des unendlichen Guten, das auf mich herabströmt. Während ich die göttlichen Eigenschaften von allem, was gut, wahr und schön ist, überdenke, fühle ich die Kraft dieser heiligen Eigenschaften mein Herz erfüllen, und ich beanspruche sie als meine wahrhaft eigenen. Das Gesetz »Wie oben, so unten« hat sich erfüllt.

Ich habe die Fülle meines Wesens verkörpert, und ich gebe nun meiner Welt alles, was scheinbar gefehlt hat. Ich sehe die strahlenden Energien vor mir, um jeden Kelch zu füllen und alle Dinge neu zu machen. Und ich erkenne nur das manifestierte Reich Gottes in meinem Leben und in all meinen Angelegenheiten. Da ist Ganzheit, Überfluß und Erfüllung; alles ist freudvoll, liebevoll und friedvoll. Wie innen, so außen.

Ich sehe mich selbst leben, wie ich es mir immer erträumt habe, doch nun ist der Traum Wirklichkeit geworden, denn ich bin zur Vision der Wahrheit erwacht.

20

Der Engel der Wahrheit und Erleuchtung

In der Bibel steht geschrieben: »Dann werdet Ihr die Wahrheit erkennen, und die Wahrheit wird euch befreien« (Johannes 8,32). Und der englische Dichter Robert Browning nannte die Wahrheit die eingesperrte Herrlichkeit in uns selbst.

Was ist diese befreiende Wahrheit; was ist die eingesperrte Herrlichkeit? *Sie* sind es! Und die Griechen sagten: »Erkenne dich selbst!« Seit den Anfängen der uns überlieferten Zeit haben die Erwachten uns gelehrt, daß unsere wahre Natur vom Himmel stammt. Sie ist ein unsterbliches Selbst Gottes, vollkommen göttlich, auf ewig im Himmelreich lebend, das niemals von unserer Quelle getrennt ist. Die Krönung der Schöpfung war, so sieht es Browning, nicht eine menschliche Rasse, sondern es waren Lichtwesen, spirituelle Wesen, göttliche Individuen.

Aber diese Wahrheit über unsere göttliche Identität muß in der atomaren Struktur unserer mentalen, emotionalen und ätherischen Körper verwirklicht werden, um eine Kettenreaktion durch unser gesamtes individuelles Kraftfeld hindurch auszulösen. Andernfalls sehen wir alles nur mit intellektueller Aufmerksamkeit, oder emotional stimuliert, durch ein vom Ego geschliffenes Brillenglas. Bereits am Anfang dieses Buches haben wir das, was wir glauben, von verschiedenen Perspektiven aus betrachtet, und wir haben erkannt, wie diese Glaubensvorstellungen unser Leben beeinflussen. Und nun frage ich wieder: Was ist *Ihre* Wahrheit? Emerson schrieb: »Der Gott der Kannibalen ist ein Kannibale.« Wenn wir so denken, muß der Gott der Kranken ein kranker Gott sein, der Gott der Armen muß ein verarmter Gott sein, der Gott der Versager muß ein erfolgloser Gott sein. Aber Sie sagen, daß Sie an einen Gott der Ganzheit, des Überflusses und des Erfolges glauben, auch wenn Sie selbst in einem oder mehreren dieser Lebensbereiche einen Niedergang erfahren. Das ist gut, aber wenn Sie nicht das gleiche über sich glauben, stärken Sie das Gefühl des Getrenntseins, denn es gibt keineswegs so etwas wie Gott *und* Sie selbst. Jeder von uns betet zu irgendeiner Zeit einmal zu einem Wesen außerhalb von sich selbst mit der Bitte, uns etwas zu geben, während wir die ganze Zeit dieses Etwas bereits sind. Wir halten nach dem helfenden Vater/Mutter-Gott da draußen Ausschau, ohne uns klar zu sein, daß Vater und Mutter die Kraft und Inspiration unseres ursprüngichen göttlichen Selbst sind. Wir bestehen darauf, daß es geschehen möge, während es bereits geschehen ist; wir bitten um mehr, dabei haben wir schon jetzt bereits alles. Nichts ist außerhalb von uns selbst; alles ist in unserem Innern. Und alles, was sich in unserem Leben abzeichnet, ist das, was wir in unserem Bewußtsein für die Wahrheit über uns selbst halten.

Der Gott der Ganzheit, des Überflusses und des Erfolges ist das große ICH BIN, und bevor wir unser Selbst nicht damit identifizieren können, haben wir die Wahrheit, die uns von Krankheit, Begrenzung und Versagen befreit, nicht gefunden. Der Schlüssel zu einem reicheren Leben auf allen Gebieten besteht darin, sich bewußt zu werden, wachsam zu sein und zu wissen, daß es ein unendliches Bewußtsein gibt, das direkt innerhalb unseres Energiefeldes individualisiert ist. Tatsächlich umfaßt es die Gesamtheit unseres Energiefeldes! Unser Wissen darüber erhalten wir von unserem persönlichen bewußten Geist, dem Persönlichkeitsbewußtsein. Wir haben es also mit einem Bewußtsein zu tun, das sich des Bewußtseins bewußt ist. Im unendlichen Bewußtsein, das unsere Wirklichkeit konstituiert, befinden sich die unsichtbare Energie und die Vorstellung von einer sichtbaren Form und einer manifesten Erfahrung – aber nicht nur wie ein Gegenstand in einem Warenhaus. Alles ist im Geist, in einem lebendigen, bewußten, denkenden Geist, einem Geist, der in seinem Ausmaß, seiner Reichweite, seinem Wissen, seiner Weisheit, seinem Verstehen und seiner Macht unbegrenzt ist. Es ist der Geist Gottes als unser individualisiertes spirituelles Bewußtsein.

Und in diesem unbegrenzten Bewußtsein befinden sich die bewußte Selbsterkenntnis *von* uns selbst und eine Aufmerksamkeit, die sich selbst *mit* der gesamten Realität identifiziert, das heißt, mit der unsichtbaren und sichtbaren Welt, zusammengefaßt in den Worten ICH BIN. Also ist sich unser göttliches Bewußtsein seiner eigenen Natur (ICH BIN) bewußt, und zwar als unbegrenzter Überfluß, ewige Ganzheit, perfektes Leben und vollkommener Frieden, als Freude, Schönheit und Erfüllung. Es weiß um sich als um das unendliche Alles. Dies ist die Wahrheit unseres Wesens, aber es wird in unserer Erfahrung nur wahr in dem Maße, in dem wir es verwirklichen. Unser unendliches Bewußtsein fließt durch uns, um als der perfekte Kreislauf des Lebens zu erscheinen, in direktem Verhältnis zu unserer Aufmerksamkeit, unserem Verstehen und unserem Wissen darüber. Wenn wir uns unseres höheren Selbst vollkommen bewußt sind, kanalisieren wir nur das, was gut, wahr und schön ist in unser Leben. Wenn wir uns nur der Welt der Wirkungen bewußt sind, werfen wir diese unangemessenen Energien auf uns selbst zurück und lassen sie in unserem Kraftfeld zirkulieren, so daß sie dann in unserem Leben als Freuden und Leiden erscheinen.

Eine größere Erkenntnis der Wahrheit kann nur durch das ICH BIN entstehen. Das Meisterselbst, das durch den Namen ICH BIN wirkt, steht über allen mentalen Gesetzen. Sein Ausdrucksprinzip ist die göttliche Einwirkung: die liebevolle, zwingende Kraft von Gottes Willen, Ziel und Macht, der göttliche Schub, das freudvolle Walten des Geistes. Wenn wir an den Punkt kommen, an dem nichts mehr zählt außer dieser Aktivität des Selbst, erheben wir uns über die menschlichen Gesetze und fangen an, als dieses göttliche Selbst zu leben – im Himmel auf Erden.

Das ist einfach, aber nicht leicht, und deshalb haben wir einen heiligen Helfer, der mit uns arbeitet, um die Wahrheit zu erkennen und um frei zu sein, wozu wir geschaffen wurden.

Der Engel der Wahrheit und Erleuchtung war bei den Ägyptern als der Archetypus Ra bekannt, ein Sonnenwesen, das die Macht zur Erweckung der Seele symbolisierte. Den Griechen war er als Apollon bekannt, der Gott der Sonne und des Lichts. Im wesentlichen hatten alle antiken Gesellschaften und Religionen einen solaren Gott. Manly P. Hall schreibt, daß Godfrey Higgins, ein Philosoph und Autor des neunzehnten Jahrhunderts, nach dreißigjährigen Nachforschungen der ursprünglichen religiösen Glaubensvorstellungen zu der Ansicht kam, daß »sämtliche Götter der Antike sich selbst im solaren Feuer auflösten, manchmal als Gott selbst, manchmal als Zeichen oder Schechina dieses höheren Prinzips, das den Namen des kreativen Wesens oder des Gottes trug«. Der Theosoph und Autor Franz Hartmann erläuterte, daß die Sonne alchimistisch das Zentrum der Macht oder das Herz der Dinge sei. Sie stellt ein Energie- und Machtzentrum dar, das heißt, jedes Lebewesen besitzt im Inneren ein Lebenszentrum, das wachsen könnte, um eine Sonne zu werden. Dies war das zentrale Thema der Mysterienschulen: das Selbst als göttlich zu erkennen und diese Wahrheit als leuchtende Sonne und Machtzentrum zu verkörpern.

Im Tarot heißt die Karte, die diesen Engel bezeichnet, »Die Sonne«. Die gleiche Bedeutung sehen wir auch in der esoterischen Astrologie. Im Tarot symbolisiert die Sonne die Erleuchtung durch Selbsterkenntnis. Sie ist die Sonne der Wahrheit, die in den Garten der Welt scheint. In der Bildersprache des Rider-Waite-Decks zeigt uns die Steinmauer des Gartens, daß wir die Bedeutung der Wahrheit nicht erfassen können, wenn wir uns nur auf unser menschliches Verständnis verlassen.

Wenn dieser Engel durch Ego-Projektionen blockiert ist, die vorgaukeln, daß die Persönlichkeit die höhere Macht und Gott eine äußere Kraft sei und daß man sich auf die menschliche Natur verlassen müsse, um zu überleben, wird das Individuum nur den Wünschen seines Ego gehorchen. Solch eine Person wird stets hochmütig, anmaßend und voller Selbstlob sein. Wenn die Aufmerksamkeit völlig auf die niedere Natur gerichtet ist, zerstreuen sich die heilenden Energien, was in einer allgemeinen Verschlechterung des physischen Systems zum Ausdruck kommen mag. Wenn der Zugriff des Ego einmal durchbrochen ist, erweckt der Engel die Energie des transzendentalen Bewußtseins sowie den mentalen und emotionalen Körper und erzeugt im physischen Körper eine heilende Schwingung, die Gesundheit und Ganzheit bringt.

Spirituelles Bewußtsein und Ganzheit sind ein und dasselbe. Wenn wir das eine besitzen, besitzen wir auch das andere. Wenn wir die Wahrheit des Seins erkennen, wechseln wir ins vierdimensionale Bewußtsein jenseits aller Dualitäten über und befreien uns von den Leiden der Menschheit. Darum wird dieser Engel als höchst einflußreich auf alle Gebiete der physischen Zufriedenheit betrachtet, was nicht nur den Körper, sondern auch die Finanzen, Beziehungen und Berufserfolge einschließt. Er hebt uns über die Ebene des Problems hinaus ins Bewußtsein der leuchtenden Sonne, die die Fülle des göttlichen Selbst ausstrahlt.

Ich hatte einen längeren Dialog mit diesem Engel, den ich Ihnen mitteilen möchte. Das Gespräch drehte sich um das Thema Sachverstand, und es war faszinierend zu hören, wie der Engel die vielen Aspekte seines Wesens offenbarte. Ich sagte etwas über Ehrlichkeit mir selbst gegenüber, und er fragte:

»Weißt du, was das bedeutet? Es bedeutet, deiner Wahrheit zu folgen. Und was ist deine Wahrheit? Es ist das, das sich in deinem Herzen angesammelt hat durch die Verwirklichung der Natur und Tätigkeit des Christus im Innern. Dieses Licht im Liebeszentrum ist die Wahrheit, die du hinsichtlich deiner wahren Identität anerkannt hast. Es ist die Energie, der Geist der Eigenschaften des Selbst, derer du dir bewußt bist. Deshalb ist es die Energie, der Geist von Gesundheit, Reichtum, Erfolg, glücklichen Beziehungen und so weiter. Ich war als diese Wirklichkeit, die im Herzen wohnt, bekannt. Sie wurde auch als der manifeste Christus, als Jesus-Archetypus und als Kind von Jesaja bezeichnet.

Das Kind wird geboren, wenn der erste Strahl des spirituellen Verstehens ins Bewußtsein tritt, und es wächst und reift mit jedem Körnchen Wahrheit, das durch Meditation erkannt wird. Dieses im persönlichen Bewußtsein aufscheinende Licht befreit die Persönlichkeit. Wenn es ihm durch die Einwilligung des bewußten Geistes erlaubt wird, wird es die Verantwortung übernehmen, um den Körper zu heilen, Mangel zu beseitigen, Beziehungen zu knüpfen und die Wahrheit zu enthüllen.

Der Geist der Wahrheit ist der wunderbare Eine, der scheinbare Wunder vollbringt und der seine Führung durch das Labyrinth des Lebens anbietet. Es wird auch gesagt, daß diese kreative Macht der mächtige Gott ist. Das ist wahr, denn die einzige Macht, die es gibt, ist die Gottesmacht, und vom Herzen des universalen Wesens zum Herzen des individuellen Wesens spannt sich die Einheit des Geistes, denn Gott kann von Gott nicht getrennt werden. Geist und Manifestation sind eines; wenn ihr die Wahrheit empfangt, empfangt ihr den Urheber der Wahrheit.

Dieses Licht wird der ewige Vater genannt – der andauernde, niemals endende Bewahrer des Guten. Es ist der Prinz des Friedens, der Enthüller der Harmonie und Ruhe im Leben, und seid versichert, daß dieses Überfließen des Segens ohne Ende immer weiter anwachsen wird.«

Sie können beginnen, diesen Engel zu befreien, indem Sie sich vollkommen einem Leben in Wahrheit weihen, unabhängig von Erscheinungen, das heißt, Sie wollen die Wahrheit aus göttlicher Perspektive sehen. Wir können sagen: »*Ich* bin ganz, reich und wunderbar erfolgreich, weil das *Ich* ewig ist.« Dieses Ich jedoch in irgendeiner anderen Weise zu benutzen, als die Wahrheit des Seins widerzuspiegeln, bedeutet, den Namen des Herrn vergeblich zu führen. Wenn wir also dieses große geheime Wort mit dem, was nutzlos, wertlos und dumm ist, verbinden, werden wir das universelle Gesetz rufen, um uns auf diese Ebene herabzuziehen. Zu sagen: »Ich bin krank« oder »Ich kann mir das nicht leisten«, heißt, daß der Kannibale den Kannibalen zum Gott macht. Wenn wir über die Illusion sprechen müssen, könnten wir einfach sagen: »*Es* fühlt sich nicht gut an« oder: »*Es* leidet gerade an einem Mangel«, denn wir wollen unsere Unzulänglichkeiten nicht Gott zuschreiben.

Auf der anderen Seite sollten wir anderen keine Verrücktheiten zumuten. Ein Beispiel: Nachdem ich mich mit dem köstlichen Essen meiner Mutter vollgestopft habe, höre ich sie fragen: »Geht's dir gut, mein Lieber?« Und ich antworte: »Ich fühle mich wunderbar, aber *es* ist schrecklich voll.« Sie starrt mich an und fragt: »Wer ist *es?«* Und ich erkläre: »Das Es, das sich selbst zugestopft hat, was *ich* niemals tue.« Mich immer noch anstarrend, sagt sie: »Du klingst ein bißchen durcheinander. Warum legst du dich nicht eine Weile hin?«

Die Antwort auf ihre erste Frage hätte lauten sollen: »Ich fühle mich wunderbar, aber mein Körper scheint ein wenig überladen zu sein« – was das Geschehen in die richtige Perspektive gerückt hätte. Wir tun alles, was uns möglich ist, um unsere heilige Identität zu wahren.

Noch mal: Was ist Wahrheit? *Sie* sind Wahrheit, also betrachten Sie sich selbst, und empfangen Sie die Wahrheit. Verbinden Sie ihren Blick mit dem Höchsten, und bleiben Sie auf diesem Strahl. Leben Sie in der Sonne, und lassen Sie den Herrn des Feuers alle vorangegangenen Mißschöpfungen verbrennen. Gehen Sie in die leuchtenden Strahlen ein, und beobachten Sie, wie die Schatten der Vergangenheit fliehen. Erheben Sie sich, und leuchten Sie! Erheben Sie sich über den menschlichen Sinn des Selbst, und strahlen Sie als die Sonne, die Sie sind. Sie können die Wahrheit nicht in Büchern und Vorlesungen finden, weil *Sie* nicht darin sind. Sie sind nur in sich selbst, also hören Sie auf, herumzurennen und sich selbst irgendwo anders zu suchen. Die Suche nach dem Heiligen Gral ist vorüber. Der Gral ist Ihnen bereits gegeben worden: »Dieser Kelch ist der neue Bund in meinem Blut, das *für* euch vergossen wird« (Lukas 22,20). Er symbolisiert die göttliche Identität, eine überfließende Quelle, die unerschöpflich ist, ein Füllhorn, das Sie mit allem, was Sie brauchen, wollen oder wünschen könnten, versorgt. Der Gral, der Kelch, repräsentiert die leuchtende Sonne, die durch einen ewigen Bund strahlt – »Wisse, ich bin immer bei dir«.

Wenn wir einmal angefangen haben, als göttliches Individuum mit dem Namen ICH BIN zu leben, und nicht als Menschen, der »mich auch« genannt wird, wird die Energie der Wahrheit mit all der Inspiration ungefesselter Devas arbeiten. Die Kommunikation mit anderen Engeln wird im Geiste herrlicher Zusammenarbeit aufgenommen und das Tor zu immer größerer Erleuchtung geöffnet. Bald wird die Vorstellung mit der Wirklichkeit verschmelzen, und jedes Tönen des Wortes *Ich* wird Gott preisen.

Gehen Sie in die Koordination Ihres Energiefeldes, wo der Engel der Wahrheit und Erleuchtung weilt, und werden Sie eins mit der Macht der leuchtenden Sonne. Es könnte eines der bedeutendsten Zusammentreffen in Ihrem Leben sein.

Meditation

Ich lausche meinem Meisterselbst und erwäge die folgenden Worte sorgsam.

Ich habe dir unbegrenzten Reichtum versprochen, und im Gegensatz zu deinem Glauben habe ich daran keinerlei Bedingungen geknüpft. Ich gebe dem Heiligen und dem Sünder; es ist dein Bewußtsein, das die Begrenzungen auferlegt. Aber ich habe dir gesagt, wie man dieses Hindernis überwinden kann.

Wie geschrieben steht, wird dir gesagt, daß du, solange du mich suchst, gedeihen wirst. Das Suchen ist der Schlüssel, denn du kannst dich nicht völlig auf die äußere Welt der Begrenzungen ausrichten, während du mich und das innere Himmelreich suchst. Ich habe dir auch meinen Schatz geöffnet, um sicherzustellen, daß du immer alles hast, was du brauchst. Und als ich dir sagte, du solltest mich einfach lieben und du würdest Frieden in deinen vier Wänden haben und Reichtum in deinen Palästen, gab ich dir das Geheimnis des Gesetzes der Anziehung. Mich mit deinem ganzen Wesen zu lieben heißt, mein Reich in dein Bewußtsein zu ziehen, und die Wahrheit meiner Fülle wird in deiner Welt sichtbar werden.

Ich habe dir Ganzheit versprochen. Wie es geschrieben steht, besagt es, daß ich der Heiler bin, daß ich dich von all deinen Krankheiten heile, daß ich deine Gesundheit wiederherstelle und deine Wunden schließe. Das wird nicht kommen. Es ist bereits gekommen. Es ist. In Wahrheit bist du schon geheilt; du bist ganz. Denjenigen, die meinen Namen verehren, wird die

Sonne der Gerechtigkeit aufgehen mit ihren heilenden Schwingen. Denke daran, und höre die einfachen Anweisungen. Ein einzelnes Auge im inneren heiligen Selbst empfängt im Bewußtsein das Licht der Wahrheit und offenbart die Abwesenheit von Krankheit und die bereits vorhandene Wirklichkeit der Ganzheit. Ich bin der Brunnen des heilenden Wassers. Willst du nicht aus mir trinken?

Ich habe dir Schutz versprochen. Wie geschrieben steht, werde ich mit dir sein, wenn du die Wasser überquerst, und die Flüsse werden dich nicht überfluten, und wenn du durch Feuer gehst, wirst du nicht verbrennen. Selbst wenn eine Bande von Feinden dich umringen sollte, wirst du dich nicht fürchten, denn ich werde dich behüten. Komm nah zu mir, ich lasse meinen Schutzschild durch dein Bewußtsein dringen, um eine Grenze zu bilden.

Ist irgend etwas für mich zu schwer? Nein. Und wer bin ich? Ich bin du. Nicht das menschliche Du, aber die Wahrheit dieses Du, das spirituelle Du, der eine, der nach der Ordnung des Melchisedek Priester genannt wurde oder heiliges Selbst. Eines Tages, sehr bald, wirst du erwachen, und mein Bewußtsein wird deines sein, und nichts wird dir unmöglich sein. Der, der zu dir kommt, wird niemals hungern, und der, der an dich glaubt, wird niemals dürsten und der, der dir folgt, wird nicht wandeln in Dunkelheit. Denn ich werde du und du wirst ich sein, ewig der Eine und die einzige Wirklichkeit.

Ich halte meine Versprechen.

21

Der Engel des kreativen Wortes

Der Engel des kreativen Wortes bezieht seine Kraft aus der planetarischen Energie des Pluto, und in den alten Schulen wurde der Initiator auch oft mit diesem Namen in Verbindung gebracht. Dies mag in unseren Ohren seltsam klingen, denn die Mythologie erzählt uns, daß Pluto, der bei den Griechen auch Hades genannt wurde, der Herr der Unterwelt, der Herrscher über das Reich der Toten sei. Der Schlüssel zum Verständnis liegt in dem Wissen, daß die Mysterienschulen die Unterwelt des Hades nicht als die Heimstatt der Toten unter der Erde betrachteten: Es handelt sich vielmehr um die dreidimensionale Ebene der physisch-materiellen Welt. Auch Dantes *Inferno* steht hier symbolisch für die Leiden, die diejenigen über sich ergehen lassen, die von ihrer niederen Natur beherrscht werden. Sie sind tot im Hinblick auf ihre unrealisierte Wirklichkeit und leben in der Hölle ihrer materiellen Existenz.

Der Mythos, der erzählt, daß Pluto sich Proserpinas bemächtigte und sie in seine Unterwelt trug, schildert den sterblichen Geist, der die göttliche Natur entweiht und sie ins Reich des objektiven Bewußtseins hinabzieht. Das Bedeutende dieser Geschichte liegt in der Vorstellung, daß wir nach dem Abstieg in die Materie einst weiterhin das göttliche Selbst im Innern wahrnahmen, und es gab lange Zeit kein endgültiges Gefühl der Trennung. Später jedoch wurden wir uns nur noch der physischen Welt bewußt, und mit diesem vollständigen Abstieg in die Dunkelheit wurde unser spirituelles Bewußtsein vom persönlichen Ego ergriffen und eingesperrt.

In den Mysterienschulen empfand Pluto, der Meister der Einweihung, diesen Fall aus dem himmlischen Zustand ins Grab des empfindenden Bewußtseins noch einmal nach, symbolisiert als nach unten drehende Spirale vom Thron des Wissens in die Falle des Vergessens. Anhand von Symbolen, Klängen, Formen, tiefen Erfahrungen und schwierigen Prüfungen stieg dann der Kandidat durch verschiedene Zeremonien wieder auf, die zum großen Höhepunkt führten, an dem der Wahrheitssucher vor der blendenden Welt des Lebens stand und das ewige Jetzt begriff.

Die Energie dieses Engels wird auch mit dem Phönix identifiziert, der als Symbol der Unsterblichkeit der menschlichen Seele gilt, denn so, wie der Phönix stets aus seiner Asche aufersteht, erhebt sich die spirituelle Natur des Menschen triumphierend stets von neuem. Und in den heiligen Akademien war es Brauch, den Initianden als Phönix zu bezeichnen oder als wiedergeborenen Menschen, denn nur die physische Geburt verleiht dem Menschen in der physischen Welt Bewußtsein. Daher wurde der Nephyt, nachdem er in neue Grade der Mysterien eingeweiht worden war, ins Bewußtsein der spirituellen Welt wiedergeboren.

Die Plutoenergie bringt drastische Umwälzungen und Transformationen mit sich sowie andauernde Veränderungen und eine Beschleunigung der Zeit. Sie zeichnet sich auch durch ihre intensive vibrierende Kraft, die sowohl zerstören, als auch neue Formen erschaffen kann, aus. Und diese Energie wird oft mit Wirkungen in Zusammenhang gebracht, die durch das *kreative Wort* entstehen. Dementsprechend war eine der Kräfte, die von den plutonischen Meistern angewandt wurden, um den Schleier vor der spirituellen Welt zu lüften, das gesprochene Wort, das als kreative Kraft in der Genesis beschrieben wird: »Gott sprach: Es werde Licht. Und es wurde Licht.« Die Bibel sagt auch: »Aufgrund deiner Worte wirst du freigesprochen, und aufgrund deiner Worte wirst du verurteilt werden« (Matthäus 12,37); »Tod und Leben stehen in der Macht der Zunge« (Sprichwörter 18,21). Und: »Beschließt du etwas, dann trifft es ein (Hiob 22,28).

Der tibetische Meister Djwahl Khul lehrt in Alice A. Baileys Werk *Initiation:* »Jedes Wort, ob differenziert oder zusammengezogen, wirkt sich auf die Deva-Reiche und daher auch auf die formgestaltenden Aspekte der Manifestation aus. Es wird kein einziger Laut geäußert, der nicht eine entsprechende Wirkung in der Deva-Substanz hervorbrächte …«

Es sollte nun deutlich geworden sein, warum die Meister der frühen Akademien die Aspiranten lehrten, sich der Konsequenzen der Worte auf mentaler, emotionaler, ätherischer und physischer Ebene bewußt zu sein. Sie wurden in der Macht der Töne geschult und gelehrt, wie Worte, die von einem kontrollierten Geist gesprochen werden, buchstäblich das Kraftfeld, das jede Gestalt umgibt, verändern, *einschließlich des Glaubenssystems der Persönlichkeit,* und das eingekerkerte spirituelle Bewußtsein befreien können.

Als ich dieses Kapitel schrieb, wurde ich mir der Richtung (nach oben oder nach unten) der Worte, die von verschiedenen Leuten in Läden und Restaurants, bei zufälligen Unterhaltungen oder geselligem Beisammensein gesprochen wurden, stärker bewußt. Ich fing an, den alten orientalischen Maßstab, um den Wert einer Rede einzuschätzen, anzuwenden: *Ist sie wahr? Ist sie freundlich? Ist sie nützlich?* Das Ergebnis dieser kurzen Begutachtung ergab, daß nur wenige der Bemerkungen die drei Prüfungen bestanden. Und ich muß zugeben, daß ich bei der Beobachtung meiner eigenen Worte viele Male durchfiel, obwohl ich bewußt versucht hatte, die Qualität dessen, was ich sagte, zu überprüfen. Wir laufen alle mit einer geladenen Pistole zwischen unseren Zähnen herum, und unsere Zunge scheint Gefallen daran zu finden, den Abzug zu drücken.

Ich glaube, Sie werden mir zustimmen, daß es an der Zeit ist, die Wissenschaft des gesprochenen Wortes neu zu pflegen. Erinnern Sie sich: Entweder wir heilen oder verletzen, es gibt kein Dazwischen. Deshalb sollten wir sogar bei unserem Humor darauf achten, niemanden zu verletzen. Lassen Sie uns Erbauer der neuen Welt und Schöpfer von Harmonie durch konstruktive und liebevolle Worte sein. Schließlich ist es unser Ziel, dem Inferno zu entfliehen und in einen Stand der Gnade zurückzukehren, und zwar hier, in der physischen Welt. Und glücklicherweise haben wir unseren eigenen plutonischen Meister, um uns dabei zu helfen.

Im Tarot wird der Engel des kreativen Wortes mittels der Karte »Das Gericht«, (manchmal »Das Jüngste Gericht« genannt) symbolisiert. Wie hängt jedoch das Gericht mit dem kreativen Wort zusammen? Gericht bedeutet »die Macht des Vergleichs, der Entscheidung und des Beschließens« – eine perfekte Beschreibung für den Gebrauch des kreativen Wortes! Wir sehen, was getan werden muß; wir entscheiden uns, es zu tun; und wir proklamieren den Beschluß, um die Veränderung herbeizuführen.

Diese Karte repräsentiert die spirituelle Natur, die durch den Gebrauch des gesprochenen Wortes vom physischen Bewußtsein befreit ist. Der Engel auf der Karte bläst eine Trompete, die das kreative Wort darstellt, welches das Individuum von allen Begrenzungen freispricht.

Die astrologische Energie des Pluto nutzend, konzentriert sich der Engel auf den ersten Strahl des Willens und der Macht, um im Leben des einzelnen dramatische Veränderungen herbeizuführen. Diese Energie löst alle Blockaden zwischen den unteren Chakras und dem Kehlzentrum, so daß die Kraft konzentriert und bewußt für die Zwecke des Geistes benutzt werden kann.

Das Kehlzentrum spielt in diesem Zusammenhang eine wichtige Rolle. Traditionellerweise wird es als Verteilungszentrum kreativer Energie und als Organ des gesprochenen Wortes aufgefaßt, da es die Absicht und den kreativen Zweck des göttlichen Selbst registriert. Es könnte für Sie hilfreich sein, ein wenig über dieses Machtzentrum zu meditieren und es in eine höhere Schwingung zu versetzen. Eine andere Methode, das Kehlchakra zu erwecken und es seiner natürlichen Arbeitsweise näherzubringen – die der Projektion der Worte der Macht angemessen ist –, besteht darin, den Geist auf dieses Charka zu konzentrieren, während Sie Musik hören. Der erste Satz von Beethovens Fünfter Symphonie, Allegro con brio, ist für diese Übung ideal.

Wenn sie von Ego-Projektionen befreit ist, inspiriert uns die Energie dieses Engels zu Führerschaft in bestem Sinne. Er versorgt uns mit Kreativität, scharfsinnigen Einblicken und Inspirationen, einer starken Entschlußkraft und der Liebe zur Natur. Der Engel wird die Plutoenergie auch dazu verwenden, die Blockaden, falschen Glaubensvorstellungen und irreleitenden Gedankenmuster zu beseitigen und uns über die Erscheinungen unserer Mißschöpfungen hinauszuheben, dorthin, wo das gesprochene Wort eingesetzt werden kann, um einen Zustand zu korrigieren. Mit blockierter Energie sind wir einer jener aggressiven Karrieretypen, jener Leute, die sich niemals um andere sorgen. Diese besondere Bewußtseinsschwingung könnte uns dazu verleiten, aufgrund mangelnder Urteilskraft Probleme in die Welt zu setzen und dann mit Manipulationen und morallosen Strategien schnelle Lösungen zu suchen. Als Ergebnis zeigt sich eine hohe Gefährdung in bezug auf Recht und Gesetz.

Um mit diesem Engel sinnvoll zu arbeiten, müssen Sie hinsichtlich dessen, was Sie im Leben wirklich wollen, sehr ehrlich sein. Welche Absichten haben Sie? Sie sind hier in diesem körperlichen Leben, um ein Erbauer zu sein, um intelligent mit Energie umzugehen und um Ihre latenten Kräfte zu erwecken, die zu einer Neuerschaffung der Welt beitragen. Sie beginnen innerhalb Ihres kleinen Umfelds, und dann verwenden Sie Ihre Vision, um im Plan für den Planeten mitzuarbeiten. Sie können dies als ängstliches menschliches Wesen nicht effektiv tun, aber Sie können es aufgrund des spirituellen Bewußtseins, das in Ihnen herangereift ist und sich vertieft hat, seitdem Sie sich für den spirituellen Lebensweg entschieden haben. Deshalb ist es nun Ihre Aufgabe, die vom Ego geschaffenen Auswirkungen in den äußeren Erscheinungen durch die göttlichen Eindrücke des Meisterselbst zu ersetzen, indem Sie zu der Macht Ihres gesprochenen Wortes erwachen.

Betrachten Sie alle Dinge in Ihrer Welt, und messen Sie sie am göttlichen Maßstab. Fangen Sie bei Ihrem Körper an – der ersten »Wirkung« –, und gehen Sie von dort aus weiter zu Ihren Beziehungen, Ihrer Arbeit, Ihrem Wohlergehen, Ihrem ganzen Leben. Ist es erfüllt mit Ganzheit, guten Beziehungen, Glück und finanziellem Überfluß? Wenn nicht, beginnen Sie gleich jetzt damit, den göttlichen Einfluß zu betonen und nicht die furchtsamen Vorstellungen der niederen Natur. Und gehen Sie nicht jener Denkart in die Falle, die besagt: »Ich bin mir doch nicht ganz sicher, ob es das ist, was Gott möchte.« Es war Gottes große Freude, uns sein Reich zu schenken, damit Sie niemals irgend etwas entbehren müssen und daher auf ewig mit dem unendlichen Guten erfüllt sind, nicht nur im Bewußtsein, sondern auch in der physischen Welt. Das einzige Gut, das in Ihrem Leben augenblicklich fehlt, ist das Gut, dessen Annahme Sie verweigert haben. Gottes Wille richtet sich in bezug auf jedes einzelne Wesen auf allumfassenden Überfluß. Wenn Sie also nicht das leben, wozu Sie geschaffen wurden, entscheiden Sie sich jetzt, ins gelobte Land zurückzukehren.

Sie beginnen, indem Sie sich nach innen, zum Meisterselbst, dem großen ICH BIN hinwenden. Sinnen Sie darüber nach, und gehen Sie mit diesem Höchsten vertraulich zu Rate, bis Sie die ekstatischen Schwingungen, die Ihr Bewußtsein erfüllen, fühlen. Bitten Sie dann die göttliche Präsenz, Sie mit dem Engel des kreativen Wortes bekannt zu machen. Fragen Sie den Engel, was Sie tun können, um ihn von Ihrem Ego zu befreien. Lauschen Sie, und tun Sie, was getan werden muß, sagen Sie dann diesem mächtigen Kraftzentrum, daß Sie Ihr Leben ändern möchten, um in Einklang mit der göttlichen Wirklichkeit zu sein, daß Sie die hohe Vision der Freude, des Friedens und der Fülle erhalten möchten, wie sie aus der höheren Perspektive erkannt wird. Bestätigen Sie sich darin, daß Sie sich nicht länger mit dem »Zweitbesten« zufriedengeben müssen, denn Sie *sind* das Reich Gottes, und Sie wollen damit beginnen, in diesem Reich und als dieses Reich zu leben.

Bitten Sie nun den Engel, die Kanäle Ihrer Energiezentren zu reinigen, damit die Kraft des Wortes sich in Ihrem Kehlchakra sammeln kann. Fühlen Sie die Kraft, während sich die Energie dort konzentriert, und seien Sie sich bewußt, daß Sie bereit sind, die Herrschaft über die Welt der Ego-Wirkungen und des halbherzigen Lebens zu ergreifen. Drücken Sie Ihre Dankbarkeit für diese kraftvolle Handlung aus, und kehren Sie zu Ihrer Meditation über das Meisterselbst zurück, der göttlichen Person, die Sie sind, voller unversehrter Kraft.

Während Sie fortfahren, das Gefühl dieser Präsenz zu bewahren – wissend, daß das Selbst in Ihnen anwesend und aktiv ist –, beginnen Sie, Ihre persönliche Welt in den Blick zu nehmen. Welche Korrekturen sind notwendig, um die Formen und Zustände mit dem Geist in Übereinstimmung zu bringen? Betrachten Sie Ihr Leben sehr genau, und stellen Sie Ihre Absichten klar, ohne jegliches Schuldgefühl aus der Angst heraus, »selbstsüchtig« zu sein. Diese Eigenschaft umfaßt Gier, Habsucht, Raffgier und Geiz, und diese Art von Energie befindet sich nicht in Ihrem Bewußtsein. Und vergessen Sie nicht, daß es nicht Ihre Persönlichkeit ist, die die Arbeit verrichtet; sie wird einfach als Kanal für die göttlichen Energien fungieren. Selbst das Sprechen des kreativen Wortes wird vom Bewußtsein des höheren Geistes vollzogen werden, die Stimmbänder ihres Körpers nutzend.

Damit Ihre Gedanken, wenn Sie sie in Worte fassen, konzentriert sind, schreiben Sie sie auf. Sprechen Sie genau aus, wie Sie verschmelzen und Ihre Welt aus der Perspektive der höheren Vision umformen wollen und was Sie intuitiv als den großen Entwurf ihres heiligen Selbst erfühlen können. Vielleicht kann ich Ihnen an diesem Punkt eine Hilfe anbieten, die mir bei einer meiner Sitzungen mit diesem Engel zuteil wurden.

Der Engel sagte mir, daß er sich mit den Dingen, die »geheimgehalten wurden« befassen werde, und als ich fragte, was das bedeute, sagte er: »Das, was du unterdrückt hast, deine Charakterzüge, die du in den Untergrund gedrängt hast, einige, damit sie wachsen und wuchern, andere, um sie zu schwächen und verkümmern zu lassen.« Also nahm er mich in die unterirdischen Kammern des Bewußtseins mit, um die noch unerlösten Schwächen zu erkennen, die Eigenschaften, die ich nicht akzeptieren konnte, und die Rückstände von Furcht und Schuld, die sich angesammelt hatten. Nach mehreren Tagen des Loslassens, der Reinigung, der liebevollen Hinwendung und der Akzeptanz fühlte ich mich schließlich klar. Und auf seinen Vorschlag hin sprach ich dann das Wort in voller Absicht und großer Macht:

»Ich verzeihe der Vergangenheit und schließe die Türe.
Ich vergebe allen, und der Groll ist aufgelöst.
Ich verzeihe mir selbst und bin im Frieden.
Ich akzeptiere mich selbst und bin frei.
Laß das Feuer der heiligen Präsenz für die Reinheit
des geringeren Lichtes sorgen.
Laß die niedere Natur für immer erlöst sein.«

Ich wurde dann aufgefordert, die höchsten und positivsten Aspekte meiner Wassermann-Löwe-Persönlichkeit eingehend zu betrachten (Wassermann = Sonne, Löwe = Aszendent) und sie durch *»Anrufung«* an ihre rechte Stelle zu setzen. Ich rief mir ins Gedächtnis, daß Anrufung mit *Ausstrahlung* zu tun hat – mit dem Aussenden von Energie durch das gesprochene Wort. Aber die Anrufung besitzt eine größere Kraft als die bloße Rede, denn sie schließt Absicht, Visualisierung und Projektion mit ein. Nachdem ich über diesen Vorgang eine Weile nachgedacht hatte, folgte ich der Anweisung des Engels, die Eigenschaften meiner Persönlichkeit auf Papier aufzulisten und das Wort mit starker Entschlußkraft, kontrollierter Visualisierung und machtvoller Projektion zu sprechen.

Als nächstes wurde mir vorgeschlagen, ich solle über mein spirituelles Bewußtsein des wirklichen Selbst im Innern durch die Augen und Worte von Jesus nachdenken, um eine höhere Schwingung spiritueller Energie in mein persönliches Bewußtsein einzubringen und es durch Anrufung an seine Stelle zu setzen. Die folgende Tagebucheintragung war die Grundlage für mein Glaubensbekenntnis und kann als Meditation benutzt werden.

Meditation

Ich werde nicht von Brot alleine leben, sondern von jedem Wort, das der Herr, das Selbst, ausspricht, und ich werde nur den innewohnenden Christus, keinen anderen preisen, denn es gibt nur den inneren Meister.

Ich werde mein Licht so leuchten lassen, daß andere meine Werke erkennen und nur die Quelle dieser Werke verherrlichen werden – den inneren Christus. Die heilige Präsenz weiß alles, noch bevor ich fragen könnte. Darum lautet alles, worum ich bitte: »Dein Reich komme, dein Wille geschehe«, und ich sorge mich nicht um mein Leben. Ich suche nur das Reich Gottes und weiß, daß alles Gute und Wahre nun zu mir kommt. Ich weiß, daß ich aus mir selbst heraus nichts tun kann, aber mit meinem allmächtigen Selbst sind nicht nur alle Dinge möglich, sondern sie existieren schon jetzt in ganzer Wirklichkeit, da mein Himmel zu meiner Erde wird.

Ich wende mich nach innen und trete meinem Selbst gegenüber. Ich liebe dich, mein herrliches Meisterbewußtsein! Ich liebe dich von ganzem Herzen, von ganzer Seele und mit all meinem Geist. Und ich sehe in allem, was mir begegnet nur dich, und ich liebe dich in allem, was ist.

Alles, was Gott ist, BIN ICH; alles, was Gott besitzt, gehört mir, denn ich und der Vater sind eins.

ICH BIN göttliche Reinheit, die Vollkommenheit des Universums im individuellen Ausdruck, und Ganzheit ist mein Name.

ICH BIN vollkommene Liebe, in Liebe empfangen, in Liebe erblüht und für immer in Liebe entflammt, denn ewige Liebe ist mein Name.

ICH BIN der Frieden, der jenseits allen Verstehens reicht, vollkommener Frieden in stiller Heiterkeit, für immer in gänzlicher Ruhe, als der, der als Friedvoller bekannt ist.

ICH BIN allmächtig, die Kraft Gottes, die Kraft des Kosmos, und mein Name ist Macht, die einzige Macht.

ICH BIN vollkommenes Gericht, göttliches Verstehen, aktive Intelligenz, der Eine, der alles versteht, denn ICH BIN die Weisheit der Zeitalter.

ICH BIN die einzige Quelle, die reiche Substanz der unendlichen Energie des Überflusses, und das ICH BIN, DER ICH BIN ist verschwenderischer Überfluß.

ICH BIN göttliche Freude, überfließender Frohmut, die lebende Ekstase, denn ICH BIN die Freude der Welt.

Sehen Sie nun all die Eigenschaften des Meisterselbst sich manifestieren und in der Welt der Erscheinungen nach höchstem himmlischem Maßstab erscheinen, so daß Sie sie erkennen und durch Anrufung an ihren richtigen Platz stellen können.
Wenn alle auf ihren Platz berufen wurden, wird die leuchtende Wirklichkeit sich wie ein Phönix aufschwingen. Lassen Sie den Engel des kreativen Wortes Ihnen zeigen, wie Sie Ihre Welt neu entwerfen können.
Sie besitzen die Macht. Nutzen Sie sie weise.

22

Der Engel des Erfolges

Erfolg ist Erfüllung, Errungenschaft, Leistung. Erfolg ist die *natürliche Ordnung*, die besagt, daß wir in physischer Gestalt existieren, um Meisterschaft über die manifeste Welt zu erlangen, um über alles, was als Gegenteil des Erfolges angesehen wird, zu triumphieren: Versagen, Mangel, Begrenzung, Abstieg, Konflikt, Feindschaft und Schwäche. Wenn das wahr ist, warum sind dann die Schriften der geistigen Lehrer und Philosophen voller Warnungen in bezug auf Erfolg? Warum sagen sie, daß er einen Schleier über böse Taten werfe, daß er unseren Stolz wecken würde, um uns selbst zu betrügen und uns wie Narren bewundern zu lassen?

Die Antwort lautet, daß es zwei verschiedene Erfolgsniveaus gibt: ein menschliches und ein göttliches, ein weltliches und ein heiliges. Das ist deshalb so, weil das Gesetz des Erfolges in Wirklichkeit das Gesetz von Ursache und Wirkung ist, ein zweischneidiges Schwert, das dazu eingesetzt werden kann, entweder Bestrafung oder Belohnung zu bewirken. Wir ernten immer, was wir säen. Darum haben uns die Weisen erinnert, daß der Schlüssel zum Erfolg darauf beruht, anzuerkennen, daß die Persönlichkeit nur ein

Kanal ist, durch den die Macht und die Kraft des Erfolges Zugang zur Welt der Erscheinungen erlangen.

Lassen Sie uns, bevor wir weitergehen, *Erfolg* in dieser Weise neu definieren: Erfolg ist die natürliche Ordnung des Universums, gänzlich von Gott als Kraft für das Gute eingesetzt, um die Wirkungen dieser Welt durch göttliche Wirklichkeit zu ersetzen, das heißt, um Versagen in Erfüllung, Mangel in Überfluß, Krankheit in Ganzheit, Zwietracht in Harmonie zu verwandeln, wenn die Macht durch uns fließt, alles im Einklang mit dem Gesetz des Seins zu vollenden und zu vollbringen.

Und was ist dieses Gesetz des Seins? Es ist *Bewußtsein.* Alles in unserem individuellen Leben und in unserer Welt basiert auf dem Ton, der Tonhöhe, der Form und Schwingung unseres Bewußtseins. Strahlender Erfolg in jedem Lebensbereich ist uns nun sicher, denn Gott hat bereits jedes mögliche Bedürfnis, das wir jemals haben könnten, befriedigt, indem er uns das vollendete Reich geschenkt hat, das die Energie des Erfolges einschließt. Dieses Reich, diese Energie existiert in diesem Augenblick in unserem Bewußtsein, und es ist unsere Aufgabe, den Erfolg, der durch die göttlichen Kreisläufe strömt, aber an irgendeiner Stelle durch Ignoranz und falsche Glaubensvorstellungen eingedämmt wurde, frei fließen zu lassen. Wie auch mit allen anderen Schätzen des Lebens versuchen wir nicht, Wirkungen zu manipulieren, um Erfolg zu haben; wir versuchen, die Bewußtseinsblockaden aufzulösen.

Wie erfolgreich sind Sie? Fragen Sie sich selbst: »Was bedeutet mir Erfolg zum jetzigen Zeitpunkt, und wie würde meine individuelle Welt aussehen, wenn alles in meinem Leben vollkommen erfolgreich verliefe?« Erschaffen Sie sich eine persönliche Vision des idealen Erfolges, wie Sie sich es in Ihrem Geist vorstellen können. Betrachten Sie Ihren Lebensstil, Ihre Arbeit, Ihre Umgebung, Ihre Beziehungen, Ihre Finanzen. Bekommen Sie ein Gefühl, wie Erfolg wirklich aussieht, der ganz speziell auf *Sie* zugeschnitten ist.

Nun prüfen Sie, wie Sie bisher gelebt haben. Gehen Sie einige Jahre zurück, und rufen Sie sich einen bestimmten Tag ins Gedächtnis. Betrachten Sie Ihre Erlebnisse und den Grad der Erfüllung in diesen Jahren, und vergleichen Sie rasch das, was Sie in der objektiven Welt sehen, mit der idealen Erfolgsvision in Ihrem Geist. Stufen Sie auf einer Skala von eins bis zehn (zehn wäre das Optimum) Ihren gegenwärtigen Erfolgsquotienten in den oben erwähnten Lebensbereichen ein, einschließlich aller weiteren Kategorien, die Ihnen in den Sinn kommen. Erstellen Sie einfach für die verschiedensten Aspekte Ihres Lebens eine Rangliste, ohne sich allzu lange bei irgendeinem bestimmten aufzuhalten. Addieren Sie dann die Zahlen, und teilen Sie sie durch die Anzahl der Kategorien, um einen Durchschnittswert zu erhalten. Sobald Sie diese Zahl haben – die allgemein darstellt, wie erfolgreich Sie sich im Leben fühlen –, werden Sie erkennen, was getan werden muß. Wenn Sie zum Beispiel einen allgemeinen Erfolgsquotienten von sieben errechnet haben, muß nur dreißig Prozent Ihres Lebens verändert werden. Wenn es eine Fünf ist, müßten fünfzig Prozent eingeschmolzen und neu entworfen werden.

Es ist wichtig, daß Sie dazu bereit sind, das, was Sie im Leben nicht wollen, aufzugeben und das zu akzeptieren, was Sie wirklich wollen. Erinnern Sie sich, daß Sie in diese Inkarnation eintraten, um ein Erbauer zu sein? Doch viele Menschen bauen ihr Leben nicht erfolgreich auf, weil sie fürchten, sie könnten ihre spirituelle Entwicklung damit verzögern oder etwas tun, was Gott nicht will. Manche Leute fühlen sich sogar schuldig, wenn sie glücklich sind oder viel Geld haben oder gesünder zu sein scheinen als andere.

Wenn Sie solche Gedanken wälzen, sollten Sie sich ins Gedächtnis rufen, daß Gott ein Reich geschaffen hat, in dem nichts fehlt. Darin enthalten ist alles, was Sie brauchen, um glücklich zu leben, sowohl im Bewußtsein als auch in physischer Gestalt auf der dreidimensionalen Ebene – und das Reich ist bereits jedem von uns geschenkt worden. Wie ich schon gesagt habe, besitzen wir alles, und wir besitzen es bereits jetzt. Wir wissen auch, daß Gott nicht direkt in die Wirkungen dieser Welt involviert ist, sondern daß es unser Bewußtsein von all dem ist, was wir anerkennen und aus diesem großen Warenhaus, das in physischer Gestalt und als Erfahrung bereitsteht, auswählen. Und je höher die Akzeptanzschwingung des Bewußtseins ist, desto größer wird die Gestalt und Erfahrung, denn es gibt keine Endstufen der Gesundheit, des Reichtums und des Erfolges im himmlischen Reich. Hier strömt nur unendliche, allumfassende Ganzheit, und wir begrenzen das große Unbegrenzte mit dem Maßstab unseres Bewußtseins. Wie erreichen wir die 100-Prozent-Ebene? Indem wir innig mit dem Engel des Erfolges arbeiten.

Der Engel, der die Energie des Erfolges im Aurafeld jedes einzelnen repräsentiert, wurde in einigen frühen Mysterienschulen Kronos genannt, ein Wesen, das die scheinbaren Begrenzungen der Zeit in der dreidimensionalen Welt zerstört, um die göttliche Wirklichkeit der Erfüllung im Augenblick des Jetzt zu offenbaren. In anderen heiligen Akademien wurde diese kausale Macht Saturn genannt, der der Überbringer von Geschenken und Belohnungen ist, basierend auf dem Prinzip von Säen und Ernten. Die Legende vom heiligen Nikolaus entstammt direkt den Lehren über Saturn in den alten Schulen. Die Hindu-Mystiker nannten diesen Engel Shiva, was »freundlich« bedeutet – ein Wesen, das das, was die niedere Natur geschaffen hat, zerstört und das, was die höhere Natur plant, aufbaut, so daß der einzelne ein erfüllteres Leben führen kann. In der römischen Mythologie ist Saturn, der bei den Griechen Kronos genannt wird, der jüngste Sohn des Uranus (Himmel) und der Gaia (Erde). Als Erntegott regiert er die Welt im Goldenen Zeitalter.

Die Meister in den Schulen, die die Lehre dieses Engels vermittelten, gründeten ihre Anweisungen manchmal auf vier Lektionen, die zur Initation führten.

1. Das höchste Ideal des Aspiranten.
2. Der aus sich selbst existierende Erfolg des Aspiranten.
3. Das Maß des Dienstes, den der Aspirant anderen erweist.
4. Versagen als ein wichtiger Bestandteil von Erfolg.

Unter Ideal verstand man ein großartiges altruistisches Ziel, das innerhalb der individuellen Lebenszeit erreicht werden sollte. Der Schüler hatte im Geist eine Vorstellung zu erschaffen, entsprechend seiner höchsten Inspiration, die er durch liebende Hinwendung als optimales Ziel nähren würde. Diese Lebensaufgabe konnte sich auf die Musik, Literatur, Bildhauerei oder Architektur konzentrieren oder in der Begegnung mit den Herausforderungen menschlicher Probleme auf neue Art und Weise liegen, aber die Ansammlung materieller Güter war bei diesem Ziel nicht inbegriffen. Physische Bequemlichkeit und Reichtum wurden als zweitranging betrachtet; durch die richtige Ausführung des großen Gesamtentwurfs würden sie automatisch angezogen.

Der Meister betonte unentwegt, daß alles Erreichte und Vollendete, das bildhaft im Geiste gesehen wurde, die Wahrheit dessen darstellt, was der Schüler inhärent bereits war. Mit anderen Worten: Hohe Ideale, die imaginiert wurden, sollten als Realitäten anerkannt werden, die bereits als Teil des Selbst existierten, denn das Selbst ist die Substanz aller Formen und Erfahrungen. Auch wir müssen all das, was wir uns auf der physischen Ebene wünschen, als bereits in der unsichtbaren Welt existierend betrachten.

Unter Dienen wurde nichts anderes verstanden als auch heutzutage: »Wie kann ich am besten einen Beitrag in der Welt leisten?« Indem wir diesen Wunsch, anderen etwas zu geben, als Lebensaufgabe umsetzen, treten unsere Ideale klarer zum Vorschein, und wir ziehen die benötigten Ressourcen, um den Plan ausführen zu können, an.

Was das Versagen angeht, erklärt der tibetische Meister Djwhal Kuhl in Alice A. Baileys *Abhandlung über Weiße Magie,* daß es nichts dergleichen gebe, daß es nur zu einem Verlust an Zeit kommen könne. Aber er wiederholt auch die alten Lehren, wenn er sagt, daß wir aus Fehlern lernen – und daß eine Lektion, die durch Versagen erlernt wird, sich in der Zukunft als Schutz erweisen und zu schnellerem Wachstum führen wird. Er sagt auch, daß wir Versagen anerkennen sollen. Das einzig gerechtfertigte Bedauern sei jenes über das Versagen, von den Lektionen des Versagens zu lernen.

Im Tarot wird diese Kraft von der Karte »Die Welt« symbolisiert, eine Karte, die auf die endgültige und erfolgreiche Vollendung aller Angelegenheiten hinweist. Es ist die Erfüllung, die Gesamtsumme der Schöpfung. Die damit einhergehende Bestimmtheit und Solidität kann auch als *Struktur* bezeichnet werden, was astrologisch von Saturn symbolisiert wird. Während einer Begegnung mit dem Engel des Erfolges wurde Jan mitgeteilt: »Du willst keine Struktur, und ohne Struktur läßt sich nichts vollenden. Herumzurennen und unzusammenhängende Dinge zu tun, hält dich davon ab, die wichtigen Aufgaben zu erfüllen, von denen du glaubst, sie lägen jenseits deiner Fähigkeiten. Sie tun es nicht. Das Wort für heute lautet: Struktur! Organisiere und ordne die Dinge!«

Die astrologische Energie von Saturn, die von diesem Engel genutzt wird, bricht bestehende Zustände auf, so daß die höheren Ideale intuitiv wahrgenommen werden können. Rufen Sie sich noch einmal Kapitel zehn ins Gedächtnis. Dort wurde der Engel der Einsicht als Archetypus der karmischen Befreiung betrachtet. Und wer gibt dafür den Anstoß? Niemand anders als die Energie des Saturn, der als Herr des Karma bekannt ist, derjenige, der das Gesetz von Ursache und Wirkung überblickt, vollkommenes Gleichgewicht schafft und uns zwingt, uns auf die Zukunft vorzubereiten. An dieser Stelle ist eine andere Sitzung, die Jan mit diesem Engel hatte, bedeutsam.

Er sagte: »Betrachte Regeln einmal anders. Setze sie mit einem *Herrscher* gleich, mit einem, der Autorität besitzt. Ich bin die Energie von Ursache und Wirkung. Wirst du als Ursache herrschen oder als Wirkung dienen? Ich bin Gesetz. Darum fürchten mich viele. Sie haben den Thron von Macht und Autorität nicht bestiegen, sie sind die Opfer eines abgedankten Herrschers und einem Leben in Sklaverei unterworfen. Darum fürchten sie sich vor Gott. Gott – allmächtiges Gesetz – kann nicht verändert werden, aber durch ein Verstehen des Gesetzes wandelt sich Furcht in Erfolg. Macht und Autorität aktivieren den Überfluß, um die Substanz des Vertrauens durch die Energie der Liebe aufzubauen. Das Reich muß regiert werden, sonst versinkt es in Armut und Verfall.

Ich weiß, wie das Gesetz arbeitet. Ich bin der Herr des Karma. Ich tanze zur Musik des Bewußtseins, unfehlbar die kreative Macht der Symphonie, die ich dirigiere, demonstrierend. Ich erschaffe das Szenario, das du dir wünschst: Komödie, Drama, Mysterium, Horror. Du schreibst das Skript, ich setze es um.

Furcht vor Gott ist Furcht vor kreativem Ausdruck. Er könnte dir Sorgen bereiten, deshalb tust du lieber gar nichts. Meine Energie arbeitet auch dort, also solltest du in diesem Bewußtseinszustand Gott ruhig fürchten. Denn du bist Gott, Herrscher deiner Welt der Erfahrung – und ein furchterregender Herrscher lebt in einem furchtbaren Herrschaftsbereich. Ein erfolgreicher Herrscher regiert mit Liebe, Weisheit, Verständnis, Macht und Autorität über ein Reich der Schönheit, des Überflusses und des Friedens.

Sei vom Gesetz regiert, oder regiere mit dem Gesetz. Das Wort ist Fleisch geworden. Was willst du als Fleisch geworden sehen?«

Es ist interessant, daß im Buch Josua (7,7–8) uns gesagt wird, daß wir großen Erfolg durch drei Handlungsweisen haben werden: Stark sein, Mut haben und über das Gesetz bei Tag und Nacht meditieren. Ich interpretiere das dahingehend, daß man in seinen Absichten stark sein soll, daß man sich kühn und wagemutig zeigen soll und das Gesetz von Ursache und Wirkung beständig im Geiste behalten soll – das Prinzip des Karma, das besagt, daß sich keine Kraft in Gedanken, Worten oder Handlungen äußern kann, die nicht auch eine entsprechende Auswirkung nach sich zieht.

Die Energie des Saturn, die der Engel des Erfolges nutzt, wird auch die Energie der Gelegenheit genannt, und sie führt zur Zerstörung von allem, was den einzelnen hindert, die höheren Ideale auszudrücken. Sie verschafft uns die Gelegenheit zur Auswahl – unser höchstes Gut anzunehmen und das Alte zurückzuweisen –, und durch die Zurückweisung verschwindet das Alte, das heißt, es ist in einem verborgenen Sinne »zerstört«. Sie hilft uns durch ihre strahlenden und anziehenden Kräfte, unseren wahren Standort und den damit verbundenen Lebensplan zu bestimmen. Das geschieht durch ein Verständnis der Struktur und durch die Fähigkeit, findig, praktisch und verantwortungsvoll zu sein. Die Energie verleiht uns Disziplin, Teamgeist, die Fähigkeit, Dinge vernünftig zu überdenken, und einen starken Sinn für Ehrlichkeit und Integrität.

Wenn die Energie dieses Engels blockiert ist, hat man keine Inspirationen, es besteht dann ein niedriges Selbstwertgefühl, ein Gefühl der Minderwertigkeit und ein Gefühl, von anderen beherrscht zu werden und in vielen Lebenslagen zu versagen. Aber Erfolg ist etwas *natürliches,* wenn die Ego-Projektionen beseitigt sind, was bedeutet, daß wir im göttlichen Rahmen der Dinge keinerlei Hoffnungen, Wünsche oder Träume haben können, die nicht schon bereits auf den inneren Ebenen des Bewußtseins erfüllt sind.

Treten Sie in Kontakt mit diesem Engel, und fragen Sie ihn, auf welche Weise Sie Ihren eigenen Erfolg begrenzen. Lassen Sie sich von ihm alle falschen Glaubensvorstellungen, die den Fluß behindern könnten, aufzeigen. Und mit seiner Hilfe können Sie auch Ihre intuitive Seite prüfen, indem Sie feststellen: »Ich fühle intuitiv, daß die folgenden Fehlwahrnehmungen in meinem Bewußtsein meinen Erfolg im Leben einschränken« und dann aufschreiben, was Sie fühlen. Betrachten Sie all Ihre irrigen Denkmuster, Ihre Ängste, Ihre Schuldgefühle. Seien Sie gewillt, sie alle aufzugeben, und tun Sie es dann, indem Sie sie dem heiligen Feuer des Meisterselbst im Innern übergeben.

Bei meinem ersten Treffen mit dem Engel des Erfolges sah ich nur eine Lichtsäule ohne Gestalt und Gesichtszüge, und als ich fragte, was ich tun könnte, um ihm zu helfen, Erfolg in meinem Leben zu manifestieren, sagte er: »*Fühle* mich. Umarme mich!«

Als ich näher kam, um das Licht zu berühren, sah ich den zarten Umriß einer Gestalt, und ich umarmte sie. Sie war weich und zerfloß.

Und er sagte: »Du fühlst deine Definition von Erfolg: keine Härte, wenig, das als substantiell betrachtet werden könnte. Welche Absichten verfolgst du im Leben?«

Ich sagte: »Die Wahrheit des Seins zu verwirklichen, vollkommen von der Energie des göttlichen Bewußtseins durchdrungen zu werden.«

Er antwortete: »Das ist Aufgabe eines jeden. Aber wie willst *du* in der Welt der Erscheinungen leben? Was willst du für *dich* tun? Was willst *du* in und von dieser physischen Welt? Hole dir die Vision deiner Seele, und beschreibe mir dein ideales Leben.«

Ich fing an, darüber nachzudenken, und als ich es tat, erschien der Engel in einem schärferen Umriß: in Gestalt eines großen Mannes, aber mit einem entschieden weiblichen Gesichtszug, und vom Kopf bis zu den Zehen auf der einen Seite rot und auf der anderen Seite blau.

Er sprach: »Ich bin formbar, beeindruckbar, denn ich bin dir unterworfen. Ich werde zu deiner Schwingung, und ich beseitige alles, was nicht deiner Schwingung in dieser Welt entspricht. Wenn deine Energie feindlich ist, beseitige ich Gelegenheiten, Liebeserfahrungen zu machen; wenn deine Energie liebevoll ist, beseitige ich die Möglichkeiten der Feindschaft. Ich folge den Befehlen deines Bewußtseins. Wenn es Schwankungen gibt, wie in deinem Bewußtsein von

Erfolg, werde ich zwischen erreichten Triumphen und Enttäuschungen schwanken.«

»Was ist Erfolg?« fragte ich.

»Das, von dem du fühlst, daß du es zu irgendeinem Zeitpunkt vollbracht hast, und die Freude am Leben, während du auf diese Vollendung hinarbeitest. Was möchtest du in deinem Leben erreichen? Und welche Art zu leben würde dir dabei die größte Freude bereiten? Wenn du stärker deine Lebensregeln beherzigst, werde auch ich stark werden als Gesetz deiner Vision. Ich frage dich nochmals: Was willst *du* tun, und wie willst *du* leben?«

Ich ließ alles aus mir herausströmen, offenbarte jeden Wunsch und jeden Traum. Ich bemalte in gewisser Weise eine Leinwand damit, was Erfolg für mich bedeutete und die Art des Lebens, das ich führen wollte, während ich auf jene Vollendung hinarbeitete.

Als ich fertig war, sagte er: »Säe jedes Samenkorn aus, um dieses Ideal widerzuspiegeln, und unterstütze nur dieses Ideal, denn für jede Handlung, die du in Gedanken, in Worten und in Taten unternimmst, werde ich eine Reaktion in der Welt der Formen hervorrufen. Ich werde das, was das Ideal nicht widerspiegelt, beseitigen, und werde das, was du in deinem Geist als Ideal strukturiert hast, auf Erden verankern.«

Meditation

Es gibt nur ein Selbst, wohin das unendliche Universum auch reicht: das Selbst Gottes. Und ich bin ein unteilbarer Bestandteil dieses Ganzen.

Das ICH BIN, DER ICH BIN ist Gott, der sich selbst erkennt als Gott; es ist Gott, der sich selbst als individuelles Wesen erkennt; es ist mein individuelles Wesen, das sich selbst als ICH BIN erkennt. ICH BIN die Willenskraft Gottes, sich zu individualisieren.

Alles, was die universelle Präsenz Gottes besitzt, ist mein, denn Gott und die Äußerungen Gottes können nicht geteilt werden. Sie sind für immer eins, und deshalb lebe ich im ewigen Jetzt mit dem unendlichen Ganzen, und nichts fehlt in meinem Leben. ICH BIN die Macht Gottes und reich.

Es gibt nur einen Geist, den Geist Gottes, und es existiert kein anderer Geist. Gottes Geist ist der Geist meines heiligen Selbst, und meine Gedanken besitzen die Autorität des ICH BIN. Ich denke mit dem Geist Christi.

Es gibt nur ein Leben, das stets nach vorne drängt, in Spiralen von neuer Freude, Schönheit und Erfahrungen. Dieses Leben ist Gottes Leben; Gottes Leben ist mein Leben: rein, vollkommen, ganz. Mit meiner göttlichen Empfindsamkeit fühle ich die Rhythmen des göttlichen Lebens durch mich pulsieren.

Ich bin die feurige Stärke Gottes, die Kraft der Vitalität, die mit göttlicher Absicht und Autorität einhergeht. Meine Kreativität ist Liebe in Aktion, und alles, was ich tue, ist siegreich. Meine göttliche Macht ist der Gedanke, daß ich WERDE, und jede Tür öffnet sich vor dieser Macht.

Ich besitze ein göttliches Streben, um mein höchstes Schicksal zu erfüllen, und ich gehe voller Begeisterung voran, für immer von der höheren Vision erleuchtet. Ich sehe, was ich zu tun habe, und ich tue es mit Leichtigkeit, Hingabe und Frohsinn, und ich werde mit den Schätzen des Himmels gesegnet, denn das ist es, was ich SEHE.

Ich folge meinem Selbst, und mein Weg ist sicher. Meine Ideale wurden im Schmelztiegel meines Geistes erzeugt und sind im göttlichen Plan meines Herzens geschmiedet. Ich folge meinem Herzen nun in Freude und in Freiheit, denn ich habe mein Schicksal gesehen, und was ich sehe, WEISS ICH.

Ich genieße die Fülle unbegrenzten Erfolges, denn ich bin an meinem wahren Platz, tue, was ich mag, und mag, was ich tue – zum Besten aller. Ich bin der Geist des Zieles, die Kraft des Vollendens, und jede Aktivität in meinem Leben spiegelt nun die Ideale von Sieg, Schönheit, Harmonie und Überfluß wider, denn das ist es, woran ich GLAUBE.

Nun bitte ich Sie, sich vorzustellen, Sie stünden vor einer Tür, und hinter der Tür liegt der göttliche Konferenzraum Ihres Bewußtseins. In der Mitte des Raumes befindet sich ein großer runder Tisch, und um den Tisch sitzen alle Engel des Himmelreichs – die leuchtenden Strahlen des Sonnenselbst, die Energien des Meistergeistes im Innern. Ihre kausalen Mächte. Sie haben sichtbare Form angenommen und sich zum ersten Rat der Zweiundzwanzig versammelt, mit Ihnen als Vorsitzenden. Wenn Sie die Tür öffnen, erheben sich alle, um Sie zu begrüßen, und während Sie um den Tisch gehen, werden Sie von jedem liebevoll umarmt.

Freude und Frohsinn erfüllen die Runde, denn Sie sind endlich nach Hause gekommen. Und die Engel singen.

ANHANG

Die Engel in Stichworten

1. Der Engel der bedingungslosen Liebe und Freiheit. *Aufgabe:* die Haltung der Harmlosigkeit lehrt und fungiert als Brunnen für die ausströmende universale Liebe; dient als Meister der anderen kausalen Kräfte; hilft bei der Verwirklichung Ihres wahren Selbst und der Anerkennung dieses Selbst in anderen. *Negative Merkmale durch Ego-Projektionen:* Furcht, Schuld, ein Gefühl der Unterdrückung; der Gedanke, daß Sie von anderen nicht gerecht beurteilt werden. *Energieblockade durch:* Verurteilungen, die sich auf die Erscheinungen von Menschen und Dingen beziehen.

2. Der Engel der Illusion und Wirklichkeit. *Aufgabe:* hilft durch die Energie der kreativen Intelligenz, das Wahre vom Falschen in Ihrem Leben zu unterscheiden; agiert als erhellendes Prinzip, das den Geist von Fesseln befreit und Sie befähigt, sich des göttlichen Plans bewußt zu werden. *Negative Merkmale durch Ego-Projektionen:* Täuschung, Manipulation, Unehrlichkeit, Ablehnung des spirituellen Bewußtseins. *Energieblockade durch:* Tendenz, sich über alles Sorgen zu machen, was zu skrupellosem Verhalten führt, um eine Situation zu beeinflussen.

3. Der Engel der kreativen Weisheit. *Aufgabe:* löst mit

Schnelligkeit Probleme; verleiht Ihrem Bewußtsein spirituelle Weisheit, indem er die Brücke zwischen niederer und höherer Natur baut; stellt sicher, daß die Urteilskraft klar ist; stimuliert instinktive Handlungen. *Negative Merkmale durch Ego-Projektionen:* Verwirrung, was zu irrigen Urteilen und zu mangelnder Entscheidungsfähigkeit führt. *Energieblockade durch:* rein mentale Einstellung, die auf Argumentieren und rationalem Denken beruht und die Wichtigkeit von Gefühlen und Intuitionen außer acht läßt.

4. Der Engel des Überflusses. *Aufgabe:* verteilt göttliche Substanz; verkörpert Versorgung jeglicher Art sowie Liebe, Schönheit und Kraft in permanenter Ausstrahlung. *Negative Merkmale durch Ego-Projektionen:* finanzieller Mangel und Begrenzung, Familienzwistigkeiten, Gefühle der Unsicherheit und Nutzlosigkeit; sexuelle und Karriereprobleme. *Energieblockade durch:* Glauben an die Lüge der Unzulänglichkeit, Leugnung der Allgegenwart von Überfluß. Schönheit und Wohlergehen.

5. Der Engel der Macht und Autorität. *Aufgabe:* vermittelt große Energie und Bestimmtheit, zeigt starke Entscheidungskraft, verläßt sich in jeder Situation auf den Willen Gottes. *Negative Merkmale durch Ego-Projektionen:* arrogant, herablassend, selbstsüchtig; eitel und anmaßend. *Energieblockade durch:* spirituellen Stolz; Überlegenheitsgefühl, Machtphantasien, unbewußte Furcht vor dem göttlichen Willen, dementsprechend Unfähigkeit, sich dem Geist zu unterwerfen.

6. Der Engel des spirituellen Verstehens. *Aufgabe:* hebt die Schwingung des Bewußtseins auf die Ebene der spirituellen Wahrnehmung an. Es ist die Energie eines weltoffenen Geistes, der den Aspiranten befähigt, tiefe spirituelle Wahrheiten zu erlernen und ein Weisheitslehrer zu werden. *Nega-*

tive Merkmale durch Ego-Projektionen: voreingenommen, starrköpfig, eigensinnig; eine unnachgiebige Persönlickeit. *Energieblockade durch:* Ich-weiß-schon-alles-Haltung; Unflexibilität hinsichtlich neuer Ideen und Lehren.

7. Der Engel der liebevollen Beziehungen. *Aufgabe:* stellt sicher, daß Sie die richtige Wahl bei Ihren Beziehungen treffen; die primäre Energie bei Werbung und Heirat. *Negative Merkmale durch Ego-Projektionen:* falsche Entscheidungen und falsche Partnerwahl; unerwiderte Liebe; sexuelle Probleme. *Energieblockade durch:* Unwertgefühle, Schuldgefühle und den Glauben an die Notwendigkeit einer Bestrafung für begangenene Missetaten; Furcht vor Zurückweisung.

8. Der Engel des Sieges und Triumphes. *Aufgabe:* mit Erfolg etwas erringen, der Archetypus des Eroberers; hilft Ihnen, Ihre Ziele mit Bestimmtheit zu verfolgen; stimuliert Zähigkeit und Entschlossenheit. *Negative Merkmale durch Ego-Projektionen:* ohne Mitleid oder Zärtlichkeit; unentschlossen, wenig um andere besorgt; die Energie des Grobians. *Energieblockade durch:* Versagensangst; Gefühle der Sinnlosigkeit angesichts von Zielen; Gefühl, im Leben wenig erfolgreich zu sein.

9. Der Engel der Ordnung und Harmonie. *Aufgabe:* hält die Friedensschwingung im Bewußtsein; hilft Ihnen, Gleichgewicht und Fairneß in allen Situationen zu bewahren; inspiriert Sie, integer zu leben. *Negative Merkmale durch Ego-Projektionen:* jemand, der Konflikte liebt; ein Antagonist; jemand, der Unordnung stiftet; eine Person, die viel Gegnerschaft im Leben erfährt. *Energieblockade durch:* Mangel an Freude und Inspiration; Glaube, daß Angriff als Mittel der Verteidigung gerechtfertigt ist, daß Friede und Versöhnung Zeichen der Schwachheit darstellen.

10. Der Engel der Einsicht. *Aufgabe:* arbeitet am besten in Momenten des Alleinseins, um Ihren Geist darin zu üben, verständig und klug zu sein, und um ihnen zu helfen, aufgrund richtiger Einsichten zu handeln. *Negative Merkmale durch Ego-Projektionen:* sorglos, unvorsichtig, Heftigkeit im Verhalten und in der Rede, taktlos; könnte sich auch als gefühllose, sorglose Person zeigen, die ihre Privatsphäre übertrieben schützt. *Energieblockade durch:* Bewußtsein, das fast vollständig auf Wirkungen ausgerichtet ist, weniger auf Ursachen; ein Gefühl der Unsicherheit in Gesellschaft anderer; starker Wunsch, sich abzuschotten aufgrund der Unsicherheit im Umgang mit Menschen.

11. Der Engel der Kreisläufe und Lösungen. *Aufgabe:* hilft Veränderungen zu akzeptieren und sich zu neuen Ufern begeben mit der Haltung, daß sich nur Gutes ereignen wird; Wunder vollbringen. *Negative Merkmale durch Ego-Projektionen:* egoistisch, eitel, aufgeblasen; jemand, der arrogant ist, um seine Furcht vor der Zukunft zu verbergen; ein Auf und Ab zwischen Fröhlichkeit und Verzweiflung. *Energieblockade durch:* unbewußte Angst, daß etwas »Schlimmes« passieren könnte; Überbetonung der Sicherheit und des Status quo; Glaube an die Dualität von Gott und dem Bösen.

12. Der Engel der spirituellen Stärke und Willenskraft. *Aufgabe:* hilft Ihnen, den mentalen Willen, die emotionale Festigkeit und die physische Stärke aufzubringen, um den spirituellen Weg unabhängig von weltlichen Versuchungen zu gehen. *Negative Merkmale durch Ego-Projektionen:* eine herausfordernde, respektlose Persönlichkeit; gedanklich stets in den Lebenskampf verstrickt. *Energieblockade durch:* Mangel an Hingabe zum spirituellen Leben; Glaube, daß die Welt der Erscheinungen größere Freuden bereithält als die innere Welt des Geistes; damit Schwächung der Entschlossenheit, strikt auf dem spirituellen Pfad zu bleiben.

13. Der Engel der Entsagung und Erneuerung. *Aufgabe:* liefert die Energie, sich hinzugeben, zeigt Ihnen die Leichtigkeit und Schönheit, nichts zu haben, um alles zu besitzen. *Negative Merkmale durch Ego-Projektionen:* »Opfer«-Bewußtsein; eine mißtrauische Natur mit dem Gefühl, jedermanns Beute zu sein; Eifersucht. *Energieblockade durch:* tiefsitzende Verlustängste; unbewußter Glaube, daß die Hingabe an den Geist Deprivation bedeutet; große Angst, Menschliches aufzugeben, um Meisterschaft zu erlangen.

14. Der Engel des Todes und der Wiedergeburt. *Aufgabe:* hilft durch die Energie der Metamorphose, das Ego auszulöschen und sich Ihrer Identität als spirituelles Wesen gewahr zu werden. *Negative Merkmale durch Ego-Projektionen:* unnatürliche Konzentration auf den physischen Körper; ein Gesundheitsfanatiker, der fortwährend sein physisches System beobachtet, um zu sehen, ob irgend etwas nicht stimmt. *Energieblockade durch:* Angst, daß das Ego sterben könnte; Glaube, daß die Metamorphose von der Persönlichkeit zur Individualität die physische Form vernichtet, Gleichsetzung des Körpers mit dem Selbst.

15. Der Engel der Geduld und des Annehmens. *Aufgabe:* liefert die Energie, die Sie befähigt, dem göttlichen Prozeß zu vertrauen mit vollkommener Akzeptanz des »Komme, was da wolle«, hilft, von Tag zu Tag mit ruhigem Gleichmut zu leben. *Negative Merkmale durch Ego-Projektionen:* Schwierigkeit, sich auf neue Situationen und Zustände einzustellen; Neigung zur Verschwendungssucht und Extravaganz; Streitsucht. *Energieblockade durch:* Zukunftsangst, die das unbewußte Gefühl hervorruft, daß der Wille Gottes nicht absolut positiv ist; Mangel an Vertrauen in den Plan und die Ziele Gottes in bezug auf die einzelnen Wesen.

16. Der Engel der Materie und Versuchung. *Aufgabe:* hilft Ihnen, geerdet zu bleiben, bis Sie spirituell bereit sind, in das vierdimensionale Bewußtsein zu erwachen; schützt Sie gleichzeitig davor, sich zu sehr mit den Wirkungen zu beschäftigen. *Negative Merkmale durch Ego-Projektionen:* begierige Person, die von Wünschen beherrscht wird; wenig Charakterstärke; engstirnig, im Extrem eine gewalttätige Person. *Energieblockade durch:* übermäßige Beschäftigung mit der Welt der Wirkungen; Schwanken zwischen einem überwältigenden Wunsch, Dinge zu besitzen, und der Furcht, sie nicht zu bekommen; fühlt sich allein unwohl; kein Interesse an Meditation.

17. Der Engel des Mutes und der Ausdauer: *Aufgabe:* verleiht Standhaftigkeit und den Mut, nur die Wahrheit des Seins zu leben und in diesem Bewußtsein zu verharren, unabhängig davon, was um Sie herum geschieht. *Negative Merkmale durch Ego-Projektionen:* ärgerliche Person, die leicht irritierbar ist; ein ablehnendes, feindliches Bewußtsein. *Energieblockade durch:* Wahrnehmung der Schmerzen und Leiden des einzelnen und der Welt im allgemeinen: falsche Anwendung des Einfühlungsvermögens und Beurteilung der Erscheinungen als wirklich, was den Aspiranten dazu verleitet, auf der Seite der »Leidenden« zu stehen.

18. Der Engel des Dienens und der Synthese. *Aufgabe:* motiviert zu größerem Dienst an der Welt und hilft Ihnen zu verstehen, warum das Dienen die Grundlage darstellt, um die Energie des Meisterselbst zu empfangen. *Negative Merkmale durch Ego-Projektionen:* ein Träumer, der keine Taten folgen läßt, ein Planer ohne Kraft; jemand, dessen Gefühle leicht verletzbar sind; meist uneffektiv und hilflos angesichts herausfordernder Situationen, *Energieblockade durch:* ängstliches und ärgerliches Bewußtsein, das mehr an Unglück als an Glück glaubt: »Wenn irgend etwas schiefgehen kann, wird es schiefgehen.«

19. Der Engel der Imagination und Befreiung. *Aufgabe:* lehrt Sie abstrakte Vorstellung und mit dem inneren Auge zu sehen; stärkt die spirituelle Vision, die Sie befähigt, die Wahrheit des Himmelreichs zu schauen – eine höhere Vision der Wirklichkeit, die vollständig auf der dreidimensionalen Ebene manifestiert werden kann. *Negative Merkmale durch Ego-Projektionen:* unaufrichtige, unzuverlässige Person, die mit Täuschung arbeitet, um ihre Ziele zu erreichen; ein Untergangsprophet. *Energieblockade durch:* falschen Gebrauch der Imaginationsfähigkeit; morbide Geistesvisionen, die nach unten statt nach oben gerichtet sind; ein emotionales System, das an Furcht gebunden ist.

20. Der Engel der Wahrheit und Erleuchtung. *Aufgabe:* versucht die niedere mit der höheren Natur zu vereinen; die Energie des transzendentalen Bewußtseins, bei dem die Persönlichkeit durch die Individualität ersetzt wird; die heilende Energie, um die Ganzheit des Körpers zu bewahren. *Negative Merkmale durch Ego-Projektionen:* ein völlig »menschliches« Bewußtsein. Dominanz des Ego mit Motiven, die auf Wünschen der niederen Natur basieren; hochmütig und eingebildet mit viel Selbstlob; häufig krank, viele körperliche Beschwerden. *Energieblockade durch:* Überhöhung der Persönlichkeit, Persönlichkeit wird als die höhere Macht und Gott als äußere Kraft angesehen; ein Verlassen auf das Ego als innere Kraft, somit Blockade des spirituellen Lichts und der heilenden Energien, die sonst in Geist und Körper strahlen.

21. Der Engel des kreativen Wortes. *Aufgabe:* läßt Energie frei fließen, um das Bewußtsein über Mißschöpfungen ins Reich der Ursachen hineinzuheben, wo das gesprochene Wort benutzt werden kann, um Situationen zu korrigieren und die Angelegenheit zum Vorteil aller beizulegen. *Negative Merkmale durch Ego-Projektionen:* anfällig für Konflikte mit Recht und Gesetz; jemand, der Probleme aufgrund von Fehleinschätzungen auslöst und Lösungen durch dreidimensionale Manipulationen sucht. *Energieblockade durch:* Bevorzugung materieller und physischer Ziele, die dann das Leben dominieren; Unfähigkeit, zu verlieren, was zu aggressiven Handlungen führt, mangelnde Fürsorge für andere.

22. Der Engel des Erfolges. *Aufgabe:* verleiht die Energie, wirklich erfolgreich zu sein auf dem Gebiet, bei dem Sie an »Ihrem wahren Platz« stehen; die Energie der Herrschaft durch Selbsterkenntnis. *Negative Merkmale durch Ego-Projektionen:* apathisch, lethargisch, ohne Inspirationen, Faulheit. *Energieblockade durch:* Minderwertigkeitsgefühle und die Vorstellung, von anderen beherrscht zu werden; niedriges Selbstwertgefühl.

Archetypische, planetarische und symbolische Bezüge

Engel	Archetypus	Planetarische Energie	Symbol (Tarot)
Bedingungslose Liebe und Freiheit	Tao, Krishna, Meister des Himmels, Geist	Uranus	Der Narr
Illusion und Wirklichkeit	Hermes, Merkur	Merkur	Der Magier
Kreative Weisheit	Isis	Mond	Die Hohepriesterin
Überfluß	Aphrodite, Venus	Venus	Die Hohepriesterin
Macht und Autorität	Osiris, Herkules, Jehova	Widder	Der Herrscher
Spirituelles Verstehen	Der Großmeister	Stier	Der Hierophant
Liebevolle Beziehungen	Anubis	Zwillinge	Die Liebenden
Sieg und Triumph	Serapis	Krebs	Der Wagen
Ordnung und Harmonie	Athene, Minerva	Waage	Gerechtigkeit
Einsicht	Adonis	Jungfrau	Der Eremit
Kreisläufe und Lösungen	Zeus, Jupiter	Jupiter	Rad des Schicksals
Spirituelle Stärke und Willenskraft	Tochter des flammenden Schwertes	Löwe	Kraft

Engel	Archetypus	Planetarische	Symbol (Tarot) Energie
Entsagung und Erneuerung	Poseidon, Neptun	Neptun	Der Gehängte
Tod und Wiedergeburt	Thanatos, Tod	Skorpion	Tod
Geduld und Annehmen	Iris, Himmelskönigin	Schütze	Mäßigkeit
Materie und Versuchung	Janus, der Versucher	Steinbock	Der Teufel
Mut und Ausdauer	Ares, Mars	Mars	Der Turm
Dienen und Synthese	Ganymed	Wassermann	Der Stern
Imagination und Befreiung	Artemis, Diana	Fische	Der Mond
Wahrheit und Erleuchtung	Apollon, Ra	Sonne	Die Sonne
Kreatives Wort	Hades, Pluto, Phönix	Pluto	Das Gericht
Erfolg	Kronos, Saturn	Saturn	Die Welt

Die Engel und der physische Körper

Wenn die Energie irgendeines Engels blockiert ist, werden Sie es in demjenigen Teil Ihres Körpers, der diesem Engel entspricht, spüren. Zum Beispiel könnten Schmerzen am unteren Rücken bedeuten, daß Sie sich auf die Illusion des Mangels konzentrieren, anstatt auf die Wirklichkeit der allgegenwärtigen Substanz, und somit die Macht und den Einfluß des Engels des Überflusses ausblenden. Wann immer Sie sich in irgendeinem Bereich Ihres Körpers schwach oder unwohl fühlen, wäre es ratsam, mit dem entsprechenden Engel zu sprechen und zu erkennen, was Sie tun können, um die Ego-Projektionen zu beseitigen.

Physischer Körper	**Engel**
Kreislaufsystem einschließlich Herzrhythmus, Arterien und Kapillaren; Blutdruck; Cholesterinspiegel. Zentrales Nervensystem einschließlich des Gehirns und der Wirbelsäule; Kopfschmerzen, Schlafstörungen	Der Engel der bedingungslosen Liebe und Freiheit
Atmungssystem einschließlich der Nase, der Luftröhre und der Lungen; Erkältungen, Verstopfung. Nervensystem, Wachsamkeit, Konzentrationsfähigkeit	Der Engel der Illusion und Wirklichkeit
Brüste; Verdauungssystem einschließlich des Magens und der inneren Organe; Krämpfe, Übelkeit und Verdauungsstörungen	Der Engel der der kreativen Weisheit
Hals, Nieren, unterer Rücken; Entzündungen, Schmerzen	Der Engel des Überflusses
Kopf, Gesicht, Gesichtsknochen; Kopfschmerzen, kopfbezogene Allergien	Der Engel der Macht und Autorität

Physischer Körper	Engel
Hals, Nacken, Kehlkopf, Schilddrüse; Nervosität, Gewichtsprobleme	Der Engel des spirituellen Verstehens
Augen, Ohren, Lunge, Hände, Arme, Schultern; Sehvermögen, Hörvermögen, Verdauung, Zerrungen, Brüche	Der Engel der liebevollen Beziehungen
Brust, Brustkorb, Magen und Verdauungsorgane; Bauchschmerzen, Magenverstimmung, Magengeschwür	Der Engel des Sieges und Triumphes
Nieren, Lende, Knochen und Haut der Lendengegend; Gewichtszunahme, hoher Blutdruck, Rückenschmerzen	Der Engel der Ordnung und Harmonie
Innere Organe, Darm, Nervensystem; Verstopfung, Durchfall, Kolitis	Der Engel der Einsicht
Leber, Hypophyse; Infektionen, Gelbsucht, Leberzirrhose, Körperwachstum	Der Engel der Kreisläufe und Lösungen
Herz, Wirbelsäule, Rücken; Herzprobleme, Arterienverkalkung, Herzinfarkt, Rückenschmerzen	Der Engel der spirituellen Stärke und Willenskraft
Allgemeines Nervensystem, Thalamus; emotionale Beherrschung, Gehirntätigkeit, die sich auf Sinnesreize bezieht	Der Engel der Entsagung und Erneuerung
Blase und Sexualorgane, Fortpflanzung; Blasenkatarrh, Vaginitis, Impotenz, Sterilität	Der Engel des Todes und der Wiedergeburt
Hüften, Oberschenkel, Leber; Fettleibigkeit an Hüften und Oberschenkeln, Wunden, Entzündungen, Leberinfektionen	Der Engel der Geduld und des Annehmens
Knie, Knochen, Gelenke, Zähne; Rheuma, Arthritis, Zahnprobleme	Der Engel der Materie und Versuchung

Physischer Körper	**Engel**
Drüsen, Urogentialsystem, Eierstöcke, Hoden; Schwierigkeiten bei Streß; Angst; sexuelle Probleme	Der Engel des Mutes und der Ausdauer
Schienbein, Knöchel, Beine, Blut und Kreislauf; Brüche, Quetschungen, Verstauchungen, Krampfadern	Der Engel des Dienens und der Synthese
Füße und Zehen, Lymphsystem; Fußpilz, Blasen, Schwielen, eingewachsene Zehennägel, schwacher Kreislauf	Der Engel der Imagination und Befreiung
Herz, Rücken, endokrine Drüsen; Herzprobleme, Rückenschmerzen, Infektionen	Der Engel des kreativen Wortes
Kreislauf, Fortpflanzungssystem; schwache Gefäße, schwaches Herz, wenig Sexualkraft	Der Engel der Wahrheit und Erleuchtung
Haut, Haar, Skelett; schlaffe Haut, starke Falten, unnatürlicher Haarausfall, brüchige Knochen	Der Engel des Erfolges

Engelbeziehungen

Bevor wir verschiedene Engel bitten, gemeinsam daran zu arbeiten, unser höchstes Potential auf den von ihnen repräsentierten Gebieten zu verwirklichen, ist es nach unserer Erfahrung empfehlenswert, zunächst zu prüfen, ob ihre Energien sich harmonisch ergänzen. Viele der Engel besitzen ähnliche Schwingungen und sind sofort untereinander kooperativ. Wenn jedoch einer von ihnen eine aktive und der andere eine passive Energie aufweist, ist es klug, sie zu bitten, ihre Energien auszugleichen, um maximale Wirksamkeit zu erzielen. Dieser Ausgleich von männlichen und weiblichen Eigenschaften ergibt eine Hochzeit oder Vereinigung, wobei die aktive Energie lernt, wie man empfängt und gibt, und die passive Energie erkennt ihre Kraft, um sich durchzusetzen und optimal auszudrücken.

Jene Engel mit vollkommen verschiedenen Schwingungen müssen ihre Energien harmonisieren, um Seite an Seite wie ein Team arbeiten zu können. Man muß sich im klaren sein, daß die widerstreitenden Energiemuster ganz einfach gegensätzliche Funktionen repräsentieren. Betrachten Sie zum Beispiel den Engel der Ordnung und Harmonie und den Engel des Mutes und der Autorität. Einer ist auf Gleichgewicht und Stabilität ausgerichtet, mit einer Betonung auf Ruhe und Frieden, während der andere sich ganz verwegen zeigt und an unablässiger Aktivität interessiert ist. Nachdem die »Persönlichkeiten« der Engel auch von unserer Ego-Energie gefärbt sind, könnte der Engel der Ordnung und Harmonie Ihnen vielleicht sagen, daß Sie die Energie der Macht und Autorität durch zuviel spirituellen Stolz verunreinigt haben, so daß Ihr Vorsatz, größeren inneren Frieden zu finden, jedesmal durchkreuzt wird. »Athene« mag vielleicht erklären, daß sie nicht mit »Osiris« arbeiten möchte, bevor er nicht ein gewisses Maß an Demut erreicht hat, was bedeutet, daß Sie mit sich einiges zu tun haben, bevor der Statthalter der Macht rein genug ist, um mit anderen Engeln zu kooperieren.

Die Engel werden Ihnen mitteilen, welche Persönlichkeitsmerkmale unter Kontrolle gebracht werden müssen, und nachdem Sie einmal die notwendigen Schritte unternommen haben, um Ihr Bewußtsein zu klären, wird es Ihre Aufgabe sein, die Engel zusammenzuführen und sie zu bitten, Freundschaft zu schließen und die Eigenschaften des anderen jeweils zu respektieren. Sie werden all diese Aspekte auch selbst lernen, wodurch die Arbeit mit den Engeln so unschätzbar wertvoll wird. Doch soll Ihnen dabei die folgende Übersicht Zeit und Energie sparen.

Engel, die auf natürliche Weise miteinander harmonisieren, weil sie ähnliche Schwingungen aufweisen:

Engel des Überflusses – Engel der Ordnung und Harmonie
Engel der bedingungslosen Liebe und Freiheit – Engel des Dienens und der Synthese
Engel des Erfolges – Engel der Materie und Versuchung

Engel der Wahrheit und Erleuchtung – Engel der spirituellen Stärke und Willenskraft
Engel der Kreisläufe und Lösungen – Engel der Geduld und des Annehmens
Engel der Entsagung und Erneuerung – Engel der Imagination und Befreiung
Engel der Illusion und Wirklichkeit – Engel der liebevollen Beziehungen
Engel der Illusion und Wirklichkeit – Engel der Einsicht
Engel des kreativen Wortes – Engel des Todes und der Wiedergeburt
Engel der kreativen Weisheit – Engel des Sieges und Triumphes
Engel des Mutes und der Ausdauer – Engel der Macht und Autorität

Engel, deren jeweils aktive oder passive Energien vermischt werden müssen, um die Wirkung zu maximieren:

Engel der Macht und Autorität – Engel des Überflusses
Engel des spirituellen Verstehens – Engel der kreativen Weisheit
Engel mit unterschiedlichen Energien, die für eine gemeinsame Arbeit erst harmonisiert werden müssen:

Engel des Dienens und der Synthese – Engel der spirituellen Stärke und Willenskraft
Engel der Materie und Versuchung – Engel des Sieges und Triumphes
Engel der Imagination und Befreiung – Engel der Einsicht
Engel der Ordnung und Harmonie – Engel der Macht und Autorität

Engel des Todes und der Wiedergeburt – Engel des spirituellen Verstehens

Engel der Geduld und des Annehmens – Engel der liebevollen Beziehungen

Engel des Erfolges – Engel der kreativen Weisheit

Engel der bedingungslosen Liebe und Freiheit – Engel der Wahrheit und Erleuchtung

Engel der Entsagung und Erneuerung – Engel der Illusion und Wirklichkeit

Engel des Mutes und der Ausdauer – Engel des Überflusses

Engel des Überflusses – Engel des kreativen Wortes

Engel der Illusion und Realität – Engel der Kreisläufe und Lösungen

Literatur

A Course in Miracles, Band 2: Workbook for Students: Foundation for Inner Peace, Glen Ellen, 1975.
Bailey, Alice A.: Die Arbeiten des Herkules. 2. Auflage. Lucis Trust, Genf 1988.
Bailey, Alice A.: Die Strahlen und die Einweihungen (Band V der Sieben Strahlen). Lucis Trust, Genf 1973.
Bailey, Alice A.: Eine Abhandlung über Weiße Magie. 5. Auflage. Lucis Trust, Genf 1987.
Bailey, Alice A.: Esoterische Astrologie (Band III der Sieben Strahlen). 2. Auflage. Lucis Trust, Genf 1981.
Bailey, Alice A.: Esoterische Psychologie (Band I der Sieben Strahlen). 3. Auflage. Lucis Trust, Genf 1986.
Bailey, Alice A.: Initiation – Menschliche und solare Einweihung. 4. Auflage. Lucis Trust, Genf 1988.
Bailey, Alice A.: Jüngerschaft im neuen Zeitalter, Band I. Lucis Trust, Genf 1974.
Baker, Douglas: The Jewel in the Lotos. D. M. Baker, Hatfield 1974.
Baker, Douglas: The Theory and Practice of Meditation. D. M. Baker, Hatfield 1975.
Blavatsky, Helena Petrowna: Die Geheimlehre. 2. Auflage. Adyar Theosophische Verlagsgesellschaft, Satteldorf 1992.
Cady, Emilie H.: Wahrheitslehre. Eine Folge von zwölf Abhandlungen für praktisches Christentum. 5. Auflage, Frick Verlag, Pforzheim 1980.
Case, Paul Foster: Highlights of Tarot. Builders of the Adytum, Los Angeles 1931.

Case, Paul Foster: Schlüssel zur ewigen Weisheit des Tarot. Urania Verlag, Neuhausen 1992.
Challoner, H. Kaye: Regenten der 7 Sphären. Das Reich der hohen Devas. Hirthammer Verlag, München 1980.
Douglas, Alfred: Ursprung und Praxis des Tarot. 2. Auflage. Diederichs Verlag, München 1988.
Fillmore, Charles: Christliches Heilen. 3. Auflage. Frick Verlag, Pforzheim 1975.
Foulks, Frances W.: Effectual Player. Unity School of Christianity, Lee's Summit/Montana 1966.
Hall, Manly P.: Codex Rosae Crucis. The Philosophers Press, Los Angeles 1938.
Hall, Manly P.: The Secret Teachings of All Ages. The Philosophical Research Society, Los Angeles 1978.
Holmes, Ernest: Vollkommenheitslehre. Die Wissenschaft des Geistes. Verlag CSA, Friedrichsdorf 1985.
Jocelyn, John: Meditations on the Signs of the Zodiak. Harper & Row, San Francisco 1970.
Pagels, Elaine: Versuchung durch Erkenntnis. Die gnostischen Evangelien. Suhrkamp Verlag, Frankfurt am Main 1987
Paulson, J. Sig: Lasse dein Licht leuchten! Frick Verlag, Pforzheim 1984.
Price, John Randolph: A Spiritual Philosophy for the New World, Quartus Books, Boerne 1990.
Price, John Randolph: Deine Zukunft ist jetzt. Aufruf zur Rettung der Erde. Goldmann Verlag, München 1989.
Price, John Randolph: Practical Spirituality. Quartus Books 1985.
Price, John Randolph: The Abundance Book. Quartus Books, Boerne 1987.
Price, John Randolph: The Superbeings. Fawcett Crest/Ballantine Books, New York 1988.
Sakoian, Frances/Acker, Louis A.: Das große Lehrbuch der Astrologie. Knaur Verlag, München 1979.
Saraydarian, Torkom: The Symphony of the Zodiac. Aquarian Education Group, Sedona 1980.
Steinbrecher, Edwin C.: The Inner Guide Meditation. The Aquarian Press, Wellingborough 1982.
Wapnick, Kenneth: Forgiveness and Jesus. Foundation for »A Course in Miracles«, Roscoe 1983.